名师工程

教育细节系列

新课标·新理念·新教学

丛书编委会主任：马立 宋乃庆

名师

最有效的

沟通细节

李燕 徐波 ◎主编

西南师范大学

SOUTHWEST CHINA NORMAL UNIVERSITY PRESS

出版社

图书在版编目（CIP）数据

名师最有效的沟通细节/李燕，徐波主编. —重庆：西南师范大学出版社，2009.9

（名师工程系列丛书）

ISBN 978-7-5621-4536-3

Ⅰ. 名…　Ⅱ.①李…②徐…　Ⅲ. 教育理论　Ⅳ. G40

中国版本图书馆 CIP 数据核字（2009）第 103717 号

名师工程系列丛书

编委会主任：马　立　宋乃庆
总策划：周安平
策　划：李远毅　卢　旭　郑持军　郭德军

名师最有效的沟通细节
主编　李　燕　徐　波

责任编辑：郑持军
封面设计：大象设计
出版发行：西南师范大学出版社
　　　　　地址：重庆市北碚区天生路 1 号
　　　　　邮编：400715　市场营销部电话：023-68868624
　　　　　http：//www.xscbs.com
经　　销：新华书店
印　　刷：九洲财鑫印刷有限公司
开　　本：787mm×1092mm　1/16
印　　张：18
字　　数：245 千字
版　　次：2009 年 9 月　第 1 版
印　　次：2009 年 9 月　第 1 次印刷
书　　号：ISBN 978-7-5621-4536-3

定　　价：30.00 元

《名师工程》
系 列 丛 书

编者的话

当前，以人为本的教育理念正在逐步深化，素质教育以及基础教育课程改革不断推进。在这场深刻又艰苦的教育改革中，涌现了无数甘为人梯、乐于奉献的优秀教师。他们积极探索、更新观念、敢于创新、善于改革，在实践中创造性地发展、总结了很多先进的教育思想、教育理念；创造性地开发了很多新的教学模式、教学内容和教学方法。这些新思想、新模式、新方法在实践中极大地提高了教学质量，是教育改革实践中的新内涵和宝贵财富。这些优秀教师就是我们的名师，这些新内涵就是名师的核心教育力。整理、总结、发展、推广这些教育新内涵，是深化教育改革、完善教育体制、提高教育质量、提升教师水平的一件大事。

教育，是民族振兴的基石；教师，是教育发展的根基。

胡锦涛总书记在全国优秀教师代表座谈会上指出："教师是人类文明的传承者。推动教育事业又好又快发展，培养高素质人才，教师是关键。没有高水平的教师队伍，就没有高质量的教育。"十七大报告又进一步强调了必须加强教师队伍建设，不断提高教师的素质。当今世界，社会进步一日千里，科技发展日新月异，知识更新的周期越来越短。教师作为"文明的传承者"更要与时俱进、刻苦钻研、奋发进取，尽快提升自身素质和能力，为推动教育事业的健康发展贡献自己的力量。

基于以上，西南师范大学出版社策划、组织出版了大型系列教育丛书——《名师工程》。希望通过总结名师的创新经验、先进理念，宣传名师的核心教育力，为广大教师职业生涯提供精神源泉和实践动力，在教育实践层面切实推动从教者职业素养的提升。通过《名师工程》，实现"打造名师的工程"。

丛书在策划、创作过程中力求实现以下特色：

一、理念创新，体现教育的人本精神

教师角色在以人为本的教育理念下发生了重大的变化，教师的素质和能力也面临更高的要求。如何弘扬、培植学生的主体性、增强学生的主体意识、发展学生的主体能力、塑造学生的主体人格等问题成为教师在目前教育中亟待解决的难题。丛书以教育管理者和教师为主要读者对象,通过教师综合素质的提高而将人本教育的思想落实到教育实践中,真正实现教育培养人、塑造人、发展人的本质要求。

二、全面构建,系统提升教师的教育能力

丛书选题的最大特点就是系统、全面地针对教师教育能力的提升而展开。施教者的能力决定教育的效果,教育改革的落实、教育效果的提高无不体现在教师身上。丛书针对不同教育能力、不同教学要求、不同教育对象,有针对性地设置选题。棘手学生、课堂切入、引导艺术、班主任的教导力、互动艺术、课堂效率、心灵教育等等,这些鲜明的主题从教育的细节出发,从教育实际情况出发,有针对性地解决问题,让教师在阅读中学有所指、读有所获。

三、科学权威,体现教育的时代前沿性

丛书邀请全国各地著名的教育工作者执笔,汇集在教育改革与实践中涌现的先进理念、成果和方法,经过专家认真遴选、评点总结而成,代表了目前教育实践中先进的教育生产力,具有时代前沿性,是广大一线教师学习、借鉴的好素材。

四、注重实践,突出施教的实用价值

丛书采用了通俗的创作方法,把死板的道理鲜活化,把教条的写法改变为以案例为主,分析、评点为辅,把最先进的教育理念和方法融入有趣的情境中。经典的案例,情境式的叙述,流畅的语言,充满感情的评述,发人深省的剖析,娓娓道来、深入浅出,让教师更充分地领会先进、有效的教育方法。

在诸多教育、出版界同仁的支持与努力下,《名师工程》陆续推出了《名师讲述系列》《教学提升系列》《教学新突破系列》《高中新课程系列》《教师成长系列》《大师讲坛系列》《教育细节系列》等系列,共 50 余个品种,后续图书也将陆续出版。

丛书在出版创作过程中得到各地、各级教育部门与教育工作者的大力支持与帮助,在此一并表示感谢!

教育事业是全社会共同的事业,本丛书的出版一方面希望能对广大教育工作者有所帮助,共飨先进成果;另一方面也是抛砖引玉,希望更多的教育工作者参与到出版创作中来,百家争鸣、百花齐放,为促进教育事业的发展共同努力!

前言 *QianYan*

　　本书的基础为"新教育力"丛书中的《让学生主动说心里话——名师最有效的沟通艺术》。"新教育力"丛书 2005 年由九州出版社出版，该丛书面世以来，受到了广大教师的支持与好评，也收到了许多读者对丛书提出的宝贵意见和建议。为了紧跟新课程改革的步伐，在广泛听取了众多教师意见、总结新的教育情况、吸收新的教育成果的基础上，我们对本书进行了大幅度的修改。与原书相比，本书有着翻天覆地的变化。

　　一是对全书内容的编排整理。这也是此次修订最重要的改动。在这次修订的过程中，我们删去了一些落后于时代和不适于国内教育情况的部分，增添了近 40％的新内容，这些新内容代表了当前教育的新思想和实践成果。同时对全书的篇章结构按教育教学内容进行了整理编排，改变了原来流水账似的记录描述，使教育思想表达得更具条理性，也让读者能够清晰地看到本书的脉络。

　　二是对一些表述不妥的观点进行了修订。根据很多基层教师和专家的意见，我们对原书中一些不妥的、不十分准确的表述，进行了全面的修正。我们力求能够准确、明晰地表达教育改革的新观念、新方法。

　　三是对图书的文字表述做了大量的锤炼工作，以使得语言表述更加准确、精炼。文字表述没有最好，只有更好。对于出版物，力求语言表述的尽可能完美是我们追求的目标。

　　应西南师大出版社之邀，将本书放入"名师工程"系列，希望能够对教育工作者有一些帮助。书中的不足，请广大读者为我们指出，也欢迎提出意见和建议。

目 录
CONTENTS

第 一 篇
沟通细节之语言艺术

语言艺术之

《论语》中说："学而不厌，诲人不倦。"在当下的中小学教学中，很多教师对教书育人有着"诲人不倦"的热情，但很多却没有让学生达到"学而不厌"的效果。从学生的角度来说，也许受到不良学习环境的影响，也许没有端正学习态度，也许没有培养良好的学习习惯。

从教师的角度来说，也可能是教学方法和沟通技巧出现了某种问题。其中，师生沟通的语言技巧可能就是导致这种状况的重要因素。本篇介绍了师生沟通中常用的方法，如旁敲侧击、幽默艺术、借题发挥、因势利导、以退为进等，这也是许多一线优秀教师的成功经验。

第 二 篇

沟通细节之行为艺术

行为艺术之

国学大师启功对"师范"二字作了精确的解释:"学为人师,行为世范。"意思是说,教师不仅要用自己渊博的学识教育学生,而且要有高尚的品行,光明磊落,成为社会中的楷模。新一轮课程改革强调关注学生的终身发展,全面提高学生素质,从这方面而言,教师的"身教"比"言传"更为重要。本篇对教育沟通中教师在行为方面的做法作了归纳,如肢体语言、课外活动、雪中送炭、聆听心声等,为广大教师在师生沟通中提供借鉴。

第三篇

沟通细节之心态艺术

心态艺术之

　　"以学生发展为本"是新一轮课程改革的核心理念，由此带来了教学方式、教师角色和教学评价的极大变化。在讲台上，教师不再是科学知识的灌输者，而是学生共同探究、合作学习的引导者；在生活中，教师不再是高高在上的训导者，而是悉心关爱、倾心交流的朋友。在师生沟通中，平等对话、相互尊重、民主管理成为主旋律，因此，教师的心态也应随之发生变化。遇到棘手的问题时，教师要学会情绪控制、变向思维、换位思考，对学生坦诚以待，与学生平等对话。

第 一 篇

沟通细节
之
语言艺术

　　《论语》中说："学而不厌，诲人不倦。"在当下的中小学教学中，很多教师对教书育人有着"诲人不倦"的热情，但很多却没有让学生达到"学而不厌"的效果。从学生的角度来说，也许受到不良学习环境的影响，也许没有端正学习态度，也许没有培养良好的学习习惯。从教师的角度来说，也可能是教学方法和沟通技巧出现了某种问题。其中，师生沟通的语言技巧可能就是导致这种状况的重要因素。本篇介绍了师生沟通中常用的方法，如旁敲侧击、幽默艺术、借题发挥、因势利导、以退为进等，这也是许多一线优秀教师的成功经验。

名师沟通有效细节之严而有度

掌握分寸，让沟通更顺畅

> 如果教师使学生过分地无地自容，他们便会失望，而制裁他们的工具就没有了。他们愈是觉得自己名誉已经受到打击，则他们设法维持别人好评的思想就愈加淡薄。
>
> ——〔英〕洛 克

教师常发出这样的感慨："现在的学生太难沟通，说重了不行，说轻了也不行！"如今的学生独生子女较多，他们自尊心强、感情脆弱，成熟较早，与他们交流沟通需注意保护学生的自尊心，注意场合和时机，顾其颜面，尊重学生的人格。尽量不当众批评学生，可以点事不点名，表明批评是对事不对人，这样既顾及了被批评学生的面子，也起到教育其本人同时教育大家的作用。

教师与学生沟通的语言也要轻重适度。比如批评的时候，那种轻描淡写、不痛不痒甚至带有"妥协"意味的批评就触及不到问题的实质，只会让学生面对错误而变得麻木不仁，起不到对其警戒和教育的作用；而另一方面，青少年学生的心理一般又都比较脆弱，对挫折的承受力差，过激、尖刻的批评有可能会挫伤学生的自尊心。因此，教师批评学生要讲究度，做到严而有格，切忌轻重无度。

沟通是一种双向交流的活动，更是一种艺术。作为教师，我们要把握分寸，掌握尺度，该说什么，不该说什么，根据场合、人物、事件，灵活运用语言对学生进行教育，从而使沟通畅通无阻。

 **经典案例**

河南濮阳市第三中学优秀班主任王彩琴老师很注意沟通的分寸和尺度，所以她的教育也总能达到理想的教育效果。

有一天上课，王老师发现小永和小强在下面小声说话，她看了两人一眼，说话声马上停止了。王老师又继续上课，但还不到一分钟，两人又开始讲话，好像在议论或争论什么问题，而且声音越来越大。王老师眉头紧皱，再次注视两人，期望他们抬起头来时能看到老师在提醒他们。但这两个学生居然旁若无人，毫不理会老师的"特别关注"。这时，考虑到场合和学生的面子问题，王老师仍不想公开批评他们，也觉得没必要特地过去提醒，所以她"呃——呵——"了一声，以示提醒。

听了老师的"咳嗽"，全班学生除了小永和小强外都望了王老师一眼，然后又把目光转向他们俩。谁知这两人还是若无其事地继续他们精彩的"辩论"，谈笑风生。轻易不生气的王老师这时也不由地怒从心头起，火从脑边生，恨不得冲上前去，对两人大喊一声："不准吵闹！"

但恼归恼，王老师知道这样做除了能缓解心头怒火外，毫无用处，反而还会伤害学生的自尊。所以她没有走出去，更没有"冲出去"，而是依然站在讲台边上，略带严肃地说了句："小永、小强，不准讲话！"

语气虽不是很重，但却是严肃的；话音虽不是很大，但他们基本是可以听到的；批评不是很尖刻，但却起到了足够的提醒作用。两个人这才停止他们马拉松式的长时间争论，并不好意思地低下了头。

王老师装作若无其事，继续讲课。

但对于小永和小强来说，被老师上课点名批评毕竟不好受，考虑到这点，一下课，王老师就悄悄地把两人叫出教室，来到人比较少的地方，拍拍他们的肩膀，然后以平常的语气说："小永、小强，马上就要考试了，你们还能保持着这么乐观、积极的心态，很好！"

两人头耷拉着，等待着老师的批评，没想到王老师不但没有继续批评他们，反而还肯定他们的举动，这让两人有点意外。这时，两人抬起头来，但仍不好意思正视王老师。

"没错，"王老师继续说道，"我们的人生就是需要积极乐观的心态，以积极乐观的心态去看待每一件事物，特别是在这么紧张备考的关键时刻，特别需要有革命乐观主义精神。"两人认真地听着，眼睛开始向王老师这边望过来。

"老师特别欣赏你们两个在课堂上的积极表现，主动发言，踊跃参与，这是非常值得肯定的。"他们继续听着王老师的话语，脸上开始露出自信的神情，当听到王老师说他们"主动发言，踊跃参与"时，两人又有点不好意思起来。

为了使小永和小强能更加深刻地认识到错误，认识到老师在课堂上批评他们实属无奈，王老师又继续说道："老师非常赞赏你们在课堂上的积极表现，不过，这是以前的。积极发言、踊跃参与，有时候也要注意场合。像刚才同学们上课你们的表现就略显得有点过分了。试想，换一个角度看看，如果是你们在听课，你们周围的同学却旁若无人地大声讲话，你们会怎么想？"

"当然会很生气啰！"小永和小强坦率地回答。

"是啊！"王老师接着说，"刚才你们一直在讲话，我用各种方式提醒你们好几次了，你们知道吗？"

"知道。"

"你们再换一个角度想想，如果你们是老师，我在课堂上一直在吵闹，你们会怎样做？"

"把你揪出来。"他们笑笑。

"老师刚才没有把你们揪出来，你们理解老师了吗？"

"理解了。"他们答道。

"所以，你们应该知道以后怎样做了吧？"

"老师，我们保证，以后不会影响他人了。"他们脱口而出，话语真诚。

王老师轻轻地拍拍他们的肩膀："老师相信你们！"

之后，在课堂上，小永和小强的表现依然积极主动，不过却再也没有出现不考虑他人、不注意场合的行为了。

现在的学生，自尊心强，表现欲旺，上进心足，但有时候却不注意场合而只一味表现自我，不注意考虑他人的感受而我行我素。这时，如果我们不注意分寸地批评他们，效果可能是事倍功半，但如果老师批评学生时能掌握尺度，可能事半功倍。

案例分析

　　每个学生都有一种受尊重和被爱护的需要。"尊重和信任本身就是一种最好的教育"，即使是犯了严重错误的学生，在"非常时刻"，老师如果能据其性情，适度地将语言包装一下，把握分寸，先照顾学生的面子，日后再述情说理，其教育的效果远比简单粗暴地一顿呵斥好得多。

　　案例中，小永和小强在课堂上讲话，这本身就是错误的，但王老师顾虑到学生的面子，没有点名批评，而是望了他们几眼。但小永和小强却无视王老师的暗示，仍然自顾自地"辩论"，此时王老师仍然采取了"注视"的方式，小永、小强却继续大声说话，这时就是再有风度的老师也禁不住怒从心头起。这两个学生确实有些太不像话了，当场批评两句也不为过。但王老师却站在学生的角度考虑，没有冲下讲台，让他们在众目睽睽下丢脸，而只是稍加严肃地说了句"不准吵闹"，就继续讲课。

　　王老师的话语不多，却起到了警示作用。虽然说多了，两人自尊心必然受到伤害，但若不说，两人还会无视课堂纪律，大声讲话，课堂教学无法进行下去，这对其他学生是不公平的。所以，王老师只以比较严肃的态度、简短的话语制止了两人的违纪行为。但即便如此，毕竟还是批评了，而且是在课堂这种公众场合，因此为了尽量减少学生的心理压力，减轻批评所带来的影响，王老师一下课就悄悄把小永和小强叫到了人少的地方，安抚两人的情绪。

　　这里王老师的"悄悄"以及选择人少的地方，都是她与学生沟通时注意分寸的表现，这样会让更少的人关注这件事，让小永和小强的心里好受一些，再加上她鼓励和期待式的委婉话语，让小永和小强不但主动承认了错误，而且没有造成他们的任何心理负担，这件违纪事件就这样在王老师良好尺度的掌控下，三言两语地解决了。所以，我们与学生沟通时，一定要把握好分寸。

1. 不要在众人面前与学生沟通

一次，某班主任发现有一个学生做操的时候不停地和前面的学生讲话，班主任提醒了他两回，但这名学生却视若无睹，在回教室的路上仍然讲话。于是，晨会课上，班主任点了这个学生的名字，并当众对他进行了教育："你知道你一个人的行为影响了我们整个班级的形象吗？其他同学都很认真地在做操，就你一个人在讲话，你还有没有一点集体荣誉感了？"当时这名学生把头一扭，皱着眉头看着窗外，嘴里还不停地嘀咕着什么。

应该说，这是一次失败的沟通教育，失败原因就在于这名班主任没有注意场合。其实，班主任点名批评的目的并不是为了让这名学生在众人面前难堪，只是想通过教育他让其他学生也注意不再犯这种错误，结果他却没把握好分寸，适得其反。班主任的话让犯错的学生感到在其他同学面前丢了面子，所以他不但不接受老师的教育，反而产生了抵触情绪。

试想，如果班主任选择在课后找个安静的地方单独和他沟通一下，效果还是这样吗？肯定不一样。

2. 不要在情绪激动时与学生沟通

这是个别年轻、没经验的教师与学生沟通时经常犯的错误。尤其是学生之间发生矛盾，采用打架来解决，结果问题没有解决，还出现打伤的情况。这个时候班主任都比较生气，情绪一激动，上来就对学生一顿训斥。这个时候被训斥的学生也会不服气地反驳老师，最后往往是三败俱伤。不但没解决问题，反而让学生觉得老师不分青红皂白，失去了威信。

其实，碰到这种情况的时候，班主任不应该过于激动，而应把学生带到办公室，先不一定要谈话，而是让学生单独冷静一下。有时候学生冷静后会后悔甚至主动反省自己的行为，这时教师再进行教育就容易多了。

3. 不要等学生犯错后再沟通

有一个学生上课经常做小动作、开小差，班主任课后常常找他谈话，指出毛病后再说一些鼓励的话。但希望的话说了不少，苦口婆心地进行思想教育，而效果却一次比一次弱，甚至让学生有了反感情绪。

这是什么原因呢？根源在于班主任每次跟学生的沟通都是在他犯错之后。这时的谈话目的是极其明显的，不管班主任用多么温和的语气来交谈，在学生看来都是在批评他的错误，甚至好心的鼓励也会被学生理解为一种变相的批评，这样的交流效果当然会一次比一次差。

其实，班主任应该在学生犯错之前就找他沟通，在他表现较好的时候借机表扬他，掌握好沟通分寸，效果一定会截然不同。

4. 沟通要点到为止

有的老师认为与学生的谈话应该越多越好，越是苦口婆心就越能打动学生。俗话说"动之以情，晓之以理"嘛！所以这些老师动不动就找学生谈话，而且每次谈话时间都不短。但时间长了，老师会发现学生们对自己讲的话渐渐变得漫不经心了，所说的话也失去了以前的威信了，学生们都用敷衍了事的态度对待老师的问话。

原因何在？问题就在于老师说的话太多了，太啰唆。其实和学生沟通，尤其与一些爱犯错误的学生沟通并不是越多越好。对这些学生不仅要给予关爱和鼓励，还要让他们对老师产生敬畏之感。如果老师一味地苦口婆心又婆婆妈妈，学生不仅摸清了老师的底线，更厌烦了这样的沟通。所以谈话不在多，关键是要谈到心里、谈到要害、谈到位。

5. 沟通不要急于定调

班主任最头痛的就是碰到屡教不改的学生，讲过多少遍的问题还是要犯错，这其实是在考验班主任的耐心。如果班主任沉不住气，每次找学生谈话都是教训一通，以发泄心头怒火的话，那极有可能达不到班主任所要的教育效果。

班主任越想以权威的姿态镇住学生，学生的逆反心理就越重。因此，每次过早地给谈话定下基调——先教训一顿，并不是最好的沟通方式。班主任应该先考虑一下处理的思路，然后带学生到一个合适的地方，制造一个合适的氛围，用一种合适的语调开始第一句话。

注意：要用和蔼的态度讲述原则的重要性，切忌威胁学生，如给处分、告诉家长等之类的。

6. 沟通不要总是在集体间进行

有些老师口才很好，心得体会又多，时常不知不觉就在班级中展开个人演讲，滔滔不绝，开始的时候学生觉得这个老师很有才华，很有内涵，很乐意听老师的调侃，但时间长了学生就会生厌，就像吃一道喜欢的菜一样，天天吃，顿顿吃，再好吃的菜也没滋味了。听多了，学生们会说："大道理又来了。"

比如，班中几个学生同时犯了错误，有的老师就进行集体教育，让全班学生和几个犯错学生一起"洗脑"，结果效果并不好。其实，集体的教育也是必要的，但是这样的话讲多了就会出现重复与空话。班主任一定要经常找不同的学生进行交流。尤其是当学生集体犯错的时候，尽量不要全体谈话，而是各个击破，否则学生会形成抵抗同盟。

7. 不要人前鼓励，背后失望

在办公室讨论学生的种种表现是教师间相互交流时常谈的话题，教师希望通过这种相互交流，促进自己在教学和管理方面的水平。但个别教师讲的时候不注意场合和分寸，谈到学生的缺点时，免不了一顿怨气，讲得很直白。

如有一个学生经常不做作业，班主任找他多次谈话都不见效果，但是班主任仍然耐住性子找他谈，并且每次谈话都很注意分寸和语气，并对学生抱以希望。但有一次在办公室讨论时，这名班主任发现很多老师都碰到了这样的学生、这种问题，于是相互间开始感叹"对某某学生是不抱什么希望了"。然而就在他一回头的瞬间，突然发现这个学生正站在后面，已经听到了老师的谈话……此时，学生对老师会怎么想呢？这时，班主任在学生心里已经变成了一个虚伪的人：当面鼓励我，说我有希望，背后却早已放弃我了，我再也不相信老师的话了。在学生看来，老师之前的谈话都是虚情假意，以后想再进行沟通恐怕就更难了。其实，即使学生不是从老师那里亲耳听到，而是从他人嘴里知道的，结果也是一样的，再沟通都是比较困难的。

8. 不要大谈错误、要求或学习

有些老师对学生非常用心，经常与学生谈话。每次发生一点小事，就要把所涉及的学生统统叫到办公室，把事情从头到尾搞得清清楚楚，把每个人的错误都说得清清楚楚，而且重复强调自己的要求都要做到。但学生好像都不领情，很多学生一见到这样的老师就苦起了脸。问题在哪儿？

其实，老师谈论这些没有错，错就错在谈过了头。错误和要求不是受学生欢迎的话题，老师要适当谈谈别的话题，比如从生活与做人之道谈起，这样学生更容易认识自己的不足，还可以培养学生做人的胸怀。所以，我们与学生沟通时，不要老谈缺点和要求，总是说重复的话，这样不但后进生听不进，优等生也会厌烦。

与学生沟通是一门深奥的学问，时机、场合、态度、语气都要把握好，有一点疏漏，都会让沟通功亏一篑。因此，教师要有分寸、有尺度地与学生沟通交流，尊重他们，理解他们，让师生在良好的气氛中，进行心灵的对话，这样才会使沟通顺利进行下去，产生良好的效果。

名师沟通有效细节之书信无间

书信，让师生沟通"零距离"

对于处在青春期的中学生，有时候交谈并不是心灵沟通的最好形式，在这种情况下，书信便成了师生对话的合适途径。

——李镇西

书信交流是一种比较传统的师生沟通方式。现在我们都喜欢借助网络、电话等快捷的现代交流方式，书信已经被很多人遗忘了。然而，即便是在现代高度发达的社会里，有的时候用传统的书信方式反而会收到更好的沟通效果。特别是在某些环境下，有些事情师生之间不便直接面对面沟通，或对于一些性格内向的学生来说，书信沟通是比较适宜的。

但我们这里所说的书信，绝不同于周记、日记或作业点评之类的书面沟通方法，而是正式的书信。周记和日记篇幅都比较短小，而且很多时候学生只是为了完成作业而写的，写的大多都是一些空话、套话，甚至是摘抄或编一些假话，特别是节假日的日记，千篇一律，缺少新意，写的都是同一类内容，类似的经历。这样老师就很难了解学生的真实心理，沟通无从下手，而书信是避免这种情况发生的最好方法。

对学生来讲，书信沟通既避免了面谈的局促不安，又能与自己信任的老师进行有趣的心灵交流；对教师来说，与学生建立并保持书信联系，则意味着赢得了学生的信任，这本身就是一种教育的成功；更重要的是，通过师生书信往来，教师可以比当面谈话更全面、更真实、更细腻地感受到学生的内心世界及其变化，从而更主动、更准确、更有效地对学生进行心理辅导，让师生沟通变成"零距离"。

经典案例

北京三中的优秀物理教师张迎曦，一直在尝试着以书信方式与学习有问题的学生沟通，取得了不错的效果。

小萍是班里的物理课代表，工作认真负责，但物理成绩不稳定，很少向张老师问问题，比较内向、不爱说话。平时，张老师与她交流，她也只是笑笑而已。有一次，期中考试小萍的物理成绩考得不太理想，张老师看到她的情绪波动很大，学习态度有些委靡不振，于是在考试过后给小萍写了一封信：

小萍你好：

作为离学生时代并不久远的青年教师，我有些话想对你说：

1. 学习是一件苦中作乐的事情。"书山有路勤为径，学海无涯苦作舟。"首先要能吃苦，吃得多了，自然苦尽甘来。十年苦读，为的是中考三天，榜上有名，所以要厚积薄发。课上听懂了，题会做了，分数高了，自然是乐事。但想成就大事业，就先能吃苦。

2. 学习没有捷径，但有方法。俗话说"一分耕耘，一分收获"，如果我们有好方法，能否做到"一分耕耘，两分收获"呢？好方法可以从书上学，可以和别人学，也可以自己总结。如何提高学习效率，首先要保证自己精力旺盛，有强烈的求知欲。如何保证自己精力旺盛呢？吃好，喝好，穿好，睡好。也就是饮食平衡，不生病，有足够的休息时间。尤其是睡好，如果不能保证每天8小时睡眠，缺的觉周末一定要补回来。主抓学习效率高峰期。如早上8点至10点，晚上8点至10点。晚饭后，一定要休息一会儿，看看电视，和家人聊聊天，然后狠抓8点至10点的学习效率黄金时段。其次是分配好时间，文理课错开，交替。文科是形象思维，偏重于右脑，理科是逻辑思维，偏重于左脑，错开学实际上就是休息。每天要坚持及时复习，及时预习。睡觉之前，躺在床上再把当天学的重点，甚至每节课的内容在脑子里像演电影似的过一遍，以加深印象。所以要合理分配时间，抓住一切时间。

3. 学习要有全局意识，战略意识。学习是一场持久战，所以一着棋错，满盘皆输。各科成绩要均衡，不能有弱项。最好有一两个强项，但一定不能有弱项。有的话，要给予更多的时间，使之不拖后腿。要能站在一个较高的高度去认识各科的知识。每个学科都有自己的主线，沿着主线向外延伸，扩展。主线不只一条的话，交织在一起就是一个知识网。如下所示：

电学	主要内容	比例计算
电路	连接方式	
电流	分流电路	比例关系
电压	分压电路	比例关系
电阻	等效电路	比例关系
电功	公式、变形	比例关系
电功率	公式、变形	比例关系

主线是否清楚，延伸是否清楚，知识网是否清楚？不清楚再返回头找知识点。所以是由点到线，再到面，一旦线连不上，网就破了个洞，就要找对应的知识点及时弥补。

4. 知识是美妙的。老师最终引领你走进各学科的知识大厦，而不是把知识点当做砖头给你盖了一座破平房。所以你能否体会到自身处于知识大厦当中，在一层一层地向上攀登，去追求真理，去探索未知，而不是在破平房中，透风，漏雨，不得安宁。

最后希望你在平时更注重基础知识的扎实学习与训练，成绩定会稳定并有全面提高！

张老师

×年×月×日

第二天，张老师收到了小萍的回信：

张老师您好:

谢谢您的来信!

看完您的信,感触颇多。不错,好的方法如顺水河流,助自己一臂之力。而我自己就是典型的"不会合理安排时间"的人。总打疲劳战,也确实影响第二天的学习。如果这样,中考还没来临,自己已经败在时间上。其次,学习要有战略意识,而我恰好就从没考虑过这点,总是强项没有发挥出,弱项拉后腿。

您写的与我们实际情况很相似,也有道理。

面临中考,我相信一句话:只要你的精神、心理、身体等方面都做好了准备,就没什么东西令你害怕了。

您的学生:小萍

×年×月×日

看了小萍的信,张老师觉得内容很勉强,并没有说出太多的东西,这说明自己还没有走进她的内心深处。怎么办?他决定等待,告诉自己不要心急,再继续观察,等小萍的心理屏障消失了,她会主动和自己说的。

果然,一个月后的月考,小萍的物理成绩仍然不理想,这时她主动给张老师写来了第二封信:

张老师您好:

从期中考试之后的学习中,我并没有很努力或花很多心思,所以这次分数很不理想。

看过了整个试卷,仔细地分析一下,我发现并不是自己不会或者是不审题,不仔细,而是心态不成熟,不稳定。考试前夕,我的状态也不好,没有考前应有的兴奋或紧张,而是有一种无所谓的态度,表面上好像把考试看得很开,其实则为危险信号。答题中,遇到一时难以理解的题目就心慌不已,无法静下心来安静思考下面的题。即使继续做,脑子里仍想着刚才做的题,从而影响解题速度和思路。不仅在物理,其他学科也如此。马上要交卷时,心里更加难以平静,检查也如同虚设,匆匆扫一遍而已。

其次，在平时学习中，学习方法和习惯不好。每天回到家，总是浪费很长时间后，才开始写作业。而且，做题很慢，因为心里有一种想法就是：这只是作业，不是考试。长期以来，做题慢就越来越明显，以至考试中检查时间分配不好。

您曾写过学习方法的文章，其实，我并没有完全照着做，心里觉得有些后悔。如果好的方法不加以学习，坏习惯又不努力改正，我想这是成绩不好的主要原因。回到家，与父母交流后，他们也觉得我的学习习惯非常不好，耗费精力，效率不高，所以听课也受影响。而且学习随心情，心情好了，作业质量很高，字迹也工整；一旦心情糟糕，作业质量和字迹也不好。在今后的学习中，我会努力改正这些不好的习惯。课堂上您讲过的习题，我以为自己懂了，但回家想时又不明白，可事后就不了了之了。如果遇到类似的题，肯定就束手无策。期中考试总结时，也提到了这个问题，但只是表面形式，根本没往心里去，以至于……

最后，我想不仅这次月考，还有别的考试，我都有准备不充分的问题，当然是自己拖拉、懒惰造成的。俗话说得好："不打无准备的仗。"没有准备充足，匆匆走上考场，心里很空虚，这也直接影响了考试心态。我曾看过《闯进华尔街的中国女孩》一书，书中主人公是一个品学兼优的学生，在中学中，创造了12次大考，11次第一的辉煌。她提出：无论什么考试都要做大量的准备，以便有超水平发挥，甚至考场温度、环境都做了周密准备。我很钦佩她，但这次月考明显是自己准备不足造成的。您的文章中提到有关制订计划的问题，我想这也是分数不好的又一问题。每当自己制订了小计划时，基本上很难全部完成，可能是安排不当，但主要还是拖拉。

您的学生：小萍
×年×月×日

在这封信里，小萍认真地分析了自己月考成绩不佳的原因，还较为全面地剖析了自己现阶段的问题所在。张老师感觉到小萍已经慢慢打开心扉，愿意与自己进行较为深入的沟通了，但她并没有详细阐述如何有效解决这些问题的方法，仍然缺乏更加深入的交流。但不管怎么说，小萍不再像以前那样什么都不说，把心事憋在心里了，起码她已经愿意说点心里话了。这说明书信沟通方式已经起到了一定的作用，这个方法是有效的。

接下来，张老师又再接再厉，继续与小萍书信交流。通过张老师一段时间的努力，小萍渐渐打开心扉，与老师的沟通越来越深入，经常把学习上的困惑，甚至生活中的小秘密都说出来与张老师分享，她的成绩也慢慢有了提高。

由于家庭因素、社会因素造成学生心理压力过大，与老师之间产生代沟，致使师生交流出现屏障。有些学生比较内向，师生沟通就更加困难，这时我们不妨用书信的方式沟通。张老师就通过尝试这种方法，找到了与学生沟通的途径，并取得了较好的效果。

案例分析

小萍虽然是物理课代表，但物理成绩并不稳定，即使有与张老师经常碰面的机会，但从来不与张老师交流，问些学习上的问题或困惑，这与她性格内向有很大关系。学生不问，老师就来问吧，小萍仍然不愿多与张老师交流，只是笑笑就一带而过，怎么让小萍愿意说出心里话，和她进行更深入的探讨呢？张老师思虑良久，采用了书信沟通这一方式。

一开始，小萍还是有些排斥，只是说了一些面子上的话，心里真正的想法并没有说出来。张老师没有着急，而是等待小萍心理屏障消失后，再交流。考试的再次失利，让小萍有了很多感想，她主动给张老师写了一封信，分析交流了自己失利的原因。虽然还没有完全打开心扉，但她毕竟说出了以往不曾说过的心里话，张老师又继续与她书信交流，小萍对他越来越信任，以至完全把心里话说出来。在张老师书信劝导和解惑下，小萍的物理成绩有了提高，性格也开朗了。

沟通是建立良好师生关系的重要环节，只有了解彼此的想法才能为沟通提供便利的条件。沟通的方式有很多，李镇西老师认为，对于处在青春期的中学生，有时候交谈并不是心灵沟通的最好形式，在这种情况下，书信便成了师生对话的合适途径。

实践证明：书信，有助于师生之间良好的沟通，有助于建立新型的师生关系。

1. 书信沟通，可以及时解决学生的思想问题

教育教学过程中，教师若能及时发现学生的思想问题，并把它解决在萌芽之中，那是最好不过的了。书信交流就可起到这种作用。

书信交流不同于面对面交流，它可以把话说得很周全很婉转，又因具有隐秘性，学生读信时，有咀嚼和慢慢体味的过程，它可以使学生连读几遍，便于学生接受老师的观点，容易打动学生的心灵，解开学生的思想疙瘩。学生写信时，也会反复整理自己想说的事，整理思绪的过程也是认识的过程。再读老师的回信时，对问题症结的理解就会深刻些，对一些问题的认识就会清晰些，避免了面对面交流时一闪而过的状态。

2. 书信沟通，可以促进学生的转变和发展

每个人的内心都有一种被肯定、被尊重、被赏识的需要。没有一个学生不想得到老师的赞美和期待。写信是一种很好的沟通方式。它可以避免面对面的谈话给学生造成的紧张心理和对立情绪，能够使老师"三思而后行"，以平和、忍耐、细致的心态对待犯错误的学生，使学生能够感悟到老师的关爱，敞开心扉接纳老师。

3. 书信沟通，为学生的健康成长提供了良好的心理环境

书信的交流，教师的人格魅力是基础。教师以身作则，在文字交流中融入思想教育（如何做人）、心理健康教育（如何做健康的人）、人生的思考（对社会的价值）、理想的探求（实现自己的理想）、人与人的交往（关爱他人）等，让学生求上进，敢竞争，肯吃苦，永向前。

如有学生在信中写道："……每当我精神不振、情绪低落的时候，只要想起您，想起您安慰鼓励的话语，我就不会那么伤感了，坐在桌旁，把您的所有来信，一封封从头到尾读上一遍后，就好像有了力量，心中已经有了答案……"

再如，"行动是唯一检验自己能否达到目标的办法，我要继续克服一切困难，争取光明的未来。""……老师，您还记得那次游龙首山吗？在归来的路上，我去游戏厅玩，是您抱着我，把我拖下那台游戏机，我当时极度兴奋，非常地恨你，是您在信中告诉我玩物丧志的道理，家长让我上学的目的

及个人的前途……现在回想起来，没有您的这几句话，我是绝对考不上高中和大学的，真的谢谢您，真的……"

老师书信上鼓励的话语为学生的健康成长提供了良好的心理环境。

4. 书信沟通，让师生关系更和谐

学生时刻用眼睛观察着老师，用心灵感受着老师，如果他们能够收到老师的一封信，对学生而言是一份意外的惊喜。老师主动给学生写信以平等的心态与学生交流，可以缩短师生间的距离，填平师生之间的代沟，这样学生才能开诚布公、畅所欲言。

在与老师书信交流中，学生们所遇到的心理困惑和心理压力有了倾诉的地方。"被老师误解了的委屈""同学间的矛盾""面对父母中考的期待""父母的不信任""和异性怎样相处""老师的不公平待遇"等问题，当老师给他们一封一封地回信后，通信便成了师生间沟通的最有效方式。学生能够敞开心扉，老师能够以诚相待，师生间通过书信实现了心与心的交流，并使得老师能够真正理解学生，在教学中时时刻刻站在学生的角度想问题、做事情，也自然受到了学生的喜欢和尊重。

5. 书信沟通，为教师的教育教学获得了信息反馈

书信的交流，不仅使老师了解了学生，也使学生了解了老师，更使师生间建立了深厚的感情。学生也在尽自己的力量帮助老师成长，使老师不断获得教育教学的最新信息。

如有学生在信中写道："……不知不觉中，我们相识整五年了，看是昨天，其实我们都在变化，但不变的是我们之间的真挚友谊……今寄去自作科技图片以用于教学……"学生寄来的图片不但使老师应用于教学，还开阔了视野，积累了知识。

写信要耗去教师的大量时间，需要教师有持之以恒的精神，但收获也是持久的。那么，怎样与学生保持书信交流呢？

1. 巧妙建立联系

以了解思想和汇报思想为目的的师生通信，学生是不会欢迎的。因此，教师发出的第一封信，应避开容易引起学生的反感或误会的内容，从学生最关心、最感兴趣的话题谈起。

另外，为了不使学生感到突兀，教师的第一封信还应该选择一个恰当的

日子发出：或是这位学生生病在家的时候，或是他正为考试失利难过的时候，或是他的生日那天……总之，只要教师对学生有充分的了解，他就一定能找到发出第一封信的"借口"，并可以充满信心地等待学生的回信。

2. 内容不限

师生书信联系，应建立在双方自愿的基础上。特别是对学生来说，他给老师写信，应完全是出于自身的需要，而不是碍于老师的情面。而要让学生保持与老师通信的兴趣与热情，教师要特别注意，不应对书信内容有所限制，相反，要尽量让学生有充分的思想自由，不断丰富书信的内容。学生在书信中话题越宽，越说明他对老师很信赖，这样，师生的书信联系便越稳定、越持久。

3. 平等对话

与教师对学生的"个别谈话"一样，师生在书信往来中双方也是绝对平等的。在书信中，学生可以向老师咨询，教师也可以向学生请教；教师可以向学生表达期望，学生也可以向老师提出建议。双方可以展开坦率的讨论甚至可以进行激烈的争论，但都不应把自己的观点强加给对方。即使教师的回信是目的性很强的心理辅导，但字里行间仍然不能有任何强迫学生接受的色彩，就像是一种来自朋友的诚恳劝勉一样。

虽然教师与班上每一位学生都保持频繁的书信往来是不现实的，但教师无论怎样忙，最好选择性地与班上具有某些特殊性的学生保持书信交流。因为对这些学生来讲，书信也许就是最有效的心理辅导和沟通方式。

书信交流，师生间一种可贵又重要的交流方式。

通过一封封的书信，教师走进了学生的世界，把握了学生思想上的一些变化。其中有些书信可能反映了班上学生之间的矛盾；有些书信可能反映了师生的矛盾；还有些书信可能反映了学生与家长的矛盾。总之，书信交流，通过文字的表达，实现了师生间心灵上的倾诉，让沟通变得"零距离"，为师生交流构建了又一个平台，我们教师应多多使用这一传统交流方式，让每个学生都有一个健康的心理和良好的学习欲望。

名师沟通有效细节之旁敲侧击

迂回前进，曲言婉至

> 旁敲侧击胜过当头一棒。
>
> ——谚　语

　　一句话可以使人笑起来，一句话也可以使人跳起来，关键就在于这是一句什么样的话。

　　直言表白，快人快语，固然痛快，但并不是所有的学生都喜欢这种直来直去的作风。有时候，太直接的话不仅收不到预期效果，还会适得其反。

　　乔治是一个职业学校的老师，有一次，一个学生将汽车违规停在车道上，堵住了学校的入口。乔治气急败坏地走进教室，咆哮起来："是谁的车堵住了车道？"当有个学生回答是自己的车时，他怒气冲冲地喊道："赶紧把车挪开，否则我就把它拖走。"

　　他的话引起了这位学生的憎恨，也引起了全班学生的反感。在以后的校园生活里，学生寻找各种机会给他设置障碍，在公众场合使他难堪。试想，倘若乔治不是这么直接，而是旁敲侧击、委婉地来一句："孩子们，学校的大门太小了，居然被一辆汽车堵住了，你们谁有好办法解决？"学生们又会有什么样的反应呢？

　　对学生正面的批评，尤其是当众指责，很容易毁损学生的自尊心。如果教师旁敲侧击，说话委婉一些，学生知道老师用心良善，他就容易接受老师的教导。

　　从中国传统哲学的基础上来看，儒家讲求中庸，道家讲求谦逊，释家讲求忍与悟，兵家讲求谋略机巧，而一般人最常说的就是做事情不要走极端，要有分寸，要适中。

也就是说，与学生沟通时，教师讲话不要说得太直，要绕个弯子来进行。不要简单地说"不"，不要单纯地指责学生"这样做不对"，不要一味地将老师的观点直接亮给学生，旁敲侧击一下，看看会有什么收获？

 ## 经典案例

在浙江平湖市钟埭中心小学高炜老师的班里，有一个生性好动、调皮、爱惹是生非的男生，叫彬彬。有一天中午，彬彬在大操场上和几个比他大一些的学生爬梯子，他爬得很高，到了梯子的顶端，而且只有他一个人爬那么高。高老师看见后非常着急，既害怕他掉下来出安全事故，又出于对他的关心和爱护，于是在情急之下脱口而出大声喊道："还不赶快下来，班里就数你最调皮、最贪玩、最让老师操心，像你这样的学生老师最不喜欢！"

高老师的话音刚落，彬彬便伤心和委屈地大哭了起来。话出口后，高老师也后悔自己说话太急，没考虑后果，因此等彬彬下来后赶紧上前安慰，但却无济于事了。

事后，高老师一直都为这事烦心："哎，自己怎么可以这样对待学生呢？他那幼小的心灵上的创伤何时才能弥补呢？自己说话真是太直接了，真是千不该万不该啊！"而自从这件事后，彬彬每次看见高老师，不是默然不语，就是躲得远远的，有时还故意惹是生非。

这一切，高老师看在眼里，急在心里，总想找个机会把师生间的隔阂解除。机会终于来了。

一天下课，高老师刚走出教室，就发现彬彬急匆匆地跑出去了，高老师以为他去上厕所，便也没有上前询问。谁知到了第二节语文课时，彬彬还没回来，高老师有些着急了，于是马上和几个班干部到处找。

不一会儿，一个班干部带着彬彬来到了高老师面前：他一身灰尘、满头大汗、低头不语、十分尴尬。看到他的样子，高老师来了气，但经过上次的事件，高老师这次没有把火发出来。高老师走到彬彬身边，一边用手擦干净他的脸颊和衣衫，一边轻轻地问道："彬彬，你怎么啦？很热吗？是不是还没有玩够呢？铃声听见了吗？快坐到位子上吧！"

彬彬没有吭声，但却早已领会了高老师的意思，他很快坐到了位子上。高老师又急忙来到他的身边，低声说："其实，老师还是挺喜欢、挺爱你的，不然，老师怎么会在你有错时及时给你纠正呢？如果你还觉得委屈，老师向你保证，等老师和你都空闲时一定带你去玩个痛快，一定！"

听到这儿，彬彬终于有了表情，他微微一笑又重重地点了点头，便开始认真地听老师上课了……很快，一学期过去了，彬彬再没有故意捣乱，也没有提起要高老师陪他去玩的事情。高老师明白，是自己委婉的说话语气起到了教育效果。从此再面对犯错的学生，高老师有了经验，总是迂回地、委婉地表达感受和意见，每次沟通效果都不错。

还有一次，高老师接了一个秩序比较乱的班级。刚到班级，迎接高老师的就是一阵混乱：课本满天飞，桌椅乱七八糟，学生聊天的聊天，玩牌的玩牌，当大家看到高老师进来并没有太大的动静，而是继续我行我素。这时候高老师调节了一下自己的情绪，微笑着对学生们说道："我们班的同学很活泼，讨论气氛也很活跃啊，这点很不错，需要继续保持。"

学生听到这句话后，先是一愣，然后安静下来，默默地回到自己的座位上。因为他们没有想到高老师竟然没有对他们的行为发火，痛骂他们一顿。学生都安静了，高老师又说："我看到你们把书都扔到地上，我看了很失望也很生气，课本是不应该扔在地上的，你们应该把课本收进抽屉里。"

讲完这句话后，高老师并没有再继续讲下去。因为高老师的举动出乎学生的意料，在学生的心里，老师应该是怒气冲冲地痛骂，然后再讲一大堆的道理才对，没想到老师接下来却是一片沉默，过了一会儿，学生很自觉地把书捡起来，并向高老师主动承认了错误。之后，班级秩序得到了很大改善。

在人际沟通中，说话委婉非常重要。因为它能使家庭成员之间、同事之间、邻里之间进行有效的沟通和交流。同样地，也能很好地促进师生之间的沟通与交流，有利于教师在教育教学工作方面的顺利开展。可以说委婉的语言是我们教育者成功教育的一大法宝。高老师的教育沟通案例就是一个证明。

案例分析

在处理彬彬犯错事件时，一开始高老师由于心急没有顾虑到语言的问题，为了让彬彬尽快从梯子上下来，解除他的危险，直言批评彬彬的举动，还说"像你这样的学生老师最不喜欢"，结果伤了彬彬的自尊心，对高老师产生抵触情绪。尽管高老师事后再三沟通交流，安抚彬彬受伤的心，都没有起到任何效果。

后来，彬彬又犯了错误，这次高老师憋住了怒火，用温和委婉的话语表达了自己对他的关心。彬彬虽没有说话，但早已明白，自己没来上课老师是很着急的。高老师虽没有直接批评他，却间接表达了内心的感受，只不过比较委婉而已，彬彬也更愿意接受。因此，后来他没有再故意捣乱。

而经过这次事件，高老师再批评学生时就比较注意说话的语气和方式。比如，在处理班级秩序混乱这件事时，高老师先是很幽默地指出了学生上课继续吵闹，这样不需要过多的言语，只一句话，学生自然会听懂老师的言外之意，就可以让学生立刻不好意思地安静下来了。然后高老师又很委婉地说出自己对学生犯下的错误表示失望和生气，避免了用一些怒骂的话语，对学生产生直接性的伤害，使语言变得软化一些，让学生在听到话语时仍感到自己是被人尊重的，学生就会从理智、情感上接受老师的意见。而接下来高老师的沉默则起到了一种提醒的作用，让学生有时间去思考和改正自己的缺点，而不是长篇大论，学生听了心烦，根本就无心去想自己到底犯了哪些错误，也就没有改正的时间了。

委婉是一种待人、育人的艺术，是以真诚坦荡的沟通来对待学生的方式。它尊重学生的感受，不轻易伤害学生。心理学的研究表明，人们的认识和情感有时并不完全一致。因此，在师生沟通中，教师的有些话虽然完全正确，但学生却因碍于情感而觉得难以接受，这时，直言不讳的效果就不太好。如果老师把话语磨去些"棱角"，变得软化一些，委婉一些，使学生在听老师教导的时候仍感到自己是被人尊重的，他也许就能既从理智上、又在情感上接受老师的意见了，这就是委婉的妙用。

比如，有一位教师接手一个新的班级，当他怀着忐忑的心情迈进教室后，全班学生哄堂大笑起来，这时教师才发现黑板上画着一个很大的卡通头像，写着欢迎新老师。如果是个别教师可能就生气了，但这位教师却出乎意料地微微一笑说："画得多好啊，希望这位同学把画画这个特长发挥下去。"接着这位教师便开始上开学的第一课，从自己为什么选择教师这个职业谈到农村孩子上学的艰难；从语文的重要性谈到 21 世纪对人才的需求；从本学期语文教材改革谈到对学生们学好语文的要求。40 分钟不知不觉过去了，当下课铃声响起的时候，这位教师惋惜地说："本来还想帮同学们预习一下新课的内容，但时间不够用了。"学生们马上明白了老师的意思，不少学生把责备的目光投向画像的学生，这位学生愧疚地低下了头。

试想，如果这位教师看到画像后，采取的不是委婉的处理方法，而是板着脸，怒喝一声："谁在黑板上乱画，给我站出来！"其结果又会是怎样呢？一种情况是画画的学生乖乖地站起来，挨老师一顿训斥，全班学生也因哄笑受到训斥，教师虽然维护了自己的"尊严"，但却埋下了今后新的师生冲突的隐患；另一种情况是没人站起来承认，教师处于骑虎难下的尴尬境地，教师也因而怒火中烧，语言失当，引发了师生之间更大的矛盾和冲突。这不是将事情处理得更糟糕了吗？

学生往往都有一种叛逆心理，老师越是不许他做某事，他越想做给老师看，完全是想气老师。这时，我们教师千万不要"上当"，要心平气和地，通过旁敲侧击，曲折委婉地将道理说给学生听，这样不仅能达到曲径通幽的效果，还比正面说服更易为学生所接受。

也就是说，教师在与学生讨论某个问题时，要避开锋芒，绕过双方争执的焦点，将话题转移，从其他方面找出切入点，从而使双方在某一点上达成共识，然后再逐步将话题引入正轨，让学生跟着教师的思路走，并最终做出妥协。

具体而言，教师与学生沟通时，旁敲侧击的方法有以下这些：

1. 先举例，后说明道理

这种方法就是举例来说明某个道理，让学生产生一种认同感。

教师在应用这种方法时，所举的例子一般不受时间和空间限制，古今中外均可。名人的事例更有说服力，尤其是学生熟悉的人物或事例更有吸引力，容易产生"名人效应""榜样效应"，使学生口服、心服。

2. 避开锋芒法

有时学生明知错了，但碍于面子不肯低头，甚至有对立的情绪。此时教师若正面交锋，很可能不利于问题的解决。教师可避开焦点，转向其他角度，进而达到说服的目的。

迈阿密大学正在进行期末考试，虽然学校一再申明不许作弊，还是有不少学生抱着侥幸的心理想试一试。结果经济系的学生格雷德因作弊被监考老师当场抓住。

辅导员丹妮小姐与他谈话时，格雷德因面子受损，不仅不肯承认自己的错误，反而气冲冲地说："作弊的又不是我一个人，为什么只抓我？"

丹妮小姐没有理会他的问题，而是问："别人作弊算不算错？"

"当然算。"

"该不该抓？"

"该抓。"

"那么，你作弊是不是就不算错、不该抓呢？"

格雷德一时间无言以对。丹妮小姐趁机又说："你是一个非常明理的学生，在对待这件事上，怎么不向不作弊的学生看齐，反而与作弊的学生相比？这是否有损自己的形象呢？"

一席话，说得格雷德低下了头。

3. 动之以情法

有时候学生遇到思想障碍时，如果给予他劈头盖脸的斥责和简单粗暴的批评，这样不但不能奏效，反而会伤害学生的自尊心，造成情感上的对立，甚至使矛盾激化。此时，教师可采取动之以情、晓之以理的方法。

周总理说过："与人说理，须使人心中点头。"要做到这点，晓之以理是重要的一方面，以情动人更是不可忽略的一方面。情与理结合，理借情动人，这是说服最有效的方法。

麦金斯先生班上有一个叫吉尔德的学生，由于家庭环境的影响，性格暴躁，经常跟同学发生冲突，甚至因小事而大打出手，麦金斯先生多次与他谈话，但效果不明显。

有一天，他因追打同学不慎失手打到窗玻璃上，顿时血流如注，麦金斯得知情况二话没说，赶紧把他送到医院，悉心照料，直至康复。

此后麦金斯先生一直不提此事，吉尔德却主动向麦金斯承认错误，麦金斯抓住时机讲明脾气暴躁的危害性。自此，吉尔德下定决心要改掉不良行为习惯。

4. 比喻明理法

比喻明理就是用简单熟悉的"已知"形象，说明知之不深的道理，它的功能在于辅导说明事理，使道理表述得深入浅出，引人入胜，从而提高说服效果。

如中学生时有发生早恋的现象。作为教师虽然时时敲警钟，但仍有人"明修栈道，暗度陈仓"，甚至有学生还这样说："毛主席说过，要想知道梨子的滋味，必须亲口尝一尝。"

针对这种心态，辽宁省优秀教师董大方也用梨子作喻体说："梨子还小就摘下来吃，是什么滋味?"学生回答："又酸又涩。""长成熟了呢?""甜的。"

董大方最后说："同学们，我们为什么不等到梨子成熟了再享受呢?"
同学们会心地笑了。

形象的比喻，深入浅出地阐明了一个道理，不死板，不生硬，很容易为学生所接受。

生活中的许多事理和科学道理，或许学生能知道一些，但未必明晰，而比喻则会使道理更为通俗易懂。

5. 寓言故事法

亚里士多德说过："历史上类似的例子很难找，寓言却容易编。"

的确，人们常常用寓言阐述某种道理，因为寓言能启迪思维，发人深省。寓言往往内容生动，蕴涵深刻的哲理。如用寓言教育学生，能使学生触类旁通，甚至起到发聋振聩的作用。

一次珍妮上化学课，讲到从海水制氯化镁的过程时，发现部分学生打瞌睡。于是珍妮便讲了一则寓言故事：一个人在海边散步，忽然听到一个声音——捡一些贝壳和石头放在你的口袋里吧！他下意识地捡了些。回到家里一看，那些石头和贝壳全都变成了光闪闪的金子。于是，他感到既高兴又后悔，高兴的是他毕竟捡了些，后悔的是他没有捡更多。

当学生还在呆呆地望着珍妮时，她接着说："世上后悔药是没有卖的，学习何尝不是如此呢？孩子们，你们现在不多学点东西，将来又怎么立足于社会呢？"学生听后，深受启发，课堂气氛顿时活跃起来。

用寓言故事说理，深入浅出，言简意赅，既有明快感，又有幽默感，形象鲜明，寓意深刻。

6. 以退为进法

退一步海阔天空。

在说服学生时，教师首先应该想方设法调节谈话的气氛。如果我们和颜悦色地用提问的方式代替命令，并给学生以维护自尊和荣誉的机会，气氛就是友好而和谐的，说服也就容易成功；反之，在说服时不尊重学生，拿出一副盛气凌人的架势，那么说服多半是要失败的。毕竟人都是有自尊心的，就连三岁孩童也有他们的自尊心，谁都不希望自己被他人不费力地说服而受其支配。

戴维这个学期接管了一个差班，这个班上的学生大多比较懒惰。有一天，学校安排各班学生参加平整操场的劳动，这个班的学生却躲在阴凉处，任戴维怎么说都不起作用。后来戴维说："我知道你们并不是怕干活，而是都很怕热吧？"

这些学生本来就不愿承认自己懒惰，戴维的话正合心意，他们便七嘴八舌说，确实是因为天气太热了。戴维便说："既然是这样，我们就等太阳下山再干活，现在我们可以痛痛快快地玩一玩。"学生一听就高兴了。在说说笑笑的玩乐中，学生接受了老师的说服，不等太阳落山就开始愉快地劳动了。

在实际说服学生的过程中，旁敲侧击、委婉式的说服方法常常不一而足，需要各种方法相互交替、灵活运用，以增强说服效果。

当然，要想运用委婉、迂回沟通的方法，需要我们平时收集大量古今中外各种事例与数据，积累丰富的生活与学习、学校与家庭、自然与社会等各方面知识，并养成开阔、大度的胸襟，才能随时随机向学生摆事实、讲道理，以事实证明，以君子风范为榜样，引导学生从丰富的事例和辩证的道理中得到启发，积极思考，最后心悦诚服，提高觉悟，提高思想道德水平。

另外，我们还要注意一些语气词的使用。例如：用"吗、吧、啊、嘛"

等语气词，可以使人感到你的说话口气不那么生硬。

再有，灵活使用否定词。如把"我认为你这种说法绝对错了"改为"我不认为你这种说法是对的"，把"我觉得这样不好"改为"我并不觉得这样好"。这样说话能把同样的意思表达得不那么咄咄逼人。

还有，以问代答。一位班主任在听取班委有关春游活动的组织计划汇报时插话问："为什么每个同学的经费预算这么高呢？能否再节约一点呢？"这种以询问的语气来表达自己的意见就显得比较温和而不强加于人。

总之，教师在对学生进行说服教育时，如果能适当地绕绕弯子，并且入情、入理、入法，就一定能取得事半功倍的效果。

孙子曰："军争之难者，以迂为直，以患为利。故迂其途，而诱之以利，后人发，先人至，此知迂直之计者也。"这说明，"迂回"之术常被用在战场上。

其实，"迂回"之术同样可以运用于教育语言中。在教育教学中，对于学生的某些不良习惯和行为，教师如若一味单刀直入、一针见血地直接加以批评指责，非但达不到预期的教育目的，有时还会激起学生的逆反心理。反之，如果教师能根据学生的具体情况灵活运用"迂回"之术，委婉地将话说出，则可以使矛盾迎刃而解。

"欲求其速，先图其缓。"从表面上看，这种迂回的做法似乎是绕了弯儿，但从实际效果看，则是走了"直路"。

名师沟通有效细节之幽默艺术

幽默，传递快乐的天使

幽默是一切智慧的光芒，照耀在古今哲人的灵性中间。

——钱仁康

幽默是生活的调料，是人类智慧的火花，是属于艺术性的口语。它能用生动形象、鲜明活泼、委婉、含蓄、风趣、机敏、确切的口头语言，友善地提出自己对现实问题的见解，使人们在愉快的情境中，欢乐的笑声中接受批评教育，从而改正自己的缺点和错误。

在教育学生的过程中，教师经常面临这样的问题：如何才能既指出学生的缺点，又不伤害学生的自尊心？因为如果处理不恰当，往往会因为一点小事发生冲突，影响师生感情的沟通，造成教育的失败。在这方面，我们看看前辈是怎么做的。

一次，生物学家格瓦列夫在讲课时，突然有一个学生在下面学鸡叫，课堂里顿时一片哄笑。这时，格瓦列夫却镇定自若地看了看自己的挂表，不紧不慢地说："我这块表误事了，没想到现在已是凌晨。不过请同学们相信我的话，公鸡报晓是低等动物的一种本能。"格瓦列夫没有生气愤怒，而是用幽默的批评对学生起了警告作用。

再来看一个例子。有人问一个著名的教师："如果你的班级中有一名学员过于活跃，上课时总是发出声音干扰别人，也影响你讲课情绪。你打算怎么行之有效地解决这个问题？"这位教师是这样答题的："我下课后可以与他交流一下，向他说明情况——教室的秩序要很好地维持。并且我会与他开玩笑说：'谢谢你在课堂上为我活跃气氛，但我很生气你太活跃，以至于抢了我的风头。'"这是很艺术的回答，风趣幽默，大概任何一个学生听了这句玩笑，都会羞赧地笑起来，并决心不再与这个宽容风趣的教师为难。

这些事例告诉我们，幽默在沟通中有着不可低估的作用，它能使沟通的效果更趋完美。它就像我们打开电灯开关，电力便沿着电线输送过来一样，按下我们幽默的按钮，就能促使一股特别的力量源源而来。

幽默使人与人积极交往，能降低紧张、制造轻松的气氛；它以愉悦的方式表达人的真诚、大方和心灵的善良。幽默是师生关系中必不可少的"润滑剂"，具有幽默感的教师一走进学生中间，学生就会感到快乐，沟通也就畅通了。

 ## 经典案例

一天，广东三水华侨中学优秀班主任许莉芬老师主持班会，班会的主题是让学生们提出半个学期以来班上出现的不良现象以及对该现象的改正意见。班会课在许老师的主持下有条不紊地开展着，学生们针对班上的不良现象积极发言，并提出了不少有建设性的建议。许老师对此很开心，觉得学生们都很热爱班集体，有主人翁精神，也为自己作为班主任能从学生们的发言中得到了不少有助于管理好班级的信息而开心。

然而，正当许老师高兴的时候，有位学生站起来说："老师，我觉得我们班上体育课时的纪律不太好，特别是课前集队，有的同学太拖拉了，总是要等几分钟才把队伍排好。"

听了这个学生的发言，许老师很重视，因为在许老师看来，排队只不过是一件很简单的事，而学生竟然排上好几分钟，这有点太不像话了！而且之前体育老师也曾向许老师反映过这种情况，现在正好借此机会拿到班会上解决这个问题。

于是，许老师当着全班学生的面严肃地说："以后体育委员要在一分钟之内把队伍整理好！"

话音还没落，体育委员小南就立刻站起来，大声嚷道："有没有搞错！一分钟？他们不来集队我怎么整理啊！"

"他们不来你就不会去把他们叫上啊?"小南这种推卸责任的态度让许老师很恼火,当即声音就提高了八度。

这下小南就像被惹火的狮子一样,抓住许老师的话柄怒吼:"你又要我一分钟之内把队伍集好,又要我去叫他们来排队,难道我可以分身啊!"

看到学生如此顶撞自己,许老师也来气了,大声反问:"为什么不可以?"

"他们有的在课堂,有的上了厕所,有的就在其他地方,我又要站在队伍前整理队伍,又要跑去找他们,那我该做什么啊?"小南指出问题的症结。

听了这话,许老师一时也有些反应不过来。小南说得没错,他不可能分身有术地把每个人都拉来吧!自己刚才太冲动了,不应该那么大声对小南说话,不能把这件事的责任都推到他的身上。

这时,全班静悄悄的,学生都看着许老师,教室里一片紧张的气氛,许老师安静下来,一反刚才气愤的态度,幽默地说道:"经调查,我认为刚才对小南同学的指控不能成立。经本人慎重考虑后决定,接受该同学的上诉,撤销原判,为小南同学彻底平反昭雪。"

学生们听后都笑了,小南也憨憨地笑了。

然后,许老师把目光转向其他学生,认真而诚恳地说:"刚才我对小南同学的批评是因为自己了解情况不够,错怪了他。为此,我向小南同学表示歉意。"

"老师,我态度也不好,我也向你道歉。我是体育委员,把队伍集好是我的职责,以后我会履行好自己的职责的。"小南不好意思地挠挠头。

许老师趁机对全班学生说:"同学们,体育课排队拖拉并不全是体育委员的责任,更多的是我们当中某些纪律懒散的同学的责任,希望那部分同学注意一下,我不希望由于个别的同学而影响到全班的整体形象。"

这样一场师生对抗风波在许老师幽默的话语中烟消云散,学生们又继续兴致盎然地发表意见,班会气氛浓烈。

教师与学生沟通时,难免会产生一些失误,这时幽默的语言就能起到补救的作用。许老师由于不了解实际情况,错误地批评了体育委员小南,小南当场辩解,许老师也立即感觉到了自己的失误。面对师生沟通中的矛盾,许老师机智地使用法律公文式的夸张语言营造了幽默的氛围，避免了困窘场面的出现。

案例分析

师生沟通的艺术也是师生之间的语言交流的艺术。

恩格斯认为幽默是"具有智慧、教养和道德上的优越的表现"。可见幽默其实是一个人的人格特征中的重要因素。

老师难免会有情绪，难免会冲动，说出一些过激的话，这时，我们就可以通过幽默的语言化解师生对立的情绪。许老师就是因为小南推卸责任而有些恼怒，气愤之下声音也提高了；小南当众受到批评，再加上心里感到委屈，于是当众顶撞了许老师。这时，沟通出现了问题，许老师立刻冷静下来，开始思考问题所在及解决方法。最后，在许老师夸张诙谐地说明后，课堂又出现了热烈的场面，师生之间丝毫没有因为刚才的小风波而影响到感情和关系。这就是幽默沟通的妙处。我们老师应该学会运用。

比如，有一位教师被派去担任一个"乱班"的班主任。当他第一次走进这个班级的教室时，看到的是这样的情景：教室的课桌椅被搬成了几"摊子"，每一"摊子"的边上都有几位学生在挥舞着扑克，鏖战得难分难解。

看到新班主任进来，他们才恋恋不舍地停止游戏。老师让大家把桌椅整理完毕，站在了讲台前。这时，全班学生都神色紧张、手足无措地坐着不吱声，等待着老师的严厉批评。可是，这位老师微笑了一下，他的第一席话却是这样说的："同学们，作为新来的班主任，我第一幕见到的就是你们那种学习'五十四号文件'的积极性，那么好，我现在也想和大家一起来研究一下。"

面对学生略微放松、又感到诧异的神情，老师接着问："你们知道为什么一副扑克牌要分4种花色、每种花色有13张、一共有54张吗？牌中有K、Q、J等人物形象，这些人物又代表的是谁呢？"

学生们的脸上产生了热切求知的表情。这时，老师就简单地介绍了扑克牌的由来、四种花色的象征、有关人物在历史上是谁等知识。此时，学生已对这位新来的班主任产生了知识渊博、语言风趣的良好印象。

老师此时感到沟通教育的时机已到，便说道："大家想想，小小一副扑克牌中就蕴藏着这么多知识，可见，知识在任何地方都有用武之地。那么，大家是否愿意从今天起，跟着老师一起去遨游知识的海洋呢?"回答教师的是一片热烈的掌声。

教育家米·斯维特洛夫说："我一直认为，教育家最主要的，也是第一位的助手是幽默。"苏霍姆林斯基说："如果教师缺乏幽默感，就会筑起一道师生互不理解的高墙——教师不理解儿童，儿童不理解教师。"国外早有研究表明，教师的教育沟通语言与教育学生的效果是有很大关联的，特别是幽默的艺术语言，更能大大提高教育沟通效果。

心理学家追踪调查发现，学生最大的愿望就是老师语言生动形象、风趣、有幽默感；学生最不喜欢的就是没有幽默感的老师。有幽默感的老师是随和又理性的，不会把自己的快乐建筑在别人的痛苦上，以损人自尊的伤人话语来逗趣取乐。有幽默感的老师会自我解嘲，会转移冲突，运用智慧巧妙地教化学生，所以幽默的老师通常是受欢迎的。

那么，教师在与学生的沟通中，如何有的放矢地运用"幽默"这一润滑剂呢?

1. 趣从智生，怒息巧出

有一次，某班主任走进教室，看见讲台上有一堆橘子，心中纳闷，橘子外观完好，但似乎不太寻常，就随口问道："这些橘子是做什么用的?"学生回答："请老师的!"班主任含笑称谢，拿起一个来，不料橘子早已被掏空，改塞卫生纸。

学生们哄堂大笑。班主任老师一时僵住，但马上反应过来，幽默地说："哎呀! 原来你们这么细心，替我准备好了橘子皮，这可是美容上品! 值日生，替老师包好! 是哪几位同学，下课后到我办公室，我要好好地谢谢你们!"学生们又是一阵大笑。课后，几个调皮鬼主动到老师办公室认了错。

2. 移花接木，无心插柳

有一次，魏书生老师刚走进教室，便发现有两个学生不知为什么正扭打在一起，全班同学的目光都望着他，看他如何处理，而那俩调皮鬼却浑然不知，仍打得十分"投入"。

见此情景，魏老师便幽默地说："同学们请继续欣赏这场十分精彩的'男子双打'比赛。"在同学们的笑声中，两个人不好意思地停了下来，老师又不失时机地补充了一句："同学之间应互谅互让，不要因一点小事弄得大家都不好意思。"

还有一次，魏老师发现一位学生听课时思想开小差，眼睛总是望着窗外，他便说了一句："外面的世界很精彩，里面的世界也不坏。"这名学生立刻意识到魏老师在讲自己，于是马上重新集中精力听课。

"幽默"是一种能量，它能增进彼此的亲密度。"幽默"也是一个成熟者自信的表现，以幽默建立的师生沟通渠道，能收到春风化雨的效果。

名师沟通有效细节之美言相劝

赞美是师生关系的润滑剂

你要想人家有这样的优点，那么你就这么赞美他吧！

——〔英〕丘吉尔

一个大官非常爱吃鸭子。厨师每餐都为他准备一只，但都少一条腿。大官很纳闷儿，问厨师是否吃了一条腿。厨师说："我们养了很多鸭子都是一条腿，不信的话，您到后院看看。"大官跟着厨师来到后院一看，每只鸭子都一条腿站着。厨师说："您看，这些鸭子都一条腿。"大官知道这是鸭子睡觉的习性，于是拍拍手，鸭子惊醒，放下了另一条腿。大官指责道："你骗了我，你看，鸭子不是两条腿吗？"厨师道："我上菜的时候，可从来没见您鼓掌。以后上菜的时候，请你鼓鼓掌，这时鸭子就是两条腿。"

厨师渴望得到赏识和赞美，同样地，学生也希望得到老师的鼓励和赞赏。心理学家威廉·杰姆士说："人性最深层的需求就是渴望别人的欣赏和赞美"。研究表明：人的心理需要一旦得到满足，便会成为其积极向上的原动力，许多潜能就容易被激发出来。老师几句赞扬的话，一个鼓励的动作，一个激励的眼神都能激发起学生的自信心和创造力。

曾经有一份调查问卷，请学生回答：1. 你是否愿意经常赞美别人？为什么？2. 你是否习惯别人对你的赞美？3. 听到别人对你的赞美后心情怎么样？4. 听到别人赞美后你会作何反应？

调查的对象是高一至高三年级的 90 名学生，其中尽管有 52.1% 的学生表示不会主动赞美他人，有 47.6% 的学生表示不习惯别人对自己的赞美，但是，却有 87.2% 的学生表示在听到赞美后会很高兴的。

这份调查表明：赞美是大家都乐意接受的，因为每个人的内心都渴望被人认可、赏识。作为一名优秀的老师，我们要多多运用赞美这一沟通法宝，来增进师生间的关系和感情。

 经典案例

宜昌市优秀小学语文教师张萍认为，赞美会让学生感到一种满足，从而愿意接受老师的意见，产生逐渐完善自己的愿望。

案例一：

小宏是一个不爱学习、只喜欢玩游戏的学生。有一次上课，张老师让学生们根据自己的想象画一幅春雨图。大家立刻低头开始认真地描绘春雨的色彩。张老师慢慢在教室里巡回指导，当她走近小宏时，发现他"一反常态"，既没有吵闹，也没有去影响别人，而是埋头画画，一脸的专注。张老师好奇地走近一看，呀！画得还挺特别：雨是五颜六色的，落在屋顶和地面上，还溅出了水花。大地也是五颜六色的，花儿开了，草儿绿了，小河里的水清清的。画得非常漂亮。于是，张老师俯下身，亲切地问："为什么你把雨画成五颜六色的呢？"

小宏愣了一下，有些惊讶地看着张老师，然后紧张地说："没什么。"接着，又埋头画起来。张老师有些失望，心想，可能自己平时对他太严厉了，所以他才不敢对自己说心里话吧。于是，张老师摸摸他的脑袋，微笑地看着他说："我觉得你画得很好，与众不同！"

听了老师的夸赞，小宏手中的笔停了一下，偷偷看了张老师一眼。张老师又接着说："其他同学都用蓝色来画雨，你能用各种颜色来画。能不能告诉我你的想法呢？"

这时，小宏抬起头看着张老师，一语不发。张老师对他微笑，并用期盼的眼神看着他。他犹豫了一下，又看了张老师一眼，然后小声地说："我很喜欢下雨，觉得雨的声音很好听。可是，雨是透明的，一点也不好看。要是雨也能有各种颜色，我就会更喜欢雨了，所以我把雨画成五颜六色了。"

"真是个了不起的想法！太棒了！"张老师特意提高音量赞叹道。接着，她把小宏的画拿到前面展示给其他学生看，并赞扬了小宏的想法。当学生们也对此发出赞叹，并将惊讶的目光投向小宏时，张老师发现小宏的眼中闪出从未有过的光芒！张老师想，打铁要趁热。于是，当学生们继续作画时，张老师又走到小宏身边，俯下身，轻轻地说："你是个爱动脑筋的好孩子，画又画得那么好，如果学习上态度再认真些，那你肯定会赶上班中的优秀生。"小宏不好意思地点了点头。

事后，张老师欣喜地发现，再上课时，小宏听得很认真，还积极开动脑筋，大胆举手发言。对此，每次不管小宏回答得是否完整，张老师都会面带微笑，耐心地倾听，对满意之处，表示赞赏，对有错误的地方，及时加以引导。从此，课堂上，小宏经常露出开心的笑脸，学习越来越积极。

案例二：

小维是张老师班里一个似乎没有什么特色的学生：成绩一般，平时也不太爱说话。然而，有一天，一件小事改变了张老师对小维的看法，也改变了她长久以来的教育方式。

那是一个中午，张老师站在班级门口，看着走廊里来回走动的学生，无意中发现走廊里有一些碎纸屑，许多学生说着笑着踩着而过，好像没有注意到地上的纸屑。这时，小维默默地从教室里拿来清扫工具，等同学们走过后，将纸屑扫了起来，扔到垃圾筒里。张老师被这一幕感动了，回教室后，她立刻在班级表扬了小维，并由衷地赞扬了他关心集体、为他人着想的好行为。

对于老师的表扬，小维仍像以前那样沉默不语，似乎无动于衷，但张老师却从他的眼里，看到了一丝惊喜。

经过这件事，张老师开始对小维留意起来，结果发现他有着很多自己不了解的地方。比如，他的字写得非常漂亮；喜欢帮助人，别人有什么困难，他都尽力帮助；热爱劳动，每次大扫除他都非常积极……

张老师这才意识到：一直以来，自己过于疏忽，没有看到学生性格中闪光的地方。自此，每当小维做了什么值得表扬的事时，张老师都要直接或间接地表扬他，使真善美的精神得以激发和升华。

渐渐地，张老师发现小维变了，上课变得认真了，尤其作业完成得很好，学习成绩也有了很大的提高，还被同学们选为班级卫生委员。

这件事也给了张老师很深的启示，在以后的教学工作中，她开始注重以人为本，面向全体，细心观察，捕捉学生身上的每一个闪光点，及时把赞美送给每一个学生，使之发扬光大，使每个学生都感到"我能行""我会成功"。

每个人都希望得到别人的赞美，学生也一样，他们渴望来自老师的关注和赞许。赞美，让一个本不起眼的学生变得光彩照人，变得努力向上。

赞美不但是人际关系中的润滑剂，还能缩短师生之间的心理距离，使彼此之间关系融洽、和谐，让小维那平凡的校园生活忽然间变得美丽，并且还把校园中不协调的声音变成美妙的音乐，激发起所有学生的自豪感和上进心。

案例分析

《犹太法典》里说："人是虚荣海里游泳的鱼。"

赞美实际上是一种投入少、收益大的感情投资，是一种驱使人奋发向上、锐意进取的动力源泉。尽管学生有这样或那样的缺点，但其心灵深处却都隐藏着对自信心的渴求，这是唤起学生自我意识的契机。我们相信：能够看到学生长处的老师一定是宽容的；能够为学生些微的进步而感动的老师一定是有爱心的；能够懂得即使成绩最差的学生都有闪光点的老师是有责任心的。任何一名优秀的老师都应该像张萍老师那样给予学生更多的关心、更多的赞美、更多的赏识，使学生的个性得以彰显。

古人云："口能吐玫瑰，也能吐蒺藜。"从来不会赞美学生的老师一定得不到学生的喝彩，吝啬给予学生以赞美的老师很少能分享到教学的快乐。

但如何赞美，赞美什么，要有一个尺度。如果老师的赞美太随意，没有原则，就会显得很虚伪。

一位老师总对学生说："你极有天赋！""你非常聪明！"刚开始，大家还美滋滋的，可慢慢地就觉得不对劲儿了——她对每个人都这样评价，而无论谁学习上遇到困难，她都会大而化之地肯定："你一定能成功！""你是最棒的！"时间长了，学生们弄不清自己的真实情况，渐渐在老师的赞美中迷失、麻木了。

显然，这个老师没弄清楚赞美的尺度和方法。我们应如何使赞美真正夸在"点子"上，使赞美取得理想的沟通效果呢？

1. 赞美要因人而异

对后进生多采用直言赞美；对优等生多采用含蓄性的赞美；对性格多疑的学生多采用间接赞美；对看重"面子"的学生多采用"美名"赞美；对有某种特殊潜质的学生多采用目标赞美；对外向型的学生可多用热情且具有鼓励性的赞美；对内向型的学生，可以投以赞许的目光，或送一个友好的微笑，等等。

2. 赞美要事出有因

一位哲人曾经说过："只有真实的赞美才能打动人的心灵。"因此，老师赞美学生时不要师出无名，不能泛滥。

在课堂上，有的老师先后提问十几个学生，评价总是"好，您请坐！""很好，您请坐！"有的学生的回答甚至是完全错误的，老师也是"好、很好"。究竟好在哪里？难道这就是真的赞美吗？空泛化的赞美，只会给人留下刻意、麻木的感觉。

现在的教师不管学生的大事小事，都是一连串的"你真棒""你太伟大了"，这反而将我们的学生弄糊涂了。难道我们都是对的？难道想怎么做就怎么做就是个性、就是创新？这种不切合实际的表扬，久而久之会使学生变得盲目自大、唯我独尊，不利于孩子的心理健康发展。

3. 赞美要恰如其分

对成绩突出、进步较大的学生，应面对全班同学表扬，使其成绩有目共睹。这样既有说服力，也可鞭策其他学生，从而全面调动学生的积极性。而对那些微不足道的优点，老师则宜私下表扬，避免夸大其词、哗众取宠。否则，有些学生会因一点小成绩便沾沾自喜。

4. 赞美要详细具体

老师的赞美用语越详细具体，说明老师对学生越了解，对他的长处和成绩越看重。比如"××同学最近的表现相当不错",这种缺乏具体内容的赞美,很难有鼓动性和影响力,不妨改成:"××同学在写作方面有很大的进步。"这样就会让学生感到老师的真挚、亲切和可信。我们有时会看到,有些教师对学生的回答不作具体分析,动辄用"你说得真棒"之类的表扬。"棒"在什么地方?根本不知道。久而久之,学生会变得模糊,被表扬的不知道自己好在什么地方,其他学生也不知道自己究竟应该向被表扬者学习什么。

马克·吐温说过:"只凭一句赞美的话,我就可以快乐两个月。"

教师的赞美应是一种激情的自然流露,应是一段精彩的教育篇章,我们绝不应吝啬我们的热情和激励的语言。

名师沟通有效细节之情理结合

教育沟通要情与理结合，双管齐下

师者，教之以事而喻诸德也。

—— 《礼记》

如果把教育沟通比做牧师布道，教师就是牧师，学生就是宗教徒。教育沟通的目的就在于，不露痕迹地对听众施加思想影响，使学生于不知不觉中接受其教育。教师在与学生的沟通中，要做到"动之以情，晓之以理"。

在教育沟通中，"动之以情"就是以教师对学生的热爱、奉献教育的精神感动学生，用身体力行的教育行为感化学生；"晓之以理"就是教育学生明白为人处事的道理，从学生、生活、家庭方面积极适应各种环境，妥善处理各种问题，化解诸多矛盾。

 经典案例

游彩云是广州市天河区体育东路小学的教师，刚刚 33 岁的游彩云已获得了许多荣誉：全国模范教师、全国优秀教师、广东省特级教师、广东省南粤教坛新秀（特等奖）、广东省南粤教书育人优秀教师、广州市教育新秀、天河区十大杰出青年，等等。

从 1989 年任教至今，每接手一个班，游彩云总是深入实际，了解学生的学习、生活情况，摸清他们的性格、特点和家庭情况，以不同的方式和方法去和学生们有效沟通、交流。

她曾教过一个叫林小焘的学生，那个时候她刚刚走上工作岗位。

林小焘是一个特殊的孩子，他圆圆的苹果脸上嵌着一双大眼睛，挺讨人喜欢，可接触过他的老师感觉却十分讨厌他的顽皮和偏执。

游彩云刚接班时，他在课堂上当众与同学嬉闹，提醒他吧，他安静片刻便又开始碰碰这边同学，拉拉那边同学的书包。好几位同学都曾向游彩云告状说对林小焘忍无可忍了，要求惩罚他。

于是，游彩云把林小焘叫出来，批评他的行为，可还没等游彩云说完，林小焘就抢着说这个同学不对，那个同学先惹我。还振振有词地说就是别人不对。僵持了半天，林小焘也没接受游彩云的意见。

以后的课，林小焘依然我行我素，甚至还有些示威的意味。游彩云终于忍无可忍地向他大吼一声："你到底要干什么？"林小焘这才闭住了嘴巴，可眼中却写满了不服气。

游彩云冷静下来后，觉得自己不该对他大声呵斥，毕竟他还是个孩子，或许他的背后有着不为人知的故事。

这天晚上，游彩云拨通了林小焘家的电话，与他妈妈进行了一次长谈。得知妈妈曾请来了华东师大心理系的老师为他做过测试，测试结果反映林小焘在行为品质方面表现为零。专家表示，要改正这种行为习惯，纠正这种性格，除非去国外专门的学校就读。妈妈一声声无奈的叹息让游彩云对这位顽皮的学生有了些许同情。

如何纠正他行为的偏差呢？游彩云陷入了沉思。

从此，游彩云对林小焘的行为愈加关注，游彩云发现他热衷于欺侮别人，他的朋友并不多，于是游彩云便以此作为教育的突破口。

"林小焘，我们做朋友吧。"

"朋友应该怎样？"

"要互相帮助。"

显然林小焘对游彩云这个朋友并不感兴趣，不置可否。

游彩云却对他这个朋友倍加关心。林小焘橡皮找不到了，游彩云会调动同学们一起帮他找，并适时告诉他，朋友就是在有困难时互相帮助的。

"林小焘表现好，坐得端正。"

游彩云对他的一举一动都注视着，不断表扬他。林小焘渐渐感到老师总表扬自己，脸上有了光彩，对游彩云这个朋友也开始认可了。

有时，林小焘下课也会凑上来和游彩云聊上几句，或借一本喜爱的书给游彩云看。林小焘的变化让游彩云暗自欣喜。

可就在这时，他又出事了。一天，上英语课时，一位同学风风火火地奔进办公室对游彩云说："格尔德先生不让林小焘上英语课，林小焘在那儿哭闹呢。"格尔德先生是学校聘请的外籍老师，一向温文尔雅、不愠不火。

这个软硬不吃的林小焘又怎么了？游彩云急忙赶往教室，空荡荡的教室中就林小焘一个人，同学们都上课去了。

那一刻，游彩云真想对他大吼一声："你又搞什么鬼？"可转念一想，急躁也于事无补，便冷静下来问缘由。

在林小焘断断续续的叙述中，游彩云终于弄明白了，原来是林小焘和另一位同学用英语向格尔德说了些侮辱性的话，格尔德急了，可林小焘就是不认错，反而和格尔德纠缠不休，结果才弄成这个样子的。

游彩云明白，如果对林小焘简单地批评两句，是不能解决问题的，反而会更激起他的逆反情绪，使事情朝着反方向前进。

于是游彩云干脆和他一起坐下来，以朋友的身份和他交心，讲道理。还给他讲了一个《篱笆上的铁钉》的故事，告诉他坏脾气是一柄双刃剑，就像钉在篱笆上的钉子，虽然拔掉了，可钉孔还在，就像你和格尔德吵架，说了些难听的话，你就会在他心里留下一个伤口，无论你怎么道歉，伤口总是在那儿。你在伤害别人的时候，同时也毁掉了自己的尊严，伤害了自己的人格。

这个短小故事打动了林小焘。他答应游彩云以后遇事要讲道理，不胡来了，并答应向格尔德道歉。这是游彩云第一次见到林小焘真心答应道歉。游彩云由衷地为林小焘的进步感到高兴。

当林小焘跑到上英语课的教室向格尔德表示道歉时，格尔德惊讶地睁大了眼睛，同学们也暗暗发笑：今天太阳怎么从西边出来了？

渐渐地，林小焘的情绪稳定下来了，日后的学习成绩也逐步提高，毕业后顺利地升入了中学。现在，林小焘还常回校探望这位热心、真诚帮助过他的好老师。

老师的责备，妈妈的灰心，专家的结论，似乎所有的人都对林小焘失去了信心，仿佛他真的是一个难以教化的学生、一个难以与别人进行良性沟通的"顽石"。

游彩云老师用友情打动了林小焘，用道理说服了林小焘，在情与理的交流双管齐下后，那个偏执的林小焘终于有了彻底的改变——让"顽石"变成了"灵石"。

 案例分析

"动之以情，晓之以理"，二者相辅相成。教师在与学生沟通时，请注意以下几点：

1. 对学生一视同仁，动之以情

教师在与学生沟通时，尤其是与那些所谓的差生沟通时，情更是必不可少的。这个情，就是教师深沉热爱学生之情。唐代诗人白居易云："感人心者，莫先乎情"，说的就是这个道理，唯有炽热的感情，真挚的语言，才能使倾听者感到可亲、可信，从而产生极大的认同感。

一旦学生觉得老师就是他的知心朋友，那么，他们就会敞开心扉，把内心的秘密向你倾诉。在这种情况下，老师的劝告和要求乃至批评，都会容易被他接受，紧锁着的心房大门就会被"爱"这把钥匙轻易打开。

相反，如果教师对学生感情淡漠，甚至讨厌、呵斥、挖苦，学生就会产生逆反心理，或敬而远之，或心生愤恨，这样很难想象能有效地转变学生的思想了。

因此，教师在与学生谈话时，切忌表露出不耐烦的神情。老师皱一皱眉头，学生有时都会敏锐地产生一种被轻视的感觉，从而引起对立情绪。因此，教师在谈话时要多一点"人情味"，这样就容易和学生产生亲近感，为良好的沟通打下坚实的基础。

罗杰初为人师就受到校长赏识，让他担任六年级（1）班的班主任。后

来，学校里有名的差生何灵也编入了（1）班。没多久，何灵旧"病"复发：吸烟、打架、盗窃……

罗杰听到学生反映后，狠狠地批评了他一顿。可是"倾盆大雨"不但没有改变何灵的行为，反而使他产生了逆反心理，使得师生关系变得更加紧张了起来。

而罗杰由于年轻气盛，亦不肯低头，发展到后来，师生矛盾尖锐，何灵不仅自己不学好，还带动了班里几个不安定分子，将整个班级搞得乌烟瘴气。为此，校长多次对这个班提出批评。

罗杰自感无力教化这帮学生，最后向学校申请辞去班主任一职。

几年后，罗杰回忆起往事，深有感触地说："当时的我，太年轻，只顾讲理而忘了动情。其实那个学生人并不是很坏，只是毛病由来已久，一时难以改正。"

2. 耐心教导，晓之以理

教师不可一味地动情，该讲"理"的时候一定要讲"理"。

顾卫老师接手一个新班时，遇到一个顽固不化的学生，他在学校里拉帮结派，欺负其他同学，搞得众同学怨声载道，甚至连批评他的老师也会遭到他的"报复"。

面对这样一个学生，老师们都无可奈何，顾卫却想用"情"来感化他。他经常与这位学生谈心，表示自己对他的关爱。当他发现这位学生组织能力不错时，便大胆提议请他担任纪律委员。

表面上，这个学生把班上的纪律维持得很好，没想到几周后发生的事让顾卫大跌眼镜：有一次上早操时，班里的学生和邻班的学生发生了口角，这个纪律委员不是及时制止，而是给他上中学的哥哥打了个电话，放学后带了几个人在路上把邻班几个与他们发生口角的学生暴打了一顿。

这下事情闹大了，顾卫一时间疲于奔命，多方调解才把这件事解决好。这时他才意识到自己犯的错误：一心想着用情去感化这个学生，却忘了讲"理"，以至于这个学生情绪一冲动就想到用暴力去解决问题。

顾卫开始转变工作方法，与这位学生谈话时，不再单单动"情"，而是结合实际情况，帮他分析问题，指出他的不良行为对他人造成的伤害。在经过一次又一次的"晓之以理"的谈话后，这个学生的思想认识渐渐有了转变，不再惹是生非，也能与同学友好相处，学习成绩也渐渐赶了上来。

做学生的思想工作，有时要动之以情，有时要情与理结合，双管齐下，教师与学生的沟通方能奏效。"动之以情，晓之以理"可以作为教师与学生交流的沟通技巧，使我们发乎情、止乎理的教育更实实在在地见到成效！

名师沟通有效细节之借题发挥

借题发挥，使沟通"妙法自然"

> 巧妙的借题发挥，注注能使沟通失去阻碍。
>
> ——〔美〕马 丁

经验丰富的辩论家总是不放过一切机会宣传自己的观点，这机会就包括对方提出的论题，如未阐发、证明或论证不合理，我们可接过这一论题趁机加以发挥，变被动为主动，能收到意想不到的效果，这就是借题发挥法。

1960年4月，周恩来总理在尼泊尔首都加德满都举行了一次记者招待会。当谈到中尼两国对珠穆朗玛峰的看法不一致时，美国一记者问："关于珠峰问题，你在这次会议中是否已作出决定？你刚才讲的话，含义是由中尼两国把它平分？"周总理回答说："无所谓平分，我们还要继续进行友好的协商，这个山峰把我们两国联结在一起，不像你所想的会把我们两国分开。"寥寥数语，一"分"一"联"，周总理借记者所提出的问题，趁机加以发挥，重申了我国的友好睦邻政策。

教育蕴藏着机智，沟通也充满着智慧。"借题发挥"也是老师经常运用的沟通艺术。在一些特定的场合，老师如果能巧妙地借题发挥，就能使学生心悦诚服地接受。

有一位班主任，发现他们班的个别女学生有爱哭的小毛病，就决定在班会上就此谈点看法，他是这样引出问题的。

首先，在课堂上，他先问了个问题："大家看过《红楼梦》吗？"

大家立刻回答："看过！"

他看了看大家，挺神秘地说："现在，我想悄悄地问一个男同学一个问题，也请他悄悄地回答我。"

说着，这位班主任走到一位勇敢的男生跟前，悄悄地问了两句话，那男生笑笑，也悄悄地回答了两句。

然后，班主任笑眯眯地走向讲台，对大家说："现在，我可以公开答案了。我问他的问题是'你喜欢林妹妹吗'，他的回答是'不喜欢'；我又问了一句'为什么不喜欢'，他的回答是'因为林妹妹爱哭'。"

听了班主任的介绍，全班同学都快活地笑了起来。

而这位班主任也就立即借题发挥，恰到好处地讲起了哭意味着无奈、软弱和缺乏信心等道理。

只有精妙的艺术，才能产生永恒的作品。一名优秀的老师要善于捕捉灵感，不断拓宽教育的领域，巧妙地借题、借助载体而发挥，让教育沟通变得亲近而易于接受。

 经典案例

史玉海是宁波市的特级教师，曾先后获得"宁波市首届名教师""浙江省劳动模范""全国优秀教师""国务院特殊津贴"等荣誉称号。

作为一名优秀的教师，他博学多才、平易近人，尤其擅长运用借题发挥的方法与学生沟通。

1992年，史玉海担任一个"乱班"的班主任。

当他第一次走进教室时，上课的预备铃声已经响起，但他看到的是教室里的课桌椅被拼成了几个"摊子"，每个"摊子"的边上都围坐着好几位学生，正在挥舞着扑克，嘴里还不时地大声吆喝着，战斗得难分难解。

看到新来的老师走进来，他们才恋恋不舍地停止游戏，大多数学生都若无其事地看着史老师不吱声。

这一幕使史老师原本愉悦的心情变得十分恼火，可是他并没有表露出内心的不满，而是微笑着望了望全班同学，开始了他的第一次讲话："同学们，作为新来的老师，让我发现的是你们对学习'54号文件'的积极性都很高，你们知道吗？其实我在这方面也是很有研究的。"

　　他停顿了一下，面对学生略为放松又感到诧异的神情，史老师接着问大家："你们知道为什么一副牌由 54 张组成？为什么一副扑克牌要分成 4 种花色，而每种花色只有 13 张？扑克牌中有 K、Q、J 等人物形象，这些人物又分别代表谁呢？"

　　听到这样的问题，大家的脸上露出了热切、求知的表情。

　　于是，史老师又简单地向大家介绍了扑克牌的由来、4 种花色的英文名称及其象征，以及 K、Q、J 等人物的有关知识，学生们一时都听得入了迷。

　　只见史老师话锋一转，不失时机地对大家说开了："你们想想，小小的一副扑克牌中就蕴藏着这么多的知识，可见，知识在任何地方都会有用武之地，你们说是吗？那么，大家是否愿意从今天起，跟着老师一起去遨游知识的海洋呢？"

　　史老师这番话让大家有耳目一新之感，回应他的是一片热烈的掌声。

　　还有一次，当史玉海老师情绪饱满地步入教室上课时，却发现黑板未擦。

　　他追问值日生陈明，陈明理直气壮地说："黑板擦被人弄散了架，没法擦。"

　　史老师看看桌上那四分五裂的黑板擦，没有简单地责怪陈明不尽职还强词夺理，也没有立即追查弄坏黑板擦的"凶手"。

　　当时他灵机一动，掏出自己的手绢转身擦出正中央一小块黑板，用红粉笔端正地写上"特别追悼会"，便放低音调讲起话来："同学们，我们最最要好的朋友，朝夕相处的一位好伙伴，今天不幸与世长辞了。现在，让我们借用一点时间，为他举行个简短的追悼会，以寄托我们的哀思。"

　　待学生们好奇地环顾教室，未发现座位空缺，大惑不解之际，史老师这才指了指讲桌，切入正题："该伙伴的尸体已经停放在桌上，他的名字叫'黑板擦'。下面请全体同学集体讨论，为黑板擦起草一篇悼词。"

　　经史老师与学生们相互协调，互为补充，写成了这样一篇趣味盎然的短文：

　　黑板擦，性别不详，生于今年 3 月 1 日，同年 6 月 30 日不幸遇难，享年 0.33 岁。黑板擦生前一贯忠心耿耿，兢兢业业。上课时，他不动声色地待在讲桌上，当我们走出教室，他又跳上黑板，把它打扫得干干净净。他是如此的默默无闻，我们几乎忘记了他的存在。他待我们如朋友。而今，我们失去了他，我们多么悲痛。我们将化悲痛为力量，好好学习，好好爱护接替他的工作的新黑板擦，做一个热爱集体、爱护公物的好孩子。

尊敬的黑板擦，安息吧！

一篇声情并茂的悼文写成了，史老师趁热打铁，招呼全体肃立，读罢悼词，默哀三分钟。

一次庄严、肃穆的特别追悼会结束了，一次教育学生爱护公物、关心集体的活动也随之完成了。

就这样，史玉海老师成功地运用借题发挥的沟通方法为自己开了一个好头，直到学期末，班里的学习气氛都很积极，师生之间的关系也非常融洽。

对于学生制造的消极问题或麻烦，史老师善于上承下转，巧妙地借题发挥，从而避免了空洞的说教或严厉的指责，这样反而更能很好地触动学生，从而达到点石成金的教育沟通效果。这不仅让史老师赢得了学生们对他的信服和敬重，从中也体现了他的教育敏感、机智和艺术的光彩。

案例分析

面对各种乱班现象，面对学生的大小错误，史玉海老师并没有用简单粗暴的方法加以解决，而是运用教育机制，借题发挥，使之从容、巧妙、新颖地加以化解，实在令人赞叹！

不可否认，在师生交往中，往往会遇到令人讨厌又无可奈何的问题和尴尬的处境，教师既不能暴跳如雷、针锋相对，也不能视而不见、一味避让。

那么，怎么样才能做到遇事不惊不乱，轻松地从难堪的境地中解脱出来呢？

心理学的研究成果表明：当学生出现一些消极的倾向时，他们对周围信息的反应就会特别的敏感，此时的思想矛盾也会特别尖锐，如果教师善用沟通技巧，此时也是他们最易接受教育的大好时机。

因此，老师与学生通过沟通来消除紧张气氛或局面的最佳方法不是硬碰硬，而是应该进行"柔性对话"。

我们要像史玉海老师那样急中生智，巧妙地借题发挥，以缩短教育的时空距离，从而产生奇迹般的沟通效果。当然，老师在运用借题发挥的方法时，也要掌握两个要点，一是如何"借题"，二是如何"发挥"。借题要精髓、富有内涵，而且阐发的观点要与所借之题目一脉相承，一线相通。

1. 自然地"借题"

在师生交流的过程中，老师要根据学生当时的谈话内容、心理因素和交流气氛，自然而然地介入"话题"，使学生消除生疏感、惧怕感，这样才有利于沟通的进一步深入。反之，如果老师对学生采取居高临下、盛气凌人的姿态，主观武断、不容反驳、质疑的态度，强迫他们接受自己的观点，那么势必会严重地伤害学生的自尊心，效果也会适得其反。

在世界杯足球锦标赛期间，有一位老师发现班上的学生在课余时间谈论的几乎都是马拉多纳、贝利……

某天，这位老师也介入了学生们的热烈闲谈中，他问学生是从哪里了解最新战况的。大家七嘴八舌地说是看《足球》报，看电视新闻，实况转播，听广播电台。其中还有几位学生说是通过internet了解的，还一口气说出了几个有关的中文网站。

当老师向学生推荐一个有名的网站时，他们兴奋之余还流露出一脸的无奈：英语不好，无法畅游其间，要老师提供东方快车之类的翻译软件。

于是，老师趁机把话题引向知识与能力、前途与未来等问题上，鼓励同学们认真学好英语等基础课程，培养获取知识、信息的能力，以便更好地适应未来社会的需要。

这位老师通过自然地融入学生的谈话，从而拉近了师生的情感距离，给学生们留下了很深的影响，其效果不亚于一堂德育辅导课。

2. 恰当地"发挥"

老师借题发挥时，要适当地发掘话题，巧妙地把事情引申到所要阐明的道理中，并把道理讲深讲透。反之，如果扯些无关的事来申斥、抱怨，甚至唠叨不休，那么，学生就会弄不清你到底反对的是什么，以至把那些东拉西扯的东西当成了指责。

有位大个子男生欺负一位小个子同学，两位老师采用了两种不同的处理方法。

甲老师：如果你是他，他是你，你被他欺负后是什么感受？或者另外比你个儿大的男同学打了你，你会怎样想？

乙老师：现在你还是学生，就动手欺负比你小的同学，那你将来步入社会很有可能会杀人，那时你就只有一条路可走了。

甲老师恰当地发挥，"就事论理"，起了提醒、关爱、帮助和批评的作用，而乙老师却盲目发挥，"抓住一点，带出一串"，极大地伤害了学生的自尊，这样的效果显然会使学生对老师产生反感，使学生的行为恶化，不能达到有效沟通的目的。

3. 掌握"借题发挥"的艺术

同样一件事，有的人说起来索然无味，有的人却能谈笑风生，让人听了既开心，又"顿开茅塞"。

因此，在沟通过程中，老师可以巧妙地借用名人逸事、成语典故和笑话，自然过渡并触及学生思想中存在的问题，就能起到潜移默化的效果。

例如，有的学生不礼貌待人时，老师就借题发挥，给他讲了这样一个故事：

从前，有一位要去苏州的青年途中迷了路。走到一个三岔路口，他看到一位放牛的老人，便问道："哎，老头儿，从这儿到苏州去走哪条路？还有多远？"

老人回答说："走中间那条路，到苏州还有六七千丈。"

他奇怪地问："老头儿，你们这地方怎么讲丈不讲里（礼）？"

老人说："自从来了不讲礼（里）的人后，就不再讲里（礼）了。"

这一故事使学生认识到为人要讲礼貌，要想获得别人的尊重，自己就必须首先尊重别人的道理。

总之，老师要准确地把握好学生的思想和行为动态，抓住沟通的契机，巧妙地借题发挥，使他们从中受到启发，而不能坐失良机。

巧妙地借题发挥，使它化作一道彩虹，在师生间架起一座爱的桥梁；

巧妙地借题发挥，让它幻化为一缕春风，去化解师生间的误解、隔阂和禁锢心灵的藩篱；

巧妙地借题发挥，让它如同一泓清泉，去源源不断地滋润学生追求真善美的心灵。

我们有理由相信，只要我们掌握好借题发挥的这一沟通技巧，师生之间的沟通与交流就会"行云流水"，水到渠成。

名师沟通有效细节之因势利导

通过因势利导，使沟通水到渠成

天才能洞察眼前的世界，进而发现另一面世界。

——〔德〕叔本华

因势利导，语出《史记·孙子吴起列传》："善战者，因其势而利导之。"意思是说，善于指挥作战的人能够根据战争的态势加以引导而取得胜利。对于老师而言，因势利导也可以说是和学生沟通的良谋妙招。如果我们能将因势利导的方法巧妙地运用到师生交往中，就可以使沟通工作得心应手。

在一个素质教育开放日，青岛市育新学校为了展示学校、学生的风貌，规定全体师生必须穿校服，并且三令五申。然而事与愿违，五年级（2）班的班主任李蓉老师却发现班上竟有三分之二的学生没有穿校服。李老师意识到，这些问题的出现，虽然只是一些小事，如果不及时调整，就会使学生习以为常，以后他们会继续对班级利益、荣誉视而不顾，从而影响到他们最基本的素质的养成。

于是，针对上述问题，李老师首先给学生提出了两个问题：

1. 如果你是老师，对于自己再三强调的问题，而学生根本就不重视，你会怎么想？

2. 集会时，当你看到一个班级的同学，服装如此的不统一，你会怎么想？

学生思考后的回答是：如果他们是老师的话会很生气；如果看到别的班的同学服装不整齐，他们会觉得这个班的学生没有集体荣誉感。这说明学生已经注意到了一些问题，但还没有上升到班级集体荣誉和自己的社会公德意识上来。

接下来，李老师通过五个方面给学生们说明了穿校服的意义。

1. 校服是一个学校的象征，校服穿在身上应该感到自豪。

2. 整洁统一的校服可以体现学校、班级的精神面貌。

3. 外出时，一旦掉队，可以通过校服找到自己学校的队伍。

4. 穿校服便于学校进行统一的管理。

5. 可以消除同学间的贫富差距。

从此，学生们开始主动地按照要求穿校服，而且对各项班级活动都能积极参与。

李蓉老师及时抓住机会，把出现的问题和素质教育紧密结合，对学生进行了必要的引导，使学生们树立起了较强的集体主义意识，取得了良好的沟通效果。

 经典案例

全国德育特级教师张万祥，从教 30 余年，担任班主任达 26 年，所带班被评为市级三好班集体，曾获共青团中央、中国科协的表彰。他在班主任工作方面所进行的因势利导的成功探索，在全国产生了很大的影响。

张万祥老师曾经教过一个名叫江波的学生，他头脑聪明，反应敏捷，学习成绩好，还特别喜欢打羽毛球。

有一次，学校举行羽毛球比赛，江波理所当然地成为班上的参赛选手。因为羽毛球是江波的强项，他也很少遇到过对手。因此，江波认为这次的冠军自己是唾手可得。

比赛的第一天，还没有轮到江波上场时，他看了前几场比赛，总觉得自己才是真正的强手。

终于轮到江波上场了。第一轮对手是高一（2）班的选手，他轻松地以 2∶0 战胜了对方。一下场，同学们都纷纷地祝贺江波，他像凯旋的将军在大家的簇拥下回到教室，心里美得像喝了蜜一样。

第二天一早，班长又在班里宣布了江波获胜的消息，他仿佛听到自己取得冠军后那震耳欲聋的掌声。那几天，江波走路都是轻飘飘的，他开始想象能拿到全校第一名该是多么神气。

第二轮比赛开始了，江波雄心勃勃地上场。这次的对手是高二（1）班的选手，他们来势汹汹、出手不凡，这使江波感到十分不妙。几经拼搏，第一局江波就以8∶15的悬殊比分败北，他的脸火辣辣地烧。第二局江波打得更惨，只能被动招架。一会儿工夫就以1∶12落后了11分，要追上比分已是妄想，转败为胜的希望微乎其微。江波觉得一切希望都破灭了，干脆把球拍一扔退出了比赛，回到家心里还是酸溜溜的不是滋味。

几天后，张万祥老师在课堂上布置了一篇名为《高中生活剪影》的作文题，学生们写完后都交了上来。

晚上张老师在台灯柔和的灯光下津津有味地批阅着学生作文，当读到江波的文章时，他被其中的内容深深吸引了，只见江波写道：

"踏入重点高中的校门已经一年了。一年间发生了许多令我难忘的事，每次回忆都有新的收获，但最让我难忘的应该是上周的全校羽毛球比赛。

"一得到举行羽毛球比赛的消息，我就高兴得蹦了起来，因为羽毛球是我的强项，初中三年没遇到过对手。可没想到……

"这场球赛将作为永远的风景长存于我的心间……"

放下作文，张老师不由得陷入沉思之中：江波头脑聪明，反应敏捷，是块好材料。而他却一向骄傲自满，孤芳自赏，一直以来都找不到合适的机会纠正他的缺点。这场羽毛球赛，他失败了，或者说在高中生活中他狠狠地碰了回壁，如果对此不闻不问，他也许就会放弃羽毛球，而自己也将失去一次教育的好机会，这样未免太可惜了。

第二天，张老师和江波谈球论球，输得一塌糊涂以至中途退场的江波低着头闷不做声。

张老师轻声说道："举世公认的一代球王贝利从来不居功自傲，他认为'最好的球是下一个'，他知道骄傲是退步的开始。一个胸怀大志、想干一番事业的人绝不会沾沾自喜、洋洋自得于一孔之见、一时之得，他们不敢目中无人，因为他们坚信山外有山、天外有天、人外有人。要知道只有向弱者学习，向强手请教，不断提高自己的球技，不断进取，我们才能取胜。"

看到江波略有所思的样子，张老师有意顿了顿才接着说下去："你参加比赛，不可能总是碰到像高一（2）班那样的弱者，你必定会遇到像高二（1）班那样的强手，还可能会遇到比高二（1）更胜一筹的强手。一辈子打球，对方都是弱者，都不如你，你早晚会感到索然无味。只有与强手相比相争相抗衡，比赛才有味道。"

江波一边听着，一边轻轻地点头。

最后张老师又叮嘱他说："谷地里，头抬得高高的是瘪谷子，低头的穗才有饱满的谷粒。'吃一堑，长一智'，这场球你输了，下一场球绝不能再输。"

张老师的这番话说到了江波的心坎里，接下来江波认真总结经验教训，球技也随之突飞猛进。

一年过去了，在学校的第二十六届羽毛球赛上，江波终创佳绩，他激动地说："是张老师及时的开导使我学会了该如何去面对鲜花、掌声和失败。"

俗话说，强扭的瓜不甜，只有水到渠成的东西才自然、流畅，才美得酣畅淋漓！强按牛头去喝水，只能事与愿违，费力不讨好。面对江波的"问题"，张万祥老师冷静处之，因势利导，巧于点拨，启发领悟，从而打开了"柳暗花明又一村"的崭新境界。

案例分析

不可否认，由于认识和思维的发展、情绪和个性的变化，学生们常常因自己的需要和愿望得到满足而欢欣鼓舞，也会因一时得不到满足或遇到挫折而悲观失望。我们该如何对学生因势利导呢？

洪水淹没大地，舜帝命鲧治水。鲧采取水来土挡的办法，结果无功而返。鲧的儿子禹承父志，潜心治水，后来采取因势利导的办法，疏通江河，让滚滚洪流汇入四海，从此山川定位，百姓安家乐业。

治人如治水，凡事要善于因势利导，要求我们做好以下几个方面的工作：

1. 善于审时度势

审时度势是老师具有沟通机智的突出表现，也是成功运用因势利导这一沟通技巧的必要前提。

也许有的老师会问："势"在什么地方？"势"随时都会在你身边的学生中出现。比如，当学生拿着刚从别的学生桌上取来铅笔交给你，说是捡来交的，这里的"势"你如果掌握好了，培养学生拾金不昧的导向就有了，但处理不当，就会养成投机取巧的不良因素。

教师要善于审时度势，发现和捕捉偶发事件中的积极因素和转化因素，化不利为有利，使学生迅速迈入最为有利的道德轨道。

有一次，模范班主任毛蓓蕾组织学生在班上举行"我们是红军的新一代"的诗歌朗诵比赛。

一个有先天生理缺陷、吐字不清的学生小孙在同学的带领下走上讲台，她一口气吐出"长征路上"四个字后，好不容易才把"百花开"三个字迸出来。

这时，毛老师发现坐在本班末排的一个学生努着嘴在学她，眼看她再继续朗诵下去就会引起哄堂大笑，既会影响比赛效果，又会伤害朗诵的同学的自尊心。

毛老师立刻用眼神示意同学们鼓掌。

掌声一停，毛老师鼓励大家说："同学们，小孙同学决心学习红军不怕困难的精神，上台来朗诵，这很好。看到同学们有困难，我们应该怎么办？"

"帮助她！"同学们大声回答。

"对！一个人有困难，大家都来帮助，这才是红军的好作风。好，我们大家来和她一起朗诵。"

顿时，整个教室响起响亮的朗诵声，小孙的声音融汇在大家的声音里，自然而和谐。

朗诵完毕，小孙激动地走回到自己的座位。

毛蓓蕾老师能够审时度势，从正面对学生进行引导和教育，收到了化尴尬为神奇的效果，显示出了娴熟深厚的沟通机智和临场应变的能力。

2. 从学生的优势强项着手

英国教育家洛克曾经说过："每个人的心灵就如同他们的脸一样各不相同。正是他们无时无刻不表现自己的个性，才显示出难以想象的创造力和个性魅力。"老师在运用因势利导这一沟通技巧时，如果能根据学生的个性特长，扬长避短，从学生的优势强项着手，往往能起到事半功倍的沟通效果。例如，让口头表达见长的学生参加朗诵小组；让动作技能超凡的学生加入手工制作、体育运动小组；让抽象思维较强的学生参加电脑兴趣小组等。

卢梅老师曾经教过一个名叫叶红的女生，叶红入学时是个"超员生"，特别是数学成绩较差，测验不及格是家常便饭的事情。但卢梅老师发现叶红口头表达能力和表演能力特别强，于是就着手从她的这些特长方面去培养她，极力寻找机会让她锻炼。经过一年多的培养，在镇中小学生文艺会演及学校艺术节上，叶红担任节目主持人，受到领导和观众的一致好评。她参加各种级别的朗诵比赛以及演讲比赛也多次获奖。

在平时的接触中，卢梅老师还了解到叶红十分向往"北京广播电视大学"。对叶红的这个理想，卢梅老师大加赞赏，并不失时机地向她讲明：高等学府需要的是具备全面素质的人才，鼓励她要克服学习上的偏科思想，引导她走向全面发展的道路。经过卢梅老师不断的引导与鼓励，叶红在期末时被评为"三好学生"。

卢梅老师对学生顺其所思，予其所需；同其所感，引其所动；投其所好，扬其所长；助其所为，促其所成，取得了良好的沟通效应。

3. 为学生树立目标导向

现代教育观告诉我们：在对学生因势利导时，老师只有把引发学生的心理共鸣上升为思想认同的高度，才能将思想导向预定为目标，也才能达到有效沟通的预期目的。

有一个班的学生习惯乱丢纸屑，屡次教育都无效。

有一次，班主任董明远走进教室，见地上有几团纸屑。

于是，他指着地对大家说："这儿有几团纸屑，进来的同学却没有捡起来，现在，还有三位同学未进来，我们要看看他们会不会发现。"

经老师一说，全班同学都瞪大眼睛等着瞧。

第一位学生看也不看就冲进了教室；第二位看了一下地面却无动于衷，上座位去了；第三位一看地上有纸屑，就弯腰捡了起来。

全班同学报以一阵热烈的掌声，董老师脸上也掠过一丝微笑。

从此，学生们改变了乱丢纸屑的不良习惯，教室里呈现出干净、整洁的环境。

这里，董老师充分利用目标导向的作用，从正面引导和激发学生认识并改正乱丢纸屑的坏习惯。

总之，老师只有以科学有效的方法把握学生的心理，通过恰当的时机、途径和场合，因势利导地促进各种类型的学生健康成长，才能真正做到与学生进行心与心的有效沟通。

让我们通过因势利导的沟通艺术，对学生中出现的各种问题审时度势、扬长避短，水到渠成般地为学生传道、授业和解惑，使他们在欣然接受意见或建议的同时，又有收获的喜悦，良好的启迪，并自觉地唤起对美好未来的向往。自然、巧妙、艺术地帮助他们树立起正确的人生观和世界观，从而为美好的未来搭好桥，铺好路！

名师沟通有效细节之情感尊重

妥帖的称谓，师生感情的传导器

> 名不正，则言不顺。
>
> ——孔 子

被誉为"当代牧马人"的曲啸老师，一次到某市监狱为年轻犯人作报告，报告的题目是《认罪服法，教育改造》。

报告之前，曲啸了解到这些犯人大多有一种抵制心理：认为无论是谁的报告，无非是"大道理＋小道理＋训斥"。为了消除或减弱这种心理，曲啸老师绞尽脑汁地进行了准备。

报告一开始，曲啸老师称呼大家的是："触犯了国家法律的年轻的朋友们……"这个称呼立即引起了全体罪犯的强烈共鸣，缩短了双方的心理距离，有的当时就掉下了激动的眼泪。

在师生沟通的过程中，老师对学生的称呼同样起着十分重要的作用。一个得体的称呼可以激发和控制学生的情绪，沟通师生之间的感情，融洽师生关系，进而增强教育沟通的效果。例如，钱梦龙老师在讲《故乡》一课中闰土拿了香炉和烛台这一情节时，问："同学们，你们有谁见过香炉和烛台呀，它们是做什么用的？"

一个同学起来回答说，他在福州的鼓山见过，是用来敬香祭祀用的。

钱老师以赞赏的口气说："你真是见多识广啊！"

后面再请这位同学提问时，钱老师说："我们请这位见多识广的同学来回答。"这位同学在钱老师赞赏性的称呼下，情绪激昂，发言十分踊跃。

鲁迅先生曾经说过："一个简括的'诨名'，比用头号字印发成的一篇文章的题目，还要不容易忘记。"教师应本着礼貌友好、平等待人的思想，恰当地称呼学生的昵称，就能在较短的时间内消除学生对老师的戒备心理，拉近师生之间的距离。

 经典案例

艾伦是一个非常自卑的男孩。因为他的背上有两道非常明显的疤痕。这两道疤痕，就像是两道暗红色的裂痕，从他的颈子，一直延伸到腰部，上面布满了扭曲鲜红的肌肉。所以艾伦非常非常讨厌他自己，非常害怕当着同学的面换衣服。

尤其是上体育课时，当其他的小孩子都很高兴地脱下又黏又不舒服的制服，换上轻松的体育服装的时候，艾伦却会一个人偷偷地躲到角落里，用背部紧紧地贴住墙壁，用最快的速度换完，生怕被别人发现。

可是，时间久了，他还是被其他小朋友发现了。

"好可怕哦！""怪物！！""你的背上好恐怖……"

童言无忌的话语，深深地伤害了艾伦的心，他哭着跑出教室，从此再也不敢在教室里换衣服，再也不愿上体育课了。

这件事情发生以后，艾伦的妈妈特地牵着他的手，去找他的老师马克西姆夫人。马克西姆夫人是一个很慈祥的老师。她仔细地听着艾伦妈妈说艾伦的故事。

"这小孩在刚出生的时候，就生了重病，当时本来想放弃的，可是又不忍心，一个这么可爱的生命好不容易诞生了，怎么可以轻易地结束？"妈妈说着说着，眼睛就红了。

"所以我跟我先生决定把他救活，幸好当时有位很高明的大夫愿意尝试用动手术的方式挽救他，经过了几次的手术，他的命虽然留下来了，可是他的背部，也留下了这两条永久的疤痕……"

妈妈转头吩咐艾伦："来，把背部掀给老师看……"

艾伦迟疑了一下，还是脱下了上衣。

马克西姆夫人惊讶地看着这两道疤，心疼地问："还会痛吗？"

艾伦摇摇头："不会了……"

妈妈双眼泛红："这个小孩真的很乖，老师，拜托您多照顾他，好吗?"

马克西姆夫人点点头，轻轻摸着艾伦的头："我知道，我一定会想办法的。"

此时马克西姆夫人心里不停地思考：要硬性限制小朋友们不准取笑艾伦，或许能管得了一时，但艾伦一定还会继续自卑下去的……一定要想个好办法。

突然，她脑海灵光一闪，摸着艾伦的头，对他说："明天的体育课，你一定要跟大家一起换衣服哦。"

"可是——他们又会笑我，说——说我是怪物的。"艾伦眼眶里晶莹的泪水滚来滚去。

"放心，老师有法子，没有人会笑你的。"

"真的?"

"真的! 相不相信老师?"

"相信。"

第二天的体育课上，艾伦怯生生地躲在角落里，脱下了他的上衣，果然不出所料的，所有的小朋友又露出了惊讶和厌恶的声音。

"好恶心哦!""他的背上长了两只大虫子……""好可怕……"

艾伦双眼睁得大大的，眼泪已经不听话地流了下来。

这时候，教室的门突然被打开，马克西姆夫人出现了。

马克西姆夫人没有说话，只是慢慢地走向艾伦，然后露出了诧异的表情。

"这不是虫哦……"马克西姆夫人眯着眼睛，很专注地看着艾伦的背部。"老师以前曾听过一个故事，大家想不想听?"

小朋友们最爱听故事了，连忙围了过来："要听! 老师，我们要听!"

马克西姆夫人比着艾伦背上那两条显眼的深红疤痕，说道："这是一个传说，每个小朋友，都是天上的天使变成的，有的天使变成小孩的时候很快就把他们美丽的翅膀脱下来了，有的小天使动作比较慢，来不及脱下他们的翅膀。这时候，那些天使变成的小孩子，就会在背上留下这样两道痕迹。"

"哇……"小朋友们发出惊叹的声音,"那这是天使的翅膀?"

"对啊,"马克西姆夫人露出神秘的微笑,"大家要不要检查一下,还有没有人的翅膀像他一样,没有完全掉下来的?"

所有小朋友听到马克西姆夫人这样说,马上七手八脚地检查对方的背,可是,没有人像艾伦一样,有这么清楚的痕迹。

"老师,我这里有一点点伤痕,是不是?"一个戴眼镜的小孩兴奋地举手。

"老师他才不是,我这里也有红红的,我才是天使!"

小朋友们争相承认自己的背上有疤,完全忘记了取笑艾伦的事情。

艾伦也是,他原本哭红的双眼,此刻早已停止流泪。

突然,一个名叫露西的小女孩轻轻地说:"老师,我们可不可以摸摸小天使的翅膀?"

"这要问小天使肯不肯。"马克西姆夫人微笑着向艾伦眨眨眼睛。

艾伦鼓起勇气,羞怯地说:"好吧。"

露西轻轻地摸了摸他背上的伤痕,高兴地叫了起来:"哇,好软,我摸到天使的翅膀了!"

露西这么一喊,所有的小朋友都跟着喊:"我也要摸!""我也要摸天使的翅膀!"

一节体育课,一幅奇特的景象,教室里几十个小朋友排成了长长的队伍,等着摸艾伦的背。

艾伦背对着大家,听着每个人的赞叹声,羡慕的啧啧声,还有抚摸时那种奇异的麻痒感觉,他的心里已不再难过,脸上也露出了久违的笑容。

一旁的马克西姆夫人,偷偷地对艾伦做出胜利的手势。

从那以后,大家都称艾伦为"小天使",那一声声"小天使"的称呼,美妙地回响在艾伦的耳畔,引领他走出了自卑,对未来充满了无比的自信。

马克西姆夫人通过把艾伦称做"小天使",不仅化解了他的自卑感,而且也改变了孩子们嘲笑艾伦这种不良的行为,还把友爱、和谐、快乐和自信的种子散播到每个人的心田里。

"小天使"不仅仅是一个简单的称呼，透过这个称呼，我们可以看到为人师者的思想水准、道德修养以及丰富细腻的情感，还可以体会到马克西姆夫人高超的沟通技巧！

案例分析

艾伦有了马克西姆夫人那一声"小天使"的称呼，相信不管前方道路铺满了怎样的荆棘，他都会坚定地走下去。

有一次，俄国作家屠格涅夫在街上散步，一个穷人走上来乞讨："请给我一点吃的吧！"

屠格涅夫伸手到口袋里掏，可是没带一点东西。

于是，他对穷人说："兄弟呀！对不起，我没带吃的东西来。"

突然，那穷人紧紧拉住屠格涅夫的手，连声说："谢谢你，谢谢！"

屠格涅夫既惭愧又惊异，问："你谢我什么？"

穷人回答："你救了我的性命，我正想去自杀，没想到世界上还有温暖，你称我兄弟，你给了我勇气！"

一句寻常的"兄弟"，能给一个准备自杀的人以生活下去的勇气。这就是称呼的力量！

在教育沟通的过程中，老师恰当的称呼对学生而言也是十分重要的，它能在第一时间拉近与学生的感情距离，从而使沟通得以顺利进行。然而，在如何称呼学生这个问题上，的确存在着一些误区。比如，有的老师称学生为孩子，认为这样显得亲切，就像跟自己的孩子进行交流；还有的老师主张称学生为小朋友，一来显得亲切，二来能明确师生角色。

事实上，这样的称呼是不恰当的。心理学家告诉我们：称呼，对人的角色意识的影响是很大的。如果老师把学生称之为"孩子"或"小朋友"，会使他们以为自己还小，在家靠父母在校靠老师，意识不到自己应有的责任、权利和义务。

正如孔子所言："名不正，则言不顺。"因此，老师如何称呼学生不仅是一门学问，更是一门艺术，我们要尽力做好以下几点：

第一，注重称呼的感情色彩。

教师若想发挥称呼的积极作用，首先要注重称呼语的内容，也就是指老师要注重称呼学生时的语气、语调以及由此体现出来的感情色彩。如在布置工作任务或总结情况时说"我们、我们班"，学生会感觉老师与他们是站在同一阵线的。老师称呼学生的语气、语调应随教育教学内容的不同目的而定，或温和（如上课提问、生活交谈、讨论问题等），或严肃（如批评学生），或激昂（如赞扬）等。

第二，采取恰当的称呼形式。

大体说来，称呼在形式上有以下两种：

1. 称呼学生整体。许多老师除了上课时喊一声"同学们好"后，课堂中间就再也听不到对学生整体的称呼了。即使有，不少老师也是顺口称呼"大家""你们"之类。

而这些称呼明显不如"同学们"来得亲切，只要品味一下钱梦龙老师的"同学们，你们有谁见过香炉和烛台呀"这一句话，就可体会出其中的不同。

2. 称呼学生个体。大体可以分为以下几种：

（1）姓名连称。这种方式一般少用，除一些正式场合，如召开大会、公布重要事项的名单、有必要正式介绍的场合等外。

（2）去掉姓，直呼其名。即称呼学生时，只叫姓氏后面的字。如：名字是"杜志超"，就叫"志超"或"超超"；名字是"王鹏"，就叫"小鹏"或"鹏鹏"。

这种方式可以多用，如上课提问、班主任个别谈心、平时交往等场合，可给学生带来一种亲切感、信任感，从而缩短师生之间的情感距离。

（3）雅称。如有些同学有好听文雅的绰号，若在一些娱乐、游戏、郊游等场合以绰号相称，会让学生觉得和蔼可亲。比如，马克西姆夫人称艾伦为"小天使"，恰似一股暖流，温暖了学生的心房。

（4）特称。一是以学生的专长称呼，如称班级歌唱得最好的同学为"我们班的歌唱家"，称画画最好的同学为"我们班的画家"，称数学学得最好的同学为"我们班的数学家"；二是以特殊的内容称呼，如钱老师的"这位见多识广的同学"，或者称某位在演讲等比赛中获奖的同学为"我们班的演讲家""我们班的优秀辩手"等，不一而足。这些称呼，既避免了单调乏味，活跃了气氛，又可起到激励先进督促后进的作用。

　　一个恰当的称谓，让孤独者有了依恋的港湾；一个恰当的称呼，会荡尽学生所有的不安、紧张和焦虑，于惬意中拥有了最美的承诺与期盼。敬爱的老师们，将一个恰当的称呼送给学生吧，让学生的心中从此充满无尽的甜蜜与回忆。

名师沟通有效细节之以退为进

以退为进，使沟通事半功倍

> 后退是为了更好地一跃。
>
> ——〔苏〕列　宁

越王勾践，卧薪尝胆，养精蓄锐，一举灭吞吴国；陶渊明退隐山林，才有了"采菊东篱下，悠然见南山"的佳篇；鲁迅弃医从文，磨砺笔锋，发出惊世骇俗的呐喊。

对于老师而言，如果巧妙地运用"以退为进"的方法与学生沟通，往往能取得比较好的效果。

杜玉娟老师曾经接管了一个差班。

有一次，学校安排各班级学生参加平整操场的劳动。这个班的学生躲在阴凉处，谁也不肯干活，任凭杜老师怎么说都不起作用。后来，杜老师想到一个以退为进的办法，她问学生们："我知道你们并不是怕干活，而是都很怕热吧？"

学生们都不愿说自己懒惰，便七嘴八舌地说，确实是因为天气太热了。

杜老师说："既然这样，我们就等太阳下山了再干活，现在我们可以痛痛快快地玩一玩。"学生一听十分高兴。

杜老师为了使气氛更加融洽，还买了几十个雪糕让大家解暑。

在说说笑笑的玩乐中，学生接受了杜老师的说服，不等太阳落山就开始愉快地劳动了。

对于学生的"偷懒"现象，杜老师没有直截了当地批评、指责，而是采取"以退为进"的处理方法。这样做不仅巧妙地化解了师生之间的尴尬，还充满了对学生的人文关怀，使师生关系出现了其乐融融的和谐状态。

可见，老师如果本着保护学生心灵的思想，真正做到"以退为进"，就一定能"精诚所至，金石为开"，使沟通取得"退一进二"的神奇效果。

 经典案例

陶宏开是美籍华人，他在美国定居 18 年，有 7 年时间从事素质教育，深入研究中美文化、教育等课题，2002 年退休后回国担任母校华中师范大学的特聘教授。

他成功帮助众多沉迷于网络游戏的孩子找回自我，被称为"网瘾克星"，今年 12 月，还被共青团中央聘为全国第一位"网络文明爱心大使"。

陶宏开教授认为，对于上网成瘾的学生来说，"堵"并不是解决问题的最佳途径，要看清学生的本质，"以退为进"地开展思想沟通工作，就完全可以引导他们戒除网瘾。

陶教授曾经接触到一个名叫陈海阳的"网瘾"学生，他的性格比较内向，不是很会说话，还曾三天两夜待在网吧不回家。

从一开始，陶教授就感觉到陈海阳其实是个很单纯的学生，内心也很想上进，玩游戏对他而言，好比是戒不了的毒，他需要自己的帮助！

于是，陶教授便经常给陈海阳打电话，旁敲侧击地问他晚上在家做些什么，晚上是否做作业，上网时爱玩什么，哪些游戏比较好玩，在网上聊天认识的人感觉怎样等问题。

每次回答，陈海阳几乎都是短短的几个词语，或是，或不是，很简单。但他的回答又很直接，不回避什么。想到就说，说完就没有了。

一个周六的下午，陶教授突然接到了陈海阳父亲的电话，对方十分生气地说："儿子又去网吧了，午饭都没回家吃。"

陶教授一边安慰陈海阳的父亲，一边叮嘱他："孩子无论何时回到家都千万忍住不要发火，一切等我电话联系到他本人再说。"

事后，陶教授知道陈海阳当晚 7 点左右回到了家，父母忍住了怒火，只扔给他一句话，说陶教授已打电话找他。

陶教授意识到：前期的铺垫工作结束了，现在该是和陈海阳面对面开展工作的时候了，好比是在战场上应是正面交锋、短兵相接的关键时刻。

第二天一大早，陶教授就拨通了陈海阳家的电话，找到了他。

当陶教授平淡地问陈海阳昨天出去干什么了时，陈海阳很老实，只是简单地说："去网吧了。"似乎他已料定陶教授会问到这个问题。

陶教授想，电话里虽然听不出陈海阳当时的表情，但他一定对自己有所戒备，筑好了心理防线，若此时对他严厉批评或谆谆教导，恐怕没有多少效果。

于是陶教授接着问："是不是学校里布置了什么作业，需要上网找资料？在网吧里待这么长时间，是否找到了自己所需要的资料？"

这下陈海阳像打开了话匣子，连忙说："政治老师布置了一个作业，我本来想去网吧找些资料。哪知道后来还是熬不住，玩起游戏就忘记了时间，感到肚子饿就回家了，但也已是晚上了。"

听他说得挺坦白，陶教授心里不禁暗暗高兴：他愿意与我交流，我就有办法进一步对他进行教育。

陶教授又问陈海阳回家后父母的反应，他用满带迷惑的口气说："以前我这样他们肯定骂了，可昨天他们什么也没说，就说你下午来过电话了。难道是他们懒得骂了？不会吧！"

陶教授一边听，一边想：他一定能从电脑游戏中走出来的。而教育他，采取什么样的策略，怎样在第一时间抓住其心理显得尤为重要。

陶教授语气坚定地告诉陈海阳："周六的事我暂且不评论对错，但以后遇到上网，必须做到：一是出门时告诉父母你去哪里了，最好告诉他们你去了哪个网吧；二是要按时回家吃饭。这些都是为了不让父母太担心。如果你能做到这两点，由我出面做你父母的工作，让你每周六都能有半天时间去上网。"

电话那头，停了近一分钟，陈海阳还是答应了。

放下电话，陶教授觉得心里还不是十分有把握，他的父母会不会同意我的方案？会不会支持、配合我开展工作？他本人又能否遵守这个约定？能否感受到父母和老师的一片苦心呢？

周一上午，陶教授趁陈海阳在学校读书，赶紧打电话到他家，与他父母交换了自己的想法和策略，并再三恳请他父母按照自己的计划去做，先退一步，给孩子一个缓冲的时间。如果他真的忍不住，就先打电话给我。

事后证明，陶教授这一步是"退"对了，陈海阳以后还和陶教授说起，他一直很迷惑当时父母怎么会有那样的表现，以往总是连教育带骂的。他本来打算那晚如果父母骂得太厉害，晚上就索性躲到某个网吧里去。结果搞得他自己反倒有点不好意思了。

很快，又一个双休日来了，陶教授一直惦记着陈海阳，一大早就给他家打电话。

当时，陈海阳正在吃早饭，陶教授问他几点去网吧，电话那头先是停了会儿，然后说："你怎么知道我会去？万一我不去呢？"

陶教授说："你还是去吧，只要遵守我们的约定，你父母那儿我来解决。要不然双休日两天你会感觉少了什么，浑身会不自在的。"

当晚，陈海阳的父亲就给陶教授打电话说："儿子这次去了一个早上，12点不到回来吃午饭的，下午就很安心地待在家里了。"

自己的"督促"能起到这样的效果，陶教授非常意外，同时也更有信心了。

从那以后，陶教授每个双休日都用电话联系，只是提醒他去上网，其他什么都没有多说。

陶教授想，陈海阳应该能体会到自己的用意，并且会一次比一次有进步的。

就这样坚持了两个多月，一天，在电话里陶教授又与陈海阳"开条件"了。他要求陈海阳以后尽可能做到周一到周五晚上不去网吧，如果去一定要告知父母，不能超过2次且每次不超过2小时。双休日如果有特殊原因冲掉了上网的时间，一定保证在第一时间内补回。

记得临挂电话前陈海阳还问陶教授："你怎么监督我？万一我做不到怎么办？"

陶教授很平静地对他说："不需要监督，一切靠你自己。如果你觉得需要帮助，我会随时提醒你的。"

从那以后，陶教授双休日的电话依旧，但渐渐地，督促他上网的少了，询问他学习生活的多了。

如今的陈海阳已经从虚幻的网络中回归现实，成了一名积极向上的好学生。

陈海阳是一个"问题"学生，老师的批评、父母的指责对他来讲已是"家常便饭"。

对此，陶宏开教授巧妙地运用了"以退为进"的沟通方法，不图"说服"，不是"治病"，不贴"标签"，而是巧妙地给学生以回旋的余地。

"退一步海阔天空"，这样做不仅使陈海阳有了意外的惊喜，更使他感到陶教授对自己的信任与宽容，无形中产生了自我教育的良好效果，这显然要比"堵"的方法更有力量。

案例分析

面对像陈海阳这样有不良行为的学生，有些老师往往采取批评、指责甚至歧视，与学生"两阵对垒"。其结果往往会导致学生产生逆反心理，不仅影响师生之间的感情，还往往导致学生的行为更加恶化。而陶宏开教授却采取"以退为进"的处理方法，给学生以缓冲的时间，以利于双方在心平气和的状态下达成共识。

我们可以看出，陶教授与陈海阳之间的对话已经变成没有约定的"心灵"沟通，真正达到艺术与情感的完美交融。

我们如果能像陶宏开教授那样巧妙地"以退为进"，让学生如沐春风，就能消除学生的戒备心理，使学生心悦诚服地听从老师的教诲，从而取得事半功倍的沟通效果。我们可以从以下几个方面来把握：

1. 面对自尊心较强的学生

"言者无心，听者有意"，老师直截了当的批评，尤其是在大庭广众之下不留情面的批评更会使他深受打击。不经意中师生沟通的桥梁又坍塌了一处，即便以前老师在他心目中的形象很好，此时也会大打折扣的。当自尊心强的学生有了错误，老师最好是"以退为进"，"放他一马"，往往能唤起学生的自我意识，将其自尊心转化为不断上进的动力。

邓萍是一个自尊心比较强，又有点儿虚荣的女生。开学后，班主任宣老师给学生们重新编排了座位。邓萍不满意过于肥胖的新同桌，以为是宣老师有意歧视自己。于是，她就以拒绝参加紧接着的"校会"来表达对老师的强烈反抗。

虽然宣老师不厌其烦地劝说一无所获，但他并没有因此训诫、压制邓萍，而是采用"以退为进"的处理方法，答应会后重新安排她的位置。遗憾的是邓萍还是不答应，竟然要求宣老师当场写"保证书"。这种怀疑和固执当然属于"不知天高地厚"的失礼之举，但宣老师从学生的需要出发，还是不动声色地写了保证书……

看到宣老师对自己的妥协退让，邓萍感到十分惭愧，她主动回到那位肥胖的同桌身旁。后来，邓萍还以此为题材写了一篇《享受关爱》的文章，发表在《关心下一代》的学校周报上。

不可否认，宣老师对学生"退让"不是一种怯弱的表现，更不是要对问题弃之不顾，而是为了避实就虚、缓和矛盾，从而更好地促进学生的自我教育。

2. 面对容易走极端的学生

心理学研究表明：当人的情绪浮动时，总是要发泄的，有的会发展为破坏性行为。因此，当面对"感情容易激动，容易走极端，爱顶牛"的学生时，作为老师我们要冷静地"以退为进"，给偏激的学生留下空间，让他们自己去认识问题。

汪玉梅老师班上有个思想偏激、行为桀骜的学生，名叫马强，他一向对什么都看不顺眼。

有一天，在班会课上，马强对汪老师的做法评头品足、毫不留情。汪老师不动声色，保持镇静，让他说完，也不辩解，只说了一句："我对马强的意见持保留态度。"事后，汪老师还放手让马强实施他的纲领，在编排座位上体现他的"公平原则"。

一星期下来，马强焦头烂额，班上也混乱不堪，他只好写纸条请汪老师收拾残局。马强给汪老师纸条的落款为"深夜一点钟写"——他终于在黎明前觉醒。

汪玉梅老师的"以退为进"留给学生的是愧疚和自责，不仅巧妙地化解了尴尬的局面，还从根本上教育了马强，使他真正明白了老师的良苦用心。

3. 面对经常出错的学生时

生活中总有这样一些学生，自治能力差，经常出错，"屡教屡犯"。当他们有了错误，往往以为老师将对自己采取直截了当的批评方式——数落指责、吹毛求疵、生硬说教。于是他们从一开始就会在心中树起戒备的防线，不是"破罐子破摔"，就是被动地等着老师的批评与责难。

大多数学生的思想都很单纯，内心也想上进。如果老师能够采取"以退为进"的处理方法，使批评超出学生的意料，就能使他们由惊奇感而发生"自己人"的效应，无形中拉近师生间的情感距离。

于军就是这样一个"大错不犯，小错不断"的学生。有一次，他又把班里的木制米尺弄坏了，有学生报告到数学老师赵勇那里。大家对赵老师如何处理这件事拭目以待。

赵老师向大家解释，这把米尺原来就有一道小裂缝，只是大家没发现而已，老师家里正好有一把米尺放着没用，拿来用就是了。事后，于军主动找到赵老师，承认了自己的错误，自觉赔偿了一把新米尺，并逐渐改正了以前的许多缺点。

赵勇老师"以退为进"的处理方法，既是对学生人格的尊重，还能促使于军心甘情愿地更"进一步"，起到了意想不到的沟通效果。

总之，老师巧妙地采用"以退为进"的沟通方法，就是在拨开学生迷惑不解、苦恼不已的云雾时，为他们架设一条"上进"的阶梯，让他们有"方向"可"走"——这是最为关键的！

明月退出与太阳争辉，才展现出它的恬静与温柔；梅花退出与百花争艳的春天，才显示出它"凌寒独自开"的傲骨；老师只有适时地对学生"退让一步"，才能锁住师生间的真情和友爱，推动学生不断向前迈进。

名师沟通有效细节之作业评语

用作业评语和学生进行无声对话

此时无声胜有声。

——白居易

1976 年，奥斯丁（Austin）做了一个实验。他把高中教学班的学生随机分成两组，对其中一组学生的作业不加说明地判出分数，而对另一组学生的作业不仅给出分数，而且还加写评语，用以赞扬或鼓励学生。后来发现，加写评语的学生的平均成绩高于没加评语的学生。

作业评语不仅是师生间教学信息的反馈，还是师生间进行心灵"对话"的沟通平台。它能无声地给予学生恰当鼓励、正确引导和善意的鞭策，使优等生继续发扬成绩，中等生更上一层楼，后进生从头跃进。

教师应针对每个学生作业的不同情况，字斟句酌地写下恰当的评语，使作业评语取得最佳的沟通效果。

如对作业拖拉的学生，写上："老师相信你，今后能按时完成作业的！"对书写不清晰的学生，写上："你很聪明，如果字再写得好一点，那就更好了！"对怕动脑筋、在作业本上开"天窗"的学生写上："刀越磨越锋利，脑子越用越灵活，老师相信你能行！""不懂的地方，老师欢迎你来问！"对抄袭作业的学生，写上："诚实是一种美德，用你聪明的脑子、灵活的双手去完成作业，肯定会得到优的！"对思维活跃、书写马虎的学生，写上："你很聪明，只争朝夕，若再稳些，定会前程万里！"对有一技之长的学生，写上："你的歌唱得真美，希望你的作业也能做得清清爽爽、美得惊人！"

诸如此类的评语不再是干巴巴的文字符号，而是一句句感人的心语，一幅幅美丽的画卷。它不仅有利于启迪学生的智慧，调动学生的学习积极性，更有利于沟通师生情、伙伴情，使学生享受到极富有情趣和人情味的陶冶。

 经典案例

　　肖复兴是活跃在当今文坛的著名作家。《那片绿绿的爬山虎》一文，说的是他回忆少年时代受到叶圣陶先生的关怀教导，走上文学创作之路的事。

　　小时候，捏着可怜巴巴的一角七分钱，踮着脚尖从家门口对面的邮局里买来一本《少年文艺》时，肖复兴开始迷上文学，并渐渐沉浸在我国当代文学之中，鲁迅、冰心、叶圣陶、许地山……一位位相继闯入他的心中。他们的作品令肖复兴爱不释手。冥冥幻想里，他像今天青少年朋友一样，想象着他们的模样、为人及性格。但是，肖复兴没有想到有一天自己会结识他们当中的一位，并且能够聆听他的教诲。

　　1963 年，肖复兴正上初三，写了一篇作文《一张画像》，是写教他平面几何的一位老师。经肖复兴的语文老师推荐，这篇作文在北京市少年儿童征文比赛中获奖。

　　一天，语文老师拿来一个大本子对肖复兴说："你的作文要印成书了，你知道是谁替你修改作文的吗？"

　　肖复兴睁大眼睛，满脸疑惑。

　　"是叶圣陶先生！"老师将大本子交给他说，"你看看叶老先生修改得相当仔细，你可以从中学到不少东西！"

　　肖复兴打开本子一看，里面有这次征文比赛获奖的二十篇作文。

　　他翻到自己的那篇作文时，映入眼帘的是红色的修改符号和改动后增添的小字，密密麻麻，几页纸上到处是红色的圈、勾或直线、曲线。

　　回到家，肖复兴仔细看了几遍叶老对他作文的修改。题目《一张画像》改成《一幅画像》，让他立即感到用字的准确性。类似这样的地方修改得很多，倒装句改得很多，长句子断成短句的地方也不少。

　　有一处，肖复兴记得十分清楚："怎么你把包几何课本的书皮去掉了呢？"叶老改成："怎么你把几何课本的包书纸去掉了呢？"删掉原句中"包"

这个动词，使得句子干净也规范多了。而"书皮"改成"包书纸"更确切，因为书皮可以认为是书的封面。肖复兴从中受益匪浅，不仅使他看到自己作文的种种毛病，也使他认识到文学创作的艰巨，不下大力气，不一丝不苟，是难成大气候的。虽未见叶老的面，但肖复兴却从他的批改中感受到他的认真、平和以及温暖，如春风拂面。

叶老还在肖复兴的作文后面写了一则简短的评语："这篇作文写的全是具体事实，从具体事实中透露出对王老师的敬爱。肖复兴同学如果没有在这几件有关画画的事儿上深受感动，就不能写得这样亲切自然。"这则短短的评语，树立起肖复兴写作的信心。

那时，他才15岁，一个毛头小孩，居然能得到一位蜚声国内外文坛的大文学家的指点和鼓励，内心的激动可想而知，他的信心和幻想像飞出的一只只鸟儿，纷纷抖动着翅膀。

德国教育家第斯多惠说："教学的艺术不在于传授的本领，而在于激励、唤醒和鼓舞。"叶老根据学生的心理特点，在作业评语方面运用语言激励，激发起学生学习的内驱力，为学生的终身学习创造了契机。

案例分析

这种无声的语言传递着师爱，表达着期盼，启迪着智慧，不仅表现了叶老的认真、平和以及温暖，还给学生带来了意外的惊喜和深深的感动，使肖复兴走上了文学创作之路。

如果教师能像叶老那样多花费一些心思和时间真诚地给学生写评语，让他们在作业评语中接收到有益自己身心发展的信息，就能引起师生情感的共鸣，达到教与学两者的和谐与统一。

许多老师通常是用"√"或"×"来评判正误，采用百分制或等级制量分。虽然这种方法在判断学生解题方法的正误，确定学生学习成绩的好坏，比较学生学习能力的差异方面有一定的作用，但不能全面评价一个学生的基本素质、学习潜力。这样既阻断了师生之间思想、情感的交流，学生的学习情绪又得不到及时的调整，尤其是那些由于书写能力差或学习能力差怎么也得不到优的学生，始终处于失败的阴影中。

老师应将评语巧妙地引入作业的批改中，使学生更清楚地了解自己作业中的优缺点，从而加强师生间的交流，促进学生各方面和谐统一的发展。评语的形式和内容是多样的，可以从以下几个类型来把握：

1. 赞扬型

任何学生都有自尊心和荣誉感，当他们在学习成绩上取得进步时，皆渴望得到教师的鼓励和表扬。如一道综合性较强、有一定跨度的论述题，一些学生不循常规，且作答简洁明了，很能说明问题。对此，可下批语："你有敏捷的观点和思维能力，答题思路不同凡响！"这样，学生从简短的批语中，自然而然地受到求异创新精神的鼓励，而且感受到教师对自己的认可，无形中就会拉近与老师的情感距离。

2. 鼓励型

对于学生的每一点进步，如书写认真或成绩进步，或作业有独到之处时，教师都要及时给予鼓励。如批语："百尺竿头，更进一步"，"欲穷千里目，更上一层楼"，"认真出成绩，勤奋出天才"，"一分辛劳，一分收获"，等等。教师热情的鼓励势必给学生带去前进的信心和力量，对沟通师生心灵、融洽师生关系都有益处。

3. 希望型

对于那些成绩居中但进步较快的学生，教师应给他们以希望的批语。如"某某同学：学习进步大，老师很高兴，希望你在其他方面也能像学习上一样取得进步。""好，进步大，勇往直前，力争上游！"当学生从这些评语中得悉老师对自己的殷切期望后，无形中就会增添自信。

4. 启发型

由于学生审题不严，解题时往往思路不清，有时弯路走得太多。对此教师既不能对错题打"×"，也不能一改了之，而应分析其错，加适当批语，启发学生自己找错并改正，以培养学生发现问题和解决问题的能力。如写下评语："再审题意，寻找捷径。""挖掘隐含条件，寻找简捷方法。"学生看到评语后，往往能开启心灵，驰骋想象。

5. 提示型

有些学生作业中出现题目遗漏、粗心大意或书写潦草等问题。教师应及时予以提示，可以在作业评语中直白地告诉学生："某某，答案条理清楚些。""某某，细心些。"这种提示如春雨润物，有助于学生向着好的方向发展。

张红英老师班上有位学生，学习不错，只可惜字写得太差，每次改他的作业都要耗费一些时间。于是，张老师在这个学生的作业中写道："鲜花配上绿叶，才会更秀丽迷人，你有花了，可惜叶子不碧翠，培植好你的叶子吧——你的字。"从此，这位学生坚持每天练字半小时，一年后，他竟在学校书法比赛中荣获三等奖。

当然，要发挥作业批语的最佳效果，还应注意以下四个方面：

1. 批语应精练恳切

那种面面俱到、语言繁杂的批语内容虽多，却往往不会引起学生的重视。因此，教师应抓住学生最值得表扬或应引起注意的问题去批示，每次批语一般只谈一两个问题，可以指出学生本次作业的书写、答题情况，也可说学生近期的表现，如纪律、动脑方面。

2. 批语应准确

下批语前，教师应考虑好谈些什么，用哪些恰当的词、句，需做到心中有数。这样，写出的批语才能抓住实质性的问题，增强点拨指导作用，让学生看了能从心底说出"确实在理"。反之，笼而统之说一些不痛不痒的空话，也就引不起他们的重视。

3. 批语应注意学生的个性

教师下批语应根据学生的实际对症下药。对性格开朗、经受得住挫折的学生，批语就可直截了当些；对文静、感情脆弱者，批语就需婉转些。切忌千人一面。

4. 批语应充满情感

只有学生感受到教师的所为是关心他时，批语才使学生容易接受。老师应从爱护学生、有利于他们接受的角度出发，使批语充满感情色彩。宜多用"能否""你认为"之类商讨性的语句，而不能用挖苦、讽刺、打击性的粗话。尤其是指出学生的缺点时更应尊重学生的人格，保护其自尊。

总之，教师对学生的作业不能只写一个"好""阅"等字完事，而应该通过作业评语这一特殊的交流平台，与学生促膝谈心、真诚交流，共享教与学的乐趣。

是的，一句简单的作业评语可以改写学生的一生。教师们，请不要吝惜笔墨，使小小作业本成为师生之间促进学业和交流情感的一个平台，让学生在你关切的"话语"中阔步前行！

名师沟通有效细节之以柔克刚

以柔克刚，师生温情沟通

> 柔之胜刚也，弱之胜强也，天下莫不知，莫能行。

——老 子

以柔克刚，语出老子的《道德经》："柔之胜刚也，弱之胜强也，天下莫不知。"它不仅是为人处世之道，也是治国之道，更是一种高超的斗争谋略。

《明史》记载，有一次明武宗朱厚照南巡，提督江彬随行护驾。江彬素有谋反之心，他率领的将士，都是西北地区的壮汉，身材魁伟、虎背熊腰、力大如牛。兵部尚书乔宇看出他图谋不轨，从江南挑选了100多个矮小精悍的武林高手随行。乔宇和江彬相约，让这批江南拳师与西北籍壮汉比武。骄横跋扈的江彬从京都南下，但因手下与江南拳师较量，屡战屡败，气焰顿时消减，样子十分沮丧，蓄谋篡位的企图也消失了。

这里，乔宇所用的就是"以柔克刚"的策略。在师生沟通过程中，也难免会有一些性情暴躁、逆反心理强的学生，他们对老师的谆谆教导往往听不进去，甚至反其道而行之，口服心不服。

老师如果只用简单的说教和无休止的训斥，只能治标，无法治本，有时甚至会引起学生的"顶牛"，造成师生关系的恶化。而如果我们巧妙地运用"以柔克刚"的方法去做学生的思想工作，用一颗真诚的心去融化他内心的冰雪，给他一片温暖的阳光，那么就往往能温情和谐地进行沟通。

经典案例

何春艳是哈尔滨市道外区六十九中学的一名优秀教师，她的班上有一位名叫江辉的学生，人称"打架大王"，升入六十九中不到两周，就与班上的学生打了三次架。

通过调查，何老师得知，江辉在小学时就打过老师，到校长室拍过桌子。对这样一个学生，何老师感到了压力。但她始终坚信：耐心与爱心会驯服他身上的狂野！

一天放学，江辉又与外班同学发生争斗，大打出手。正巧被校长现场抓获，用校长的话来形容，当时这个孩子简直就像一头猛狮。

晚上何老师辗转反侧，想着校长当时的那句气话："管不了你，我六十九中宁可不办了！"她感到了学校规范管理的力度，感到了小小的班主任肩负的重大责任。

"明天我将以怎样的面孔出现在他面前呢？"何老师设想了种种情形，同时也预想了种种结果。彻夜难眠时，她告诉自己，思想转变需要过程，千万不能急躁。

第二天，何老师非常平和地先让江辉写了三份心理活动说明书（班规中规定犯错误的学生要写 500 字以上的心理活动说明书），以便使他有机会反思自己的行为。一份交给校长，表示道歉的诚意；一份交给政教处，请求处理；第三份交给班主任，收入班级档案。

然后，何老师在全班学生面前分析了一个学生这样做对个人、对班级、对家庭、对社会的影响，虽然没有严厉的斥责，但江辉却红着脸，低下了头。

这以后，何老师常常利用放学时间，找机会把江辉留下，与他促膝长谈。渐渐地，何老师发现虽然江辉也有双拳紧握、怒目圆瞪时，但更多的是学会了冷静与忍耐。

然而好景不长，一次自习课上，江辉竟然趴在桌子上，当何老师出现在教室门口时，他只是不屑一顾地瞟了老师一下，又把头低下。

何老师把江辉叫到教室外，当问他"是否知道老师为什么要找你"时，江辉态度极其生硬地说："知道，因为中午我在教室里大喊了一声！"

看到江辉恶狠狠的目光，何老师真是又气又心寒，总觉得在他身上付出了那么多精力，却得到了这样的回报。

于是，何老师说："不对，你在教室喊时，老师看了你一眼，从你的眼神里，老师已经读懂你的悔意，所以已经没必要因为这事再找你。今天中午，老师批改到你的作文，真的很震惊。不仅卷面整洁，文章也很有思想，而且有些词语用得恰到好处，老师准备在全班读你的作文，表扬你。老师今天找你是发现你非常有潜力，希望你把更多的精力用在学习上。"

这时，江辉用微笑代替了冷漠，何老师觉得时机已到，马上说："自习课你在下面干什么？凭我对你的了解，你看课本时不会那么专心。你不会让老师失望吧？"

他犹豫片刻，最后说："我在看《龙珠》。"

经过何老师一番温情的劝说，江辉终于恭恭敬敬地把课外书交给了何老师。看到他能诚心改正错误，何老师感到十分高兴。

如今，江辉已经在班委会竞选中当上了班委，而且是班级公物小组负责人，他工作积极、认真，总能得到后勤主任的表扬。

没有冬的孕育，春的播种，夏的耕耘，便不会有秋的收获。披星戴月的耕耘，孜孜不倦的教诲使何春艳老师的学生走出了乡村，走向了大千世界……哈工大、北京邮电、吉林大学、武汉船舶学院等十几所院校里，清晰地记下了这些农村孩子的足迹。

每当节日到来，远方的学生便纷纷打来电话，他们往往会说："老师，身体还好吗？一定要注意身体啊！"每每听到学生们这些关切的话语，何春艳老师总会回想起和他们共同走过的艰苦岁月：没有暖气的寒冬；蚊虫叮咬的酷暑；燃着蜡烛的晚自习；夜晚家访，无灯的乡间小道；还有学生们的每一次进步，师生共同的喜悦……

何春艳老师看似"柔和"的举动，避免了师生针锋相对的正面冲突，有效地"征服"了学生，在三尺讲台上跳出了一曲曼妙之舞。

"柔"的力量是内敛的，更是无穷的，它能攻克学生紧闭的心灵之门，填补师生之间的感情空白，使教育沟通工作取得丰硕的成果。

案例分析

在师生"心理需要相抵触，心理交流多梗阻"的情况下实施沟通，会引起学生在接受上的对抗性。面对"打架大王"江辉的抵触情绪，何春艳老师以"柔"的耐心和点点滴滴的温情有力地削弱和淡化了学生的强硬与冷漠，引起学生感情上的共鸣，从而起到了"以柔克刚"的积极矫正作用。

从中我们可以看出，师生沟通是一项"功夫活儿"，教师除了要有责任心、事业心外，还要讲点技巧。对于个性倔犟的学生，老师简单的说教、以硬碰硬肯定是不行的，不仅不利于学生向好的方向转化，甚至会把学生推到对立面，造成师生关系的恶化。

如果我们能像何春艳老师那样善于以柔韧之力，及时地应付尴尬的场面，攻克学生的心理防线，巧妙地化解师生之间的矛盾，就能形成愉快和谐的沟通氛围，解决问题势如破竹。

1. 以柔克刚，应付尴尬的场面

美国密歇根大学心理学家南迪·内森的一项研究发现，一般人的一生平均有十分之三的时间处于情绪不佳的状态，因此，人们常常需要与那些消极的情绪作斗争。

作为老师，在学生情绪波动、产生偏激行为时，如果我们能善于控制自己的情绪，以柔克刚，恰似细雨之于烈火，往往能使学生的情绪尽快稳定下来，巧妙地化解尴尬的场面。

一天，一名学生跑进办公室向班主任赵老师报告："吴天渔和邵洲成打起来了!"

赵老师闻讯，三步并作两步奔向教室。只见两人宛如好斗的公牛顶在一起。一个脖子被抓伤了，一个牙齿流血了。尽管周围很多学生都在劝架，但两人都憋着一口气，谁都不肯先让一步。

原以为自己到场就全解决了，没想到，赵老师刚一"出场"把围观的人驱散，吴天渔就像点燃的爆竹一样炸开了花，大声吼叫："我杀了你!"

班里的气氛一下子紧张起来。在场的学生都呆住了，两眼直望着赵老师。

如何收拾这样的尴尬场面呢？如此直接的顶撞对赵老师来说还是第一回，她觉得很没面子，真想狠狠地训他一顿。转念一想，这个时候训他也解决不了问题呀！

片刻之后理智终于战胜了情绪，赵老师克制住自己的感情，尽量以平静温和的语气说："大家都觉得他的行为有些反常，是吗？我想一个学生是不会无缘无故地和老师闹对立的，他这样做，一定有原因，先松开手，两人都回到座位上想一想，再来跟我解释！"

放学前，吴天渔来到了办公室，一进门就站在赵老师面前，低着头说："老师，我错了！"

2. 以柔克刚，攻克学生的心理防线

一块巨石如果落在一堆棉花上，则会被棉花轻松地包在里面。与学生进行思想沟通时，老师如果对顽固的学生施以"柔"的策略，往往能攻破学生的心理防线，让学生甘愿听从老师的教诲。

张强成绩不好，时有逃学行为。初二暑假过后，张强私自决定不再上学，约了他人想外出打工。

开学时，班主任俞老师不见张强来报到，当天就去了他家。师生面谈了好久，而张强却像是铁了心似的不愿上学，就连父母一起劝说，也无效果。

第二天，俞老师又去了，还是和张强讲道理，从日升讲到了日落，张强总算有点心动，答应次日到校上学，结果第二天在学校又没见到他的身影。

第三天，第四天……次数多了，张强见老师一来，干脆就跑了。

俞老师没有泄气，继续找张强做思想工作，从人生理想谈到辍学的弊端，从世界的变化谈到知识的价值……

终于，张强回到了校园，日后又考上了高中。现在，张强还经常写信给俞老师。

3. 以柔克刚，化解师生之间的矛盾

对于师生之间产生的矛盾，老师以博大的胸怀，给学生适当的宽容，巧妙地以"柔"克"刚"，就能化干戈为玉帛，使师生双方的矛盾和冲突向好的方向发展。

一天，科任教师向班主任李老师告状，说李老师班里的一位调皮大王跟在他身后边跑边唱《月亮走我也走》，暗讽老师那谢了顶的头。

李老师找来了那个男生，先是问他喜欢不喜欢流行歌曲，他说喜欢。接着李老师让他说出唱这首歌引用了哪些修辞手法，他说不知道，李老师告诉了他。紧接着李老师又跟他讲了一些关于月亮的古诗词，还从古代的"嫦娥奔月"讲到今天我国宇宙飞船上天，让他好好学习，报效祖国。那个学生显然很感动，诚恳地认了错，表示要向谢了顶的科任老师道歉。一场风波就这样轻易地化解了。

遇到学生的不良行为或顶撞现象时，老师一定要冷静，千万不要意气用事，更不能采用"以眼还眼，以牙还牙"的方法，因为这样虽然能换来暂时的"风平浪静"，却难免海底依旧"波涛汹涌"。

请注意，这个时候，如果我们能以柔克刚、以理服人、以情动人，让"柔"像阳光一般悄然袭入学生尘封的心灵，就一定能够找到开启任何难题的钥匙。

老师的"柔"，能使内在的教育原则和外在的教育方式充满弹性，它能让性格暴躁的学生无处发力，使心态趋于冷静、理性，并达到自我教育的目的。让我们以"柔"的姿态轻灵地卷起学生心灵的窗纱，流畅地传达温暖的诚意。

名师沟通有效细节之先扬后抑

先扬后抑，开启学生心锁的金钥匙

> 赞美好事是好的。但对坏事加以赞美则是一个骗子和奸诈的人的行为。
>
> ——〔古希腊〕德谟克里特

德国的末代皇帝威廉二世，很爱吹牛，有时心血来潮，便信口开河。

有一次，他到英国访问，在一些欢迎仪式上，竟兴奋得忘乎所以。他公然地声称他是对英国唯一友好的德国人。因为有了他，英国人才没有被俄国和法国所糟蹋；也是因为有了他，英国才打败了南非的波尔人。

他的这番话很快就引起了欧洲各国的抨击和评论，英国人尤其愤怒。

对外界的这种强烈反应，德国政治家们惊慌失措，不知如何应付。威廉二世听到各国的反应以后，也意识到自己言语有失，但出于皇帝的尊严，又没有勇气来承担责任。于是他把大臣布罗亲王找来，想让他当替罪羊。威廉二世授意布罗亲王，让他承认，是他建议皇帝那样说的，所以他才说了那些荒唐的话。布罗亲王一听，心里非常恼火，他很难接受威廉二世的授意，所以他马上表示拒绝。

为此，威廉二世非常生气，他一拍桌子，对布罗亲王恼怒地吼了起来："你认为我很愚蠢吗？会犯下你所不能犯的错误吗？"

布罗亲王想了想，然后平静地对威廉二世说："微臣没有资格说刚才的话。陛下在许多方面的成就，臣都万分佩服，无论是军事知识还是自然科学知识都是如此。臣曾听过陛下谈论晴雨表、无线电和 X 光，确实有着丰富的知识，而微臣在这些方面却一无所知。"

布罗亲王说到这里，稍停了停，又看了一眼威廉二世，见他怒气有些消减，正在认真地听，于是话锋一转，继续说道："可是，微臣正好有些历史方面的知识，这可能对政治有用，尤其在外交方面。"

布罗亲王这么一说，威廉二世的怒气消失了，他又高兴起来，他笑了笑对布罗亲王说："我不是常常跟你讲嘛！咱们是最佳搭档嘛！咱们应当永远在一起！我相信，这是能做到的！"

这样，紧张的气氛马上缓和了。在皇帝对自己恼怒以后，布罗亲王赶紧调整了自己的策略，采取了先扬后抑的办法，不仅巧妙地化解了紧张的气氛，还使事情向着好的方向发展。

面对学生的缺点、错误，老师大发雷霆地训斥，过于严厉的言辞会使学生难于接受，产生排斥心理，甚至顶撞老师，肯定达不到好的沟通效果。

这时，我们不妨先对学生的优点、长处加以表扬；之后，再对他们犯的缺点、错误加以婉转的指正，尽量做到"良药不苦口，忠言不逆耳"，就能在第一时间拉近师生之间的心理距离，使沟通工作水到渠成。

 ## 经典案例

浙江省宁波市镇海区中兴中学的朱剑静老师是一位刚刚踏上教育岗位的新教师。来到学校工作后，学校安排她担任初二和高一的政治课教学，其中以初二的5个班为重点。

满怀着对教育事业的憧憬，朱剑静老师以充满亲和力和友善的姿态出现在学生的视野里，开始在课堂上诠释自己对教师这一职业的注解。

没多久，有一个名叫杨奇的学生就引起了朱老师的注意。他人高马大、品行方面很差，学习成绩更是门门红灯，是名副其实的"双差生"。因为他的名字发音和"垃圾"很相像，于是班上的学生就称呼其为"垃圾"，他也不在乎，任由别人开他玩笑。上课时，其他学生已经早早拿出了书本，而他往往是在老师的催促下才慢吞吞地拿出破旧不堪的书本。在课堂上，他也不跟着老师的教学思路走，不是在那里东张西望，就是左顾右盼找人说话。有时他还会像欣赏话剧一般直盯着老师看，看累了就趴下睡觉。

有一天上课时，朱老师正在聚精会神地给学生们讲解"未成年人不应该有的几种不良行为"。突然，有位学生向朱老师报告说："老师，杨奇用橡皮砸我。"朱老师一听十分气恼：怎么又是他！平时自己不听，现在还影响其他学生。

课后，朱老师把杨奇叫到了办公室，刚想问他上课是不是扔了橡皮，但转眼一想，这样问他肯定不会承认。朱老师就压住了怒火，先给杨奇戴高帽子表扬他，对他说："杨奇，老师觉得你这个星期比以前认真，上课有时也能回答问题，作业也有点想做了，课后惹事也少了，你说是不是？"

杨奇本来眼一直盯着一面墙，听了以后居然低下了头，好像觉得有点难为情。

朱老师又说："那你想想今天上课有没有不好的地方？"

杨奇想了想说："有的，我上课的时候把橡皮切碎了砸前面的同学。"

这时，朱老师平静地说："杨奇，是不是老师上课的水平不高，所以你就不爱听？讲实话，是不是老师讲错了，所以你总是打断老师的讲课？"

"我……我也不是故意的，我觉得法律什么的枯燥得很，没什么好学的，所以就干别的事情了。"杨奇解释道。

"像你这个年龄的孩子学点法律知识是非常有必要的，"朱老师顿了顿，"很多青少年犯罪就是由于不懂法律造成的。他们一开始也像你一样，上课不认真听，作业不认真做……"

在朱老师的循循善诱下，杨奇似乎在想些什么，却不敢正视老师。

朱老师继续说："其实，你是很聪明的。如果你能把一些坏习惯改掉，认真专心听课，我想你还会是个有出息的好孩子的。从今天开始，你不再是'垃圾'，而是一块可造之才！如果你有什么困难，老师可以帮助你。"

听到老师这样评价自己，杨奇的眼中闪过一丝朱老师从未见过的亮光，他坚定地说："老师，我保证以后不再上课捣乱了，不给你添麻烦了，我保证！"

"好！那老师就看你的表现了！"朱老师拍拍他的肩膀。

杨奇还是很守信的。上课很少捣蛋了，有时还会举手回答问题。朱老师也不时地当众表扬他，还要求其他几个经常违纪的学生向他看齐。这使杨奇更加自信，成绩也有所上扬。

当然，杨奇偶尔还是会犯点小错误，在必要的时候朱老师还是会严厉地批评他。但看着他一点一滴的进步，朱老师还是感到十分欣慰。

朱剑静老师善于捕捉学生的心理，巧妙地运用"先扬后抑"的方法做学生的思想工作，把忠言寓于赞美中，无形中拉近了师生的感情距离，使教育沟通变得可亲可近。

案例分析

面对"双差生"杨奇的不良行为，朱老师采用"先扬后抑"的方法给了学生一次温柔的批评和善意的忠告，让他感受到老师对自己的喜爱和期待，使他找回了失去的自尊和自信，从而奋发向上，尽快步入优秀生的行列中。

由于学生尚未"成熟"，自我克制与分辨是非的能力较低，自尊心很强又很脆弱，一旦受了批评，不仅容易出现自卑感，还有可能滋生排斥心理，走向教育沟通的对立面。因此，对于学生的错误，老师一定要谨言慎行，既不放任自流，又不严厉训斥，而要细心体察学生的心理变化，用"先扬后抑"的方法去编织培养学生自信心的摇篮，让他们在理想光环的召唤下，振作精神向前走。

值得我们注意的有下面两点：

1. 把握好表扬和批评的尺度

老师对学生一股脑儿地批评固然会使学生灰心丧气，造成心理对抗；而全是表扬又会使学生飘飘然、盲目乐观，未必能使他们始终保持振奋的精神状态。因此，老师在运用"先扬后抑"这一沟通方法时，应把握好表扬和批评的比例，二者不可偏颇。

2. 表扬、批评要逐步升温

有些老师为了转变后进生，不惜余力地给后进生创造"闪光"的机会，然后在班上大加褒扬，甚至委以班级干部重任，其用心良苦，借以使学生继续巩固优点，发生根本转变。

然而，后进生的一些"顽疾"并非一朝一夕就能改正，往往会复发。一旦旧病复发，如果老师予以撤销前不久所委任职务，其结果只会使学生变得更差。所以，老师对学生的表扬、批评以及情感投入都要逐步增加，任何暴冷暴热都不可取，否则会留下消极的"后遗症"。

总之，在师生沟通的过程中，老师要一分为二地看待自己的学生，在批评时先表扬他们的闪光之处，然后再委婉地批评所存在的缺点、错误，从而让学生感受到老师博大的胸怀和殷切的期望，就能达到有效沟通的目的。

阿莫纳什维利曾说过："儿童心灵深处潜藏着一些成人难以理解的密码。"让我们贴近学生的情感，借助"先扬后抑"这把沟通的金钥匙，去解开学生心灵的密码，使每个学生都扬起自信的风帆，挺起自豪的胸膛，抬起自尊的头颅，昂首阔步走向辉煌灿烂的明天！

名师沟通有效细节之温情沟通

给学生一点心灵鸡汤

> 言语之力，大到可以从坟墓中唤醒死人，可以把生者活埋，把侏儒变成巨人，把巨人彻底打垮。
>
> ——〔德〕海 涅

　　从古至今，我们中华民族一直重视并提倡语言美，荀子就有"与人善言，暖于布帛；伤人之言，甚于矛戟"之说。像"良言一句三冬暖，恶语伤人六月寒"之类的名言，我们耳熟能详。教师被人们喻为"人类灵魂的工程师"，其魅力不光表现在学识上，在语言上也应作出表率。

　　2004 年 11 月 16 日的一则新闻引起了人们的广泛关注。由"中国少年儿童平安行动"组委会公布的"你认为最急迫需要解决的校园伤害"专项调查结果显示：在全国 29 个省、市、自治区的 1170 名少年儿童中，81.45％的受访学生认为校园"语言伤害"是最急需解决的问题。

　　一般人会认为，校园伤害似乎多为意外事故等情况，而对学生的"语言伤害"一向被忽略。其实这种伤害比身体上的伤害更隐蔽，也更具有破坏性。

　　面对学生，我们的教师一定要少一些讽刺和挖苦，多一些耐心和友善，尤其是在学生"屡教不改"时，更要冷静、克制，别让"语言暴力"刺伤了学生的心！学生需要知识的滋润，也需要语言的关爱！

经典案例

程小君是一个不省事的家伙。他看似很聪明，学习成绩却一直上不去。在期末考试中，竟然有3门课没及格。

家长会上，老师把所有学生的成绩作了通报，并特意"关照"小君的母亲："你们家这孩子无药可救了，他哪儿是读书的料啊……"

程母闻听此言，差点气晕过去，回家后严厉地责骂了小君一顿。

可小君却不动声色，成绩照旧一团糟，有几次甚至逃课不想去上学，程母为此伤透了脑筋。

小君14岁时，一家人移民到了美国威斯康星州。父亲把他送到密尔沃基华盛顿中学去上学。

两个月后，小君的美国老师阿伦·比尼克突然登门拜访。原来，上周的数学小测验小君得了个D，而且只做对了一道题。

见到小君时，阿伦·比尼克用和蔼的语言对小君说："孩子，你非常聪明，我很欣赏你。"

"他还聪明呢，我看他笨得像头猪。就知道吃完了玩儿，玩儿完了吃。"程母说。

小君则用怒目仇视着母亲。

阿伦对程母做了个暂停说话的暗示，拉起小君的手，来到院子里，悄悄对小君说："我知道你一点都不笨，你有意气母亲，故意考低分是吗？"

小君诡秘地笑了："老师，你怎么知道？"

阿伦微笑着说："我知道你很棒，棒学生怎么会只做对一道题呢？"

小君突然把话锋一转："我母亲是个疯子！"

阿伦老师严肃地说："小君，不该这样说母亲！"

小君坚持："我爸爸也这么说！"

阿伦蹲下身子："好了，把那卷子重做一遍，让老师瞧一瞧，你到底有多棒，行吗？"

"行!"小君自信地应着。老师把事先带来的那张卷子拿出来,安排在他的房间里做。

阿伦老师回到客厅,小君妈妈不时用纸巾擦拭脸颊上的泪水:"这孩子快把我的肺气炸了,老师,他还有救吗?"

阿伦则回之以愤怒:"你连自己的小孩都管不好!你简直笨到家了!"

程母讶然。

阿伦老师立即把语气缓和下来:"太太,你不愿意听吧?连我们成年人都不能接受的语言,你天天都重复给孩子听,这类过分的言语刺伤了孩子的心。现在要拯救的不是孩子,而是你自己……"

"哦,我——我只是——"程母张口结舌。

"好了,请稍等片刻,我会让你看到我调教出来的孩子有多棒!"

半个小时后,小君一脸喜色地拿着卷子出来了,阿伦仔细批阅了卷子:"很好,孩子,你的成绩是 A!我知道你是个好学生,你会做得更好的!"

一旁的程母见状惊讶万分,简直不敢相信自己的眼睛:这就是曾经被中国老师斥责为"无药可救"的小君吗?他居然可以得 A!

阿伦微笑着对程母说:"夫人,我说过我的学生很棒,现在你相信了吧?所以请你以后不要再说他笨,他一点都不笨,相反的,他非常聪明!"

程母坐在那儿半天也回不过神来,要知道,在中国当孩子成绩不好时,说他笨是很正常的啊,为什么在美国老师眼里说这样的话反而不对呢?

阿伦道:"对不起,夫人,我只想请你记住:孩子也需要心灵鸡汤!以后对他说话时,请客气一点!"

当中国老师习惯性地说学生笨时,可曾想过这样的话语会给学生造成什么样的伤害?一个中国老师眼里的笨学生却成了美国老师眼里的棒学生,是学生真的变了还是另有原因?其实就在于老师的语言上。

案例分析

有句名言说得好:"语言是最危险的武器;马剑刺的伤口要比语言刺的

伤口容易治愈。"

小君在国内时，或许只是年少贪玩而导致功课不佳。当然，他的中国老师的做法也值得商榷：仅仅因为几门课不及格，就说他无药可救，这样的话在小君听来会是什么样的感受？他能从话里听出老师的"良苦用心"吗？他能体谅妈妈的愤怒吗？

事实上，小君表现的是加倍的叛逆：你说我笨，说我无药可救，那我就彻底做给你看，让你没话可骂。这样一来，老师的几句"恶语"不仅没有起到应有的效果，反而把他推向了反面。倘若不是阿伦老师的鼓励，小君很可能就破罐子破摔了。

在美国，教师在取得执照前，必须学习许多有关教育的法律规定，其中包括应如何对待学生。伤害学生包括肢体和语言伤害，都是违法的，会受到惩处，甚至送上法院。比如美国老师对学生说"你真笨""你肯定学不好""你没法及格"等，会因对学生人格和自尊心的伤害而受处分。

而在我国，我们对"语言危害"却很少注意。个别老师在教学过程中，恶言辱骂、诋毁、冷嘲热讽，打击学生的信心，伤害学生的感情，侮辱学生的人格，给学生的心理带来了无尽的创伤。

两相对比，我们不能不反思我们的教育：难道我们就不能停止对学生的语言伤害，还学生一片洁净的语言天空？

日本有句格言说："一句温暖的话语，暖和了漫长的冬天。"一句鼓励和肯定的话可以让学生心中充满前进的动力，一句关切的问候，会拉近师生之间的距离。而一句使人丧气的话，则犹如在气球上扎了一个孔，会使学生一下子便泄了气。

有几类话，作为教师，是绝不可以说出口的。

1. 涉及家庭、父母，带有讽刺或鄙视的语言

比如"像你这样家庭出来的孩子""毕竟他妈妈下岗了"。父母在孩子心目中的地位是很高的，老师不应随意评价，鄙视或者同情都会给孩子带来伤害。

2. 对学生的本性下结论

比如"像你这样的学生天生就是……""这种学生本性就贪玩""你这种

人一辈子没有出息"。这样的用语，对学生来说会有两种结果，一是学生听了很不服气、暗自努力，这是好的结果；二是学生听了以后，越发自卑，从此一蹶不振。而选择后一种结果的学生往往更多。

3. 对学生的言谈举止品头论足

有些教师对学生的一些言谈举止看不惯，觉得不合自己的心意，就对学生讽刺、挖苦、嘲弄，什么"小聪明""大美人"等。这样会使学生受到不应有的刺激，使学生的心灵受到伤害。

4. 拿学生的缺点或生理缺陷说事

有的老师不能正确对待有缺点或缺陷的同学，对他们使用鄙视、侮辱性的语言，什么"丑小丫""笨猪猡""榆木疙瘩"等。这样会在学生的心里播下自卑的种子，给学生造成相当严重的心理负担。

5. 杜绝用侮辱性语言伤害犯错误的学生

教师对学生的"语言伤害"包括两个方面：非文明用语和言语失当、过重两个方面。在我们身边就有许多"语言伤害"，有时为了发泄自己的感情，说话根本就不顾及学生的承受能力，由此造成了消极的影响。因此，教师在与学生沟通时，应该规范自己的语言，提倡文明用语，拒绝不文明用语。作为教师，我们要尽自己的最大努力为学生营造一片洁净的语言环境。

现实情况中，许多学生心理承受能力太脆弱，面对一点点的挫折和批评便灰心丧气、走极端，增大了教育难度。所以，教师有必要使他们面对挫折时更加坚强，防止语言伤害是重要的方面。

教师要有意识地多与学生进行沟通，让学生理解老师的苦心，正确"消化"老师偶尔无心的过激言语，并引导他们由此及彼，正确对待别人的不良言语，这样才能使学生对客观实际抱有"客观"心理，以高于正常情绪反应的理性，取其合理、善意之处，忽略粗暴、糟粕之处，"宽容"而"怜悯"地对待外界的语言伤害。

如果将学生比喻成小树，体罚伤害的是外部的枝叶，而语言伤害损伤的则是根脉。枝叶折损还可以恢复，而根脉挫伤将直接影响成长。总之，无论是小学生、中学生还是大学生，他们在心理上还是相对不成熟的，他们的内心世界还是很敏感和脆弱的。教师应尽量给学生们一个安全洁净、充满爱与关怀的环境，让语言伤害远离我们纯洁的校园！

语言伤害刺伤学生的心灵，有时远远超过了肉体所遭受的侵害。受到伤害的学生，会把这种痛深埋起来，然后装在记忆的深处，渐渐成为一种难以抚平的精神疤痕。任凭时光流逝，却依然冲不走语言伤害引起的隐隐灼痛！如果我们真的是"为了学生好"，就要杜绝语言伤害。

名师沟通有效细节之心灵周记

周记，打开学生心灵的窗口

> 要散布阳光到别人心里，先得自己心里有阳光。
>
> ——〔英〕罗曼·罗兰

"现在的学生真怪，摸不透！""真拿这帮孩子没辙了。"经常会有老师发出类似的抱怨。的确，师生间在年龄、心理等方面存在许多差异，这些差异有时甚至让我们找不到与学生沟通的切入口，可能导致师生关系的僵滞，给教育教学工作形成了阻碍。

实际上，有不少办法可以打开学生的心灵窗口，使师生顺利沟通。让学生写周记，就是其中一个重要的手段。

一个班几十名学生，每个人的内心都是一个丰富的世界。教师工作繁忙，事务缠身，往往无暇走进学生的心灵世界，周记刚好弥补了这一缺陷。周记是学生对生活的忠实记录，是学生们发现世界、欣赏世界和反射世界的一面锃亮的镜子！一篇篇周记就是一颗颗透明的心灵，成了学生流露真情实感的天地！

 经典案例

绵阳市南山中学的小芳是个活泼开朗的女孩，她到哪儿，哪儿就有笑声。

她兴趣爱好广泛，是体育尖子；她的学习成绩好，理解能力强；她文笔好，经常有习作在报上发表，常引得同学们围着她讨教……

可是，这个学期开学以来，大家却发现小芳常会发呆、走神，看老师的眼神是躲闪的。虽然有时跟同学在一起时显得很开心、若无其事的样子，但离开同学们时又显得心事重重，那是一种不想让同学看出点什么的"伪开心"，跟同学吵架明显增多，多是为鸡毛蒜皮的小事。

班主任问她有没有发生什么事情，她总是摇头，或者流泪，却从不解释。

这一切让语文老师韩德梅看在眼里，记在心上。一天，韩德梅正在批改学生们交上来的周记。翻到小芳的周记时，看到了这样一段话："韩老师，明天是你的节日，我祝你节日快乐！……我特别喜欢语文，也喜欢写作文。每当周记本摊在面前，我都想写点什么。可我心中的苦写给谁看呢？不说了，想想都伤心。明天是所有老师的节日，我希望长大后也当老师，做像你一样的老师！"

韩德梅心中一怔，她感觉小芳的周记后边肯定有着不为人知的痛处，于是她在周记上写道："小芳，谢谢你的祝福！你的祝福带给了我快乐，但当老师知道你不快乐时，我也快乐不起来了。你在我心中一直是个开朗的孩子，有什么困难会让'开心果'不开心呢？老师愿意做你忠实的听众，也愿意做你的朋友！"

几天后的语文课上，韩德梅一边讲课一边留神小芳的反应，她看到了一张略带笑容的脸，但是那双眼睛里依然有一丝抹不掉的忧郁。

很快，韩德梅从她的第二篇周记中找到了答案："韩老师，这些天是我最开心的日子。我在小房间里反复读着你给我写的话，久久不能入睡。很长一段时间，没有人跟我说过这些话了。你天天跟我这样说说话好吗？我会告诉你一切！但你不能告诉同学们，不然他们会笑话我的！我每天都在痛苦中煎熬，爸妈动不动就吵，好像他们要离婚了……韩老师，我怎么办？我不希望自己成为没有爸妈的孩子啊……每晚，只要想到这事我就伤心。多少个夜晚我是哭着睡着，又哭着醒来。我爱他们，又恨他们！为什么？这是为什么啊？"

韩德梅心中一阵难过，虽然这年头离婚已经很平常了，但是小芳毕竟还小，她无法理解父母亲的做法，难怪她如此不开心。

想到这儿，她提起笔来写道："孩子，这不是你的错。你现在要做的就是坚强。父母的感情生活出现了问题，这是他们的事，相信他们会处理好的。即使处理不好，也应当理解，何况，你还有同学，还有老师呢！我很愿意跟你这样交流，也很愿意帮你，请相信，老师是守信的。因为，我不仅是你的老师，更是你的朋友！"

批完周记，韩德梅特地找到班主任，婉转地说了一下小芳的情况，并请她多关心小芳。

几天后，小芳在周记中写道："韩老师，我今天好高兴啊！我发现，老师们都是爱我的……今天课间，我刚走到教室门口，班主任就叫住了我，一边摸着我的头，一边对我说：'来，我帮你梳梳头吧！'说着，她从包里拿出梳子，一下一下地梳着，我的眼泪不争气地流了出来。梳子是那么轻柔地触着我的头发，一股暖流流遍了我的全身！多好的老师啊！同学们投来羡慕的眼光，我感到真自豪！是的，老师就像妈妈！如果我的妈妈真的不要我了，我也不会再难过，因为，我有老师妈妈！"

韩德梅笑了，提起笔来写道："是的，老师都是爱你的，但你的妈妈更爱你！即使妈妈离开你，也不说明妈妈不爱你。记住：爱，意味着包容和理解。"

渐渐地，小芳脸上的笑容越来越多，和同学们相处得也比较融洽了。

可惜好景不长，两个月后她的脸上又充满了让人揪心的忧郁，连续几天魂不守舍，上课时也答非所问。

韩德梅不禁担心：又出什么事了？莫非……

小芳的周记证实了韩德梅的担心："昨晚我哭了一夜，我的爸妈最终还是离婚了，我判给了爸爸。我真的想不通。上帝对我太不公平了！别的小孩子都能快乐地享受爸爸妈妈的疼爱，而我从此只有残缺的家、破碎的心。我恨他们！恨！恨！恨！我恨周围的一切人！"

此情此景，韩德梅明白再多的劝慰也是无济于事的，怎么办呢？突然她灵机一动，用笔在周记本上画了两颗心，一颗大"心"包容了一颗小"心"，她希望聪明的小芳能够明白自己的意思。

就这样，小芳把自己内心的悲伤、愤恨、不平、不解一股脑地倾泻到周记本上，韩德梅老师则用心启发、开导，让这颗受伤的心慢慢得到愈合。

慢慢地，通过周记的交流，小芳接受了父母离婚的事实。在韩德梅老师的建议下，她开始找更多的事去做，借此来丰富自己的生活，淡化父母离婚给自己带来的影响。

小芳在周记中写道："韩老师，我入选市网球队了。球队训练很苦，但我不怕。至少我在那儿有快乐……你说得没错，爸妈虽然离婚了，但他们还是爱我的，妈妈常来看我。爸爸虽然时常喝酒，但他不再打我骂我了。有时我觉得他好可怜，所以，我尽量不去烦他。我会做很多家务了，爸爸夸我能干呢！就像你说的'磨难是一种财富'一样！我已不再害怕别人说我没有妈妈了，因为，在我心里，我有几个老师'妈妈'。我长大了一定要做一个像你一样的好老师！"

一次次周记对话中，韩德梅老师及时了解了小芳心中的顾虑，并适时引导她正确地对待突如其来的变故，增强了小芳的心理承受能力。

案例分析

小芳有心事，谁都看得出来，但面对面的交流又为她所排斥，她紧紧封住自己的心窗，拒绝别人进来。而周记成为韩德梅老师与小芳交流的最好的工具，便于交流又具有隐秘性。周记为韩德梅打开了小芳的心窗，抚平了一颗受伤的心，也扶起了一个精神濒临崩溃的学生！周记中的师生对话，记录了学生的心路历程，写下了老师的点滴关爱，让一个原本消极、颓废的学生重塑自我。

让学生写周记，通过他们记在周记中的感触，可以发现学生在学习和生活中存在的思想问题，对人对事的态度以及各方面的需求、愿望与追求。

1. 周记让老师及时准确地了解学生的思想动态

学生除了学校生活外，家庭的影响也是方方面面的，如父母不和、家庭出现变故等，都会给学生造成很大的心理压力。但学生们往往又找不到更好的倾诉方式，于是就把自己心中的不平不快写在日记或周记上，其实，这也是学生们自我减压的一种良好方式。而教师则可以通过它随时注意学生的心理变化，及时予以沟通和指导，引导他们以一种理性、宽容的心态对待这些意外。

2. 周记让教师对学生因材施教

一个班级几十个人，老师不可能一一找其谈话，而在班会上，向全班学生提出一些高标准或严要求，往往会因各人的性格、特点、接受问题的能力及态度等不同而效果不同。而对周记的审阅中，老师就可因材施教，视学生的不同情况，对其提出相应的要求，这往往比班会上笼统的谈话更有效。

3. 周记可以协调、融洽师生关系

班级是全体师生的班级，单靠教师一人之力总会有顾虑不到的地方，而老师难免有工作失误的地方，也会有误解学生的时候，而周记正好成为学生进行"投诉"的地方，通过周记交流，师生就能达到真正的心灵相融。

学生的智慧是无穷的，往往能提出很有创意的点子，教师善于发现、保护、激励，就能调动学生的积极性。当然，教师觉得合理的，立即采纳；不太妥当的，在评语中加以说明；可用可不用的，或需进一步完善的，则可征求大家意见。

韩德梅曾表示过："经过很长一段时间的实践，我发现学生十分欢迎周记这种沟通形式。每星期五，当学生拿到经老师批阅过的周记时，个个迫不及待，兴致勃勃。随着时间的推移，学生的周记越写内容越充实，不时还出现一些佳作。这些佳作经学生本人同意后刊发在班级学习园地的'周记佳作'栏里，供别的学生们学习、借鉴。在这个过程中，班风、学风都有明显的改观，师生、同学之间的关系更为融洽，班集体建设取得了明显的进展。"

尽管老师天天生活在学生中间，却常常只能看到学生学习生活中的表面现象，而无法进入到学生的内心世界，对他们进行有的放矢的教育。为了探索一条能进入学生心田的教育途径，我们也来尝试着运用周记与学生谈心吧，相信会收到意想不到的好效果。具体做法如下：

1. 学生每周写一篇周记，统一写在周记簿上，星期一早自修时交，教师批阅后于星期五发还给学生。

2. 文体不限，散文、杂文、书信、评论、诗歌，无一不可；篇幅可长可短，兴之所至，笔随意到。

3. 内容不限，从自己的思想情绪、道德修养、内心感受、学习生活到班级管理、师生关系、社会见闻、家庭影响，无所不包。学生可以谈感想、提建议、评是非，甚至发牢骚，只要是肺腑之言，都受欢迎。

以上多是对学生的要求，但是，教师是书面谈心的参与者和指导者。学生每篇周记，你都要认真阅读，如发现周记中有共性的问题，便可利用班会课进行全班讨论、评讲。当然，这其中的沟通方法也是大有讲究的。

第一，评语要亲切感人。

学生的周记没有文体和内容的限制，他们喜欢怎样写就怎样写，喜欢写什么就写什么，因此，学生所写的东西免不了会出现一些过激言辞、片面看法、消极情绪。对此，你要有良好的思想修养，要冷静对待，大度宽容。你写的评语要有一定的水准：要观点鲜明、亲切感人、合情合理、坦诚恳切。它应是你心声的流露，爱的呼唤，应是师生心灵撞击的火花。

第二，谈心应摒弃说教。

实践告诉我们，运用周记谈心所起的思想教育作用只能"润物细无声"，无法"立竿见影"，这是育人规律所决定的。作为教师，在教育教学的过程中应充分尊重学生日益增强的独立意识，成为学生的知心朋友。为此，运用周记与学生谈心，形式要灵活多样、生动活泼。既可用书信形式表达对学生的关爱，又可向学生赠送格言警句，让他们自己去思考体会，也可用诗词来激发学生的情感，鼓励他们上进。这就要求你联系学生的思想实际，以丰富的知识、宽阔的胸襟和巧妙的方法来摒弃空洞的说教，有针对性地发表意见，给学生以深刻的教育。

第三，周记宜保密。

学生写周记，目的很明确，是与你谈学习，谈生活，谈内心感受，进行深层的思想交流。同时，他们年纪轻，阅历浅，世界观、人生观正在逐步形成之中，周记中反映出的思想谬误在所难免。因此，你应向全班同学郑重宣布：周记保密，未征得本人同意，不得随便传阅；周记不评分，也不作为衡量品德表现的依据。这样，学生就消除了顾虑，轻装上阵，乐意在周记中敞开心扉，剖露心迹。

运用周记与学生进行书面谈心是一种思想教育的好形式。如何进一步提高它的实效，还有许多问题有待于我们去思考，去研究。总之，只要我们运用好了周记，正确地了解、理解、引导、教育学生，我们就一定会找到一把得心应手的"钥匙"。

老师对周记的点拨，能滋润学生的心灵，启迪学生的智慧，提高学生的悟性。周记是老师打开学生心窗的钥匙；周记是师生同行、教学共进的黏合剂；周记是记录老师和学生顺利交流、沟通的精彩篇章！

名师沟通有效细节之批评艺术

批评要讲究艺术

> 人们在批评的筛子里寻找一切奥秘。
>
> ——〔英〕史文朋

休斯敦火箭队的主场比赛马上就要开始了。可是，有一名主力球员在赛前规定的时间里却没有来，原因是塞车。

当这名球员飞奔进训练场的时候，他已经迟到了 30 分钟。火箭队的主教练范甘迪只得面对本队球员说："大家都知道，我们的主力队员今天迟到了，所以他欠大家一场很好的比赛。"然后他转向这位迟到的球员，"你明白吗？你要打出一场很好的比赛还给大家。"

结果这位球员在这场比赛中共获得了 22 分 20 个篮板，率领休斯敦火箭队主场 86∶80 战胜了底特律活塞队。

这位球员，就是我们非常熟悉的篮球巨人姚明。

批评应当是对错误本身客观的剖析和中肯的评价，而不应是严厉的指责和训斥，也不是个人感情的发泄和简单的责任追究。

苏霍姆林斯基曾经说过："一个好的教师，就是在他责备学生，表现对学生的不满，发泄自己的愤怒的时候，也时刻记着：不能让孩子那种'成为一个好人'的愿望的火花熄灭，而应'充满情和爱'。"苏联著名教育家马卡连柯也有这样一句经典的话："用放大镜看学生的优点，用缩小镜看学生的缺点。"

真正的批评不是伤害学生的心灵，而是为学生指点迷津、启迪心智，使学生改变不良的思想观念和行为习惯。

经典案例

荣获深圳市"最具爱心人物"的女教师靳伟杰曾经在河南省漯河市实验小学任教。靳伟杰素来以细心、体贴著称。

靳伟杰第一次当教师是在竹坪中心学校。第一次上课，当她满怀热情地跨入教室时，教室里一片寂静，几十双眼睛齐刷刷地盯着她，而靳伟杰自己仿佛也听到了"咚咚咚"的心跳声。

简短的自我介绍后，靳伟杰说："孩子们，为加深我们之间的了解，我先给大家唱一首歌。"

听到老师要唱歌，大家的情绪顿时高涨起来，个个用惊喜的目光注视着她。靳伟杰清了清嗓子，亮出了自己的"女高音"。

正当靳伟杰唱得起劲时，一颗纸弹不歪不斜地射在她的脸上。顿时，全班学生为这突如其来的射击而哄堂大笑。靳伟杰拿着那颗纸弹，呆呆地站在那儿，不知如何是好。

这时，不知是谁喊了一声："是刘东干的，他最爱用弹弓射人了。"

听到这话，靳伟杰觉得自己像个射击靶，她的脸腾地一下红了，脑袋嗡嗡作响，手脚立刻变得冰凉。

这时，教室里安静极了，所有的目光全射向了靳伟杰，大家都在等待着一场"暴风骤雨"的来临。

靳伟杰环视四周，马上抓到了"凶手"，只见刘东用双手挡着脸，耷拉着脑袋，从手指缝里偷偷地向外看，同时还在为刚才的"命中"偷笑着。

靳伟杰忍无可忍，当着全班学生的面，狠狠地批了一顿刘东！

靳伟杰想，这种不留情面的批评，也许能使刘东认识到自己不求上进的严重后果，从而产生一种上进的欲望吧。

但是，从那以后，刘东的表现不但没有好转，反而更糟了。

接下来的几天里，一直有学生来靳伟杰这里告状，说刘东下课时和别的同学打架，把零食带到课堂上来吃，随便拿别人的学习用品……

这是什么原因呢？靳伟杰为此伤透了脑筋。

一天，班上的学生杨劲踢足球跌倒了，右臂骨折，刘东立即和其他几位学生一起把杨劲送往医院治疗。事后，靳伟杰请刘东陪她一起去看望杨劲。

路上，刘东保持缄默，只顾低头向前走。

靳伟杰轻声问他："刘东，平时老师批评你，你为什么不接受呢？"

刘东依然不吭声，靳伟杰再问，他便满肚子怨气地叫道："我反正学不好，接受不接受又有什么关系？"

靳伟杰沉默了一会儿，很严肃地告诉刘东："在老师的眼中，绝没有不能进步的学生。你仍旧是一个好孩子！"

听到这里，刘东动了动嘴，好像要说什么。

靳伟杰继续说道："刘东，咱班很多同学都很喜欢射击，而你又是他们崇拜的偶像，只是你的射击目标不太明确，你的目标应当是在靶子上。老师希望你能当大家的教练，让同学跟着你一起练习，好吗？"

刘东停下脚步，不相信似地盯着靳伟杰。

靳伟杰笑了："人无完人，谁没有个优缺点啊。你学习不刻苦，上课也爱开小差，不能接受同学和老师的批评，虽然缺点不少，但优点也蛮多的，比如热心，比如体育成绩好，等等。老师只希望你能保持住你的优点，再把缺点改过来，那么，到时你的形象还能坏吗？大家还能讨厌你吗？"

这真诚、朴实的话，使刘东改变了一贯满不在乎的样子，他低着头，郑重地说："靳老师，对不起。"从此，刘东内心开始悔改，行为与往日迥然不同。

靳伟杰选择在师生独处时进行批评，饱含着诚意和热忱，让学生明白错误的严重性，促使学生明辨是非，尽快步入正轨。

案例分析

批评学生时，教师要善于掌握学生的心理活动，"动之以情，晓之以理"，有效地保护学生的自尊心，创建良好和谐的师生关系。

一个不善于批评学生的教师，无论你的动机是如何善良，无论你的学识如何高深，如果学生不能较好地接受你的批评，你理想中的教育境界就达不到。老师要注意批评的技巧，掌握批评的艺术，因材施教，才能让批评结出美丽的果实，促进学生的终身发展。

一般来说，对学生的批评要注意以下几点：

1. 批评要适时

不宜在课前批评学生，这样极易导致学生情绪低落，使大脑皮层处于抑制状态，注意力不集中；

不宜在学生兴头上批评，学生在聚精会神地做某件事时受到批评，很容易激起学生的对立情绪，影响教育效果；

不宜在学生情绪不佳的情况下批评，此时批评学生，无疑会雪上加霜，不仅影响情绪的好转，而且容易使学生产生自卑、伤感的心理。

2. 批评要适地

适地指批评学生要讲究场合。当被批评的错误具有代表性，批评一人可以教育全班学生时，可以在公开场合批评，这能起到对全班学生"敲警钟"的作用。而有时，学生犯了错误，尤其平时表现较好的学生，如果在大庭广众之下批评他们，他们的自尊心就会受损，往往容易产生逆反心理，不利于问题的妥善解决。这时，如果换一个清静的场合，选择在学生宿舍或球场边，教学楼的走廊上等地方，效果会更好。

3. 批评要因人而异

能否有效地、因人而异地批评学生，往往是教师的成熟度和沟通水准的真正体现，老师要根据不同对象和不同的情况而采取不同的方法。如对于善于思考、性格内向、自尊心较强、接受能力强的学生就采取发问式批评方法，有针对性地提出问题，让他们自己思考、自己觉悟、自己改正；对反应速度慢、学习虽努力但成绩不是太好的学生则要耐心地指出改正的方向和方法，切忌急躁；对脾气暴躁、行为易受情绪左右的学生，应采取冷处理、商讨式的批评方法。

4. 力求就事论事

老师在实施批评时，要做到就事论事、对症下药，不搞人身攻击，也不以敌对的态度对待受批评者。如果老师处处揭学生的老底，将学生以前的错误累加起来，数罪并罚，或者用侮辱学生人格的办法来批评学生，就会激起学生的逆反心理，他们会拒绝接受批评教育，使老师的心血付诸东流。

5. 批评要实事求是

教师对学生的批评教育，要掌握准确的事实，做到实事求是。有些教师一旦发现学生犯了错误，就不分青红皂白地狠狠批评，"有理三扁担""无理扁担三"，特别是对差生，一出问题，首先怀疑他们。这样做，不但失去了批评的意义，还会引起学生对老师的反感，降低教师的威信。

6. 要掌握批评的语言艺术

老师批评学生时，应多用肯定、启发、开导的语言和语气，巧妙地指出"美中不足"。

有的老师在批评学生时也先用肯定赞扬的原则，但在赞扬之后却来了一个明显的转折，如"你这个阶段进步很快，但是上课时注意力不太集中……"

时间一长，学生一听"但是"就反感，认为老师前面的表扬是言不由衷，只是批评的前奏，其结果是前面对学生赞扬的话根本没有起到作用。

如果我们不用"但是"这一转折词，同样的一句话我们换种说法："你这个阶段进步很快，如果你能进一步抓好课堂听课这个环节，相信你会进步得更快。"

7. 批评之后要安慰学生

心理学上有一种理论叫做"近因效应"，它是指人与人交往过程中，往往最后一句话决定了整句话的调子。

这就告诉我们在批评过程中，难免有些情绪化，但只要结束语妥帖，安慰几句，就能给学生一个好印象。例如，"也许我的话讲得重了一点，但愿你能理解我的一番苦心。""很抱歉，刚才我太激动了，希望你能听进我的话，认真改正，我一定会很高兴的。"有这类结束语使学生感到勉励之意，认为"这番批评虽然严厉了点，但是为了我好"。相反，命令式、惩罚式的结束语，如"听不听由你""如果再犯绝不轻饶"，这些只会给学生留下反感。

总之，批评作为一种较为独特的教育方式，有其独特的技巧，只有根据不同的对象，注意批评的针对性，语善心诚；注意批评的实效性，抓住要害；注意批评的深刻性，心理相容；注意批评的适度性，心悦诚服，就能收到最佳的教育效果。

　　作为教育中不可或缺的一部分，批评教育也有自己的艺术魅力。变换一下形式，它会像习习的春风，温暖学生的心田，让他们愉快地接近批评，改正错误，不是更有意义吗？

名师沟通有效细节之个性评价

评语，传递教师心声的桥梁

> 当教师把每一个学生都理解为他是一个具有个人特点的，具有自己的志向、自己的智慧和性格结构的人的时候，就真到了教师去热爱学生和尊重学生的时候。
>
> ——〔苏〕赞科夫

评语既能成为老师评定学生的一杆标尺和父母了解孩子在校表现的途径，又能成为学生洞悉老师心灵的一种方式。老师的评语就是学生的一面镜子，所有的学生无一不对老师的评语加倍关注。因此，每一位老师都应该尽量写出赏心悦目的、贴近学生心灵的、有教育意义的评语来。

很多学生都曾拿过这种"千人一面"公文式的评语，感到它"极不像自己"，因为它既没有写出自己的优点，也没有指出缺点；既没有针对性，也没有个性，而且毫无感情色彩。这种评语，自然起不到直接教育学生的意义。在以往的学生评语中，几十年来都是诸如"该生关心集体，热爱劳动，乐于助人，学习认真"之类的空泛语句的堆砌，结尾又是约定俗成的"希望今后如何如何"等无关痛痒的话。

因此，作为老师，我们必须改变学生评语空洞、贫乏、言之无物的现状，必须用情、用心、用爱去写出一篇篇只属于一个学生的评语，为学生记录下成长过程中的每一个精彩时刻，才能使其成为拨动学生心灵的琴弦、感人肺腑的诗篇！

这就要求老师对优秀生的评语要公正、客观，富有鞭策力；对中等学生的评语力求扬长避短；而对后进学生的评语则循循善诱，尽可能挖掘出他们身上的闪光点。

你还可以设想一下，如果我们每一份评语只是针对"这一个"孩子而写的，那些与众不同、充满个性化的描述，那些丰富多彩、色彩斑斓的语言也就会自然而然地流淌出来。

 经典案例

南京市长江路小学教师唐文国刚进入教坛时，心里既快乐又紧张，他的脑子里不时地显现出一张张学生的笑脸，还有认真听讲的表情，有大声读书的神态，有回答问题的自信，有快乐玩耍的身影……

唐文国是充满信心和热情地走上讲台的：他对每一个学生都很友好，对学生微笑，用很柔和的声音和他们说话，还常常利用课外活动的时间给他们读文章，讲故事，和他们谈天说地……

但是，唐文国却明显地感觉到：学生们好像并不太领他的情。在课堂上，纪律特别不好，他们总是乱糟糟的安静不下来，有大声的争吵，有刁难的问题，有不怀好意的笑声。尤其是王纳，他说话，离开座位，扔东西，和同学吵架，毫无顾忌。甚至唐文国讲完了某一疑点后，他竟然恶作剧地举手说听不懂，唐文国问他哪儿听不懂，他说都听不懂。放学后，唐文国留下王纳，只是想给他补课，可他竟然头也不回地走了。

唐文国带的那个班很快就成了学校最出名的差班，学生们的成绩十分糟糕，家长和任课老师的意见都很大，校长为此找他谈了好几次话。唐文国的满腔工作热情几乎被浇了个透心凉，他对自己很失望，但仍然决定放手一搏。

五一长假结束的前一天，老师们照例会给学生发放本学期的成长报告，那上面会有老师对学生这学期的总结评语。

这天，教室里气氛很沉闷，每个人都在静静地想着自己的心事——"不知道唐老师会怎么评价自己呢？"

就连平时一向都很调皮的王纳也在琢磨："成长报告要拿回家的……"

终于，唐文国依次给学生们发放了成长报告。

没有多久，整个班级的学生都露出了开心的笑脸。唐文国还听到他们当中有一些人在窃窃私语着：

"这是真的吗？""我从不知道唐老师会注意到我这个！""我不知道老师竟然会这么喜欢我！"……

原来，学生们的成长报告上并没有挑剔、严厉的措辞，唐文国只是把每一个学生独具个性的闪光点记录在上面。甚至于在王纳的成长报告上，唐文国也没有过多的指责。

他是这样给王纳写的："你这个'小家伙'可真是让我欢喜让我忧。我喜欢你打破沙锅问到底的精神，我喜欢你是个天生的乐天派，我喜欢你在课堂上总是能把大家的思路带到一个奇异的地方，我也喜欢你一到台前就是边说边舞的模样。因此不管你在撞伤同学时、捉弄同学时、拖拉作业时，我都期待着你的变化。可是你的'多动症'和上课时非要自己发言的架势令老师担忧。如果你能学会和大家和睦相处、互相帮助、真诚团结，让人欣赏你的机敏，你的亮点；如果再敢于让谦让和宽容在自己心中成长，敢于把他人放在心中更重要的位置，你会是一个更加可爱的孩子，那么你就可以自豪地说：'我是个男子汉！'让我们一起努力，好吗？"

下课后，唐文国走出了教室，但紧接着，王纳便从后边追了上来："唐老师，请等一下。"

唐文国停了下来，微笑着注视着他。

王纳的脸立即飞起了红霞："谢谢你，唐老师！"说完，转身便跑了。

唐文国笑了，他仿佛看到了一丝希望。

果然，从那以后，王纳变了，从课堂上的口不择言到如今的学会倾听，学会合作，学会思考，似乎只费了一昼夜的工夫。

当然，课堂上再也没有学生故意捣乱了。

唐文国至今也不知道，学生们在背后如何讨论他的评语，或是家长们面对评语时有没有惊讶……但这个已经不是重点了。

唐文国的评语像诗，清新、隽永、耐人寻味，寥寥数语抓住了学生个性中的闪光点，唤起了他美好向上的情感。句句评语似霏霏春雨，滋润着满园的花蕾，饱含着真情和爱心，缓和了学生面对家长的尴尬，拉近了师生间的距离，让学生充分理解了老师对自己的厚爱。

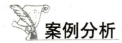 案例分析

唐文国在评语中用自己的真情实感拨动着学生情感的心弦，让学生充分感受到教师对他们的无比关爱，从而打开了师生间相互理解的阀门，赢得了学生对他的尊敬和爱戴。

据《中国青年报》报道，某"教育研究自愿者群体"对教育性评语进行了为期两年的探索和试验。其中，有几个发现值得我们教育工作者深思：

其一，大部分教师，几乎对所有的评语均采用"该生……"的提法，这也几乎成了一种固定的评语写作模式；其二，评语的内容笼统、趋同，用语枯燥、贫乏，语词的重复使用率之高令人惊异；其三，不少学生记得最清晰的、最喜欢的往往是那些最符合、最代表他个性特征的句子。

老师只有使评语从形式到内容都贴近学生心灵，让学生对评语从心灵上产生共鸣，才能理解老师的一番苦心，实现沟通的效果，学生从而才能从行为上做到弃恶扬善，真正达到写评语的目的。

这就要求我们要做好以下几点：

1. 人称应当更换

传统的评语写作模式均采用"该生……"的提法，专家认为，这是一种典型的面向家长的评语，目的是为了让家长了解自己孩子在学校的表现，以便和班主任配合，更好地教育孩子。学生在这里，被视为介于学校与家长之间的"第三者"。

而我们教育的对象是学生而非家长，真正面向学生的评语，无论是语气还是行文都应该使学生意识到，评语是老师对自己的评语，是为自己而写的评语。

因此，老师写评语时可用亲切的、情感化的第二人称"你"代替刻板的、毫无感情色彩的"该生"，以此缩短写评语者与观评语者的心理距离，给予学生默默交流的亲切感、真诚感、信任感。

当学生拿到成绩册，翻到评语栏，第一个映入他眼帘的便是一个亲切的

"你"字，喜悦之情必然溢于言表，他会觉得老师这样称呼他是对他的尊重，是在与自己谈心。这样，他必然会饶有兴致地往下看。

2. 评语针对性要强

一则好的评语，恰似一幅简笔速写，必须通过简单的几笔就勾勒出每一位学生的不同特点，切忌千篇一律。

这就要求老师平时应深入到学生当中，把自己融入班集体中，以班级成员的身份来观察学生，观察他们的志趣爱好，观察他们的性格品行，观察他们的行为习惯。只有这样，你才能了解到比较真实的学生，你才会知道谁较开朗，谁较文静；谁较刚强，谁较软弱；谁较率直，谁较拘谨；谁较有耐心，谁较浮躁；谁较自信，谁较自卑。

只有在你了解到了这些情况以后，当你写评语时，站在你面前的才不会是一个个脸谱化的人物，而是一个个活生生的富有个性特征的学生。

3. 评价要客观准确

写评语，关键要做到客观、准确、公正。老师既要看学生的思想认识，又要看其行为和态度；既要看学生在校内的表现，又要看学生在家庭和校外的表现；既要看学生各自原有基础，更须注意了解一个时期以来学生的发展情况。

评价要掌握分寸，留有余地，既有含蓄的肯定，又有鲜明的指正，切忌走极端，防止简单化。否则，就容易让受到肯定和表扬的学生盲目骄傲自满，使受到批评的学生丧失进步的信心和决心。

例如，有一位学生成绩不好，但是他好动，喜欢打篮球。老师便在评语中给他写道："老师与你相处了一个学期，你在运动场上的形象给我留下难忘的印象，老师相信你在学习和其他方面也能不断'漂亮'起来。"该学生因学习成绩不好，平时十分自卑，但在拿到评语之后，却感动得掉了眼泪。

一则好的评语，应有充实的内容，像一篇含义隽永的短文，像一面熠熠生辉的明镜，语言优雅精致，学生形象鲜明、生动；

一则好的评语，就是一份营养丰富的精神食粮，一份珍贵的礼物，会深深地印在学生的脑海中，久久不能抹去；

评语在整个教育中的作用不可忽视。对学生而言，它是一面镜子、一张"处方"，是老师帮助学生树立自信心的好工具。

　　心理实践告诉我们，一次心灵的沟通远胜过百回的说教。正所谓"种树者必培其根，育德者必养其心"，一段充满温情的文字，必然会激起学生心灵的涟漪，成为连接行为和信念的桥梁。让我们用心去书写评语，用爱去浇灌心灵，用情去描绘未来，让学生们看到自己在成长道路中的发光点！

名师沟通有效细节之隐秘交流

纸条，与学生交流的信鸽

感人心者，莫先乎情。

——白居易

现在的学生，思考问题的角度比较复杂，他们更愿意把自己锁在一个小小的角落里，不让别人窥视到他的内心。有的学生性格内向、不善表达，难以和老师进行面对面的交流。学生的内心世界到底是什么样的？他最近有哪些不正常的想法？他和哪些人有超乎友情的交往？他为什么和其他同学合不来？学生与学生之间的关系到底是亲密还是冷漠？

这些你都无法仅从班级训话、个别谈话中得到明确的答案。这时候，老师或许就可以采取写纸条的方式来和学生沟通，从纸条上窥探学生们的心思，也让学生从你的笔端里读出你对他们的关爱、呵护。比如，当遇到学生犯错时，你不妨采用写纸条的方法："请到我的办公室来一趟，我有事找。"短短一张纸条，避免了当众被叫出去的难堪，也给了学生一个悄然悔过的机会。有一些性格内向不愿意参加各种活动的学生，你可以在他的作业本里写下你对他的看法，并鼓励他充分发挥自己的聪明才智，多多参加一些有益的活动，提高自己的文学或艺术修养。如果你发现某个特别喜欢看书的同学最近表现不尽如人意，就可以送一本他最喜欢的书，并在书里夹上一张小纸条："你最近有什么不开心的事影响了上课的积极性？说出来让老师帮帮你好吗？老师保证帮你保守秘密。"

这些亲切的留言，加上学生熟悉的笔迹，会让学生长久地细细品味，并感到老师就在自己身边，正时时刻刻地关心、爱护着自己。这样一来，学生就愿意和老师分享自己的小秘密，并会同样地通过纸条，向老师打开自己的心扉。

 经典案例

山东乳山市崖子镇中学的王黎辉老师在这方面有着丰富的经验。

新学期刚刚开始，按照惯例，王黎辉重新给学生调了座位。课后，女生苏晴递给她一张纸条，上面写道："王黎辉老师，我不想跟伍克同桌，他上课总逗我说话。您能帮我调开吗？"

王黎辉心想，苏晴之所以这样做，一定是不想让其他同学知道这件事。经过反复斟酌，他决定也用苏晴的方法来答复她。

王黎辉在纸条上写道："苏晴，老师知道你上课特别认真，也知道伍克有些坏习惯，正因为这样，我才想让你帮我管管他。咱们俩一块儿努力，好吗？"

王黎辉把纸条悄悄地递给了苏晴，苏晴看完后，对王黎辉微微一笑，回到了座位上。

以后，伍克几次在课堂上想找苏晴说话，而苏晴不再像以前那样不耐烦地瞪着伍克，而是低声地提醒伍克注意听讲。时间一长，伍克还真的有了不小的进步。

王黎辉发现了纸条的妙处——它能令学生们大胆地说出心里话！于是，王黎辉便试着再次利用起来。

在班会上，他对学生们说："如果你们有事情需要跟我协商，而我又恰恰没有时间，或者你们不便于直接对我说的，你们不妨给我写些纸条，或者直接递给我，或者夹在作业本中，总之，只要我能收到就可以。我是来条必复，绝不遗漏，如有遗漏，你们可以罚我去吻小青蛙！"

学生们笑了起来。

在老师的鼓励下，学生们开始纷纷效仿。此后的每天，那些纸条都把王黎辉的手塞得满满的。

"老师，是你给我勇气和力量使我改正错误。我悄悄地告诉你我又玩了两次游戏……"

"老师，今天我的心情不好，课堂上让你难堪，我这次期中考试没考好，心情糟透了，你能原谅我吗？"

"老师，我觉得××和××坐不合适……"

"老师，今天我的作业没带来，你别批评我，好吗？"

……

虽然，给学生们回复纸条挤占了王黎辉不少时间，可当他一张张地阅读，一条条地回味，听着那小小心灵的窃窃私语，细细地品味着孩子们的喜、怒、哀、乐，还有那没曾公开的秘密，心中真有一种说不出的激动：还有什么比赢得学生的信任更珍贵的呢？

后来，为了扩大战果，王黎辉又想出了一个计策：他在教室里悬挂很多彩带，每根彩带上悬挂很多"心"形果实，每个果实里面都有一张纸条，纸条上写着"怎么办"的内容。如被同学误会了，怎么办？家长做错事，我指出来，他不但不改正，还骂我怎么办？

学生们可以随意摘取"心"形果实，解答问题。谁解答得有道理，谁就可以得到一份"友情贺卡"。

这种办法实施后，问问题的同学多起来了，大家都养成了积极思考的好习惯，班级内开始呈现出一派和谐、轻松的气氛。一下课，学生们便把王黎辉围在中间，无所不谈。

写信传情这种我们日渐忘怀的沟通渠道，竟然在今天的校园中重新焕发出了青春！看来，结绳记事，刻木为号，写信传情，这些记录心灵和思想的东西并不会随着岁月而变老，特别是在当今的高科技社会中，它们更显朴实、含蓄、温婉和动人，因此反而能贴近、触及你我的心灵！

案例分析

王黎辉的纸条留言拉近了与学生的心灵距离，消除了学生的疑惧心理，使学生敞开心扉，推心置腹地说出了心里话。学生毫无保留地释放心灵，与他建立起了超乎寻常的友谊。小小的纸条成为了师生之间的纽带，它架起了师生间交流的桥梁，成了师生之间推心置腹的工具。

青春是快乐的，但同时也充满了烦恼和压力。对于学生而言，他们心中藏着太多的问号，他们有既渴望心理支持又渴望保护隐私的心态。可他们却又存在着许多的顾虑：一怕别人知道内心的秘密；二怕学校老师追究；三怕遭到同学取笑；四怕学校或老师将信息反馈给家长。而传递纸条正符合学生的心意，它相对于直接交流、谈话，避免了学生面对老师的些许羞涩，以及难以张口的尴尬。有些事情确实难以启口，笔头交流就给学生提供了一个更好的私人空间。纸条相对于谈话来说更具隐秘性，能让学生保护自己的隐私。

纸条的形式是多种多样的，纸条上可以是对学生委婉的批评、善意的提醒，还可以是对学生改正错误的真诚鼓励和表扬，老师要根据不同的学生采取相应的形式。

1. 话语尽量委婉，捕捉学生的闪光点

那些成绩较差、爱惹是生非、容易自暴自弃的学生，往往是得不到老师的爱，而自尊心和好面子又令他们不得不与老师作对，所以，公开的示意对他们已经不起作用了。这时，如果你能够悄悄地递给他们一张小纸条，传递给他们一丁点的爱，轻轻拨动他们敏感的心弦，就能令他们鼓起前进的风帆。

小迪行为散漫，纪律性差，经常不交作业。有一次他上课走神，老师发现他正在翻阅自己的写生画册。下课后老师向小迪借看那本画册，他虽然递给了老师，但却显得十分不安。

第二天，老师写了一张纸条夹在画册里还给了小迪。纸条上写着这样一段话："你的画非常漂亮，相信你的作业也将会变得很漂亮。只要坚持，你一定能做得更好。"

小迪后来真的逐渐改正了不良的学习习惯，他开始按时地交作业了，上课的态度也大为好转。后来，老师发现，小迪竟然把那张小纸条做成了书签，一直随身夹在他心爱的画册里。

小小的纸条，没有指责，没有嘲讽，只有推心置腹，情真意切，它能使厌学的同学开始发奋，消极的同学有了朝气。小纸条之所以能给后进生奋发向上的动力，全在于它的私密性和含蓄性。

2. 用格言、警句激励学生

刘颖颖是一名典型的中等生，表扬轮不上，批评摊不着，长期被忽视使她沉默寡言，常常一个人独处。

为了改变她的内向，班主任老师悄悄地递给她一张纸条，上面写着："你是个可爱的女孩，听说你在原来的学校参加学校运动会，800 米跑到第二圈的时候，你不小心摔了一跤，同学们都估计你不会再跑了，你咬咬牙爬起来，坚持跑到底，结果夺得了第二名！而且，我还听说你会歌舞和单口相声。你本是个很棒的女孩子，为什么现在反而不如从前了呢？本周的班级晚会上，我希望能看到你的才艺表演！"

3. 纸条的形式多样、不拘一格

纸条上不一定非得是千篇一律的文字，老师可以在上面画一个太阳，画一颗心，画一张笑脸，总之，只要学生能看得懂，能猜得出老师的意思，任何形式，均可以表现在纸条上。这些别出心裁的表现，可以极大地增加老师对学生的亲和力。

在纸条这种隐秘的交流中，师生间的心与心将会越来越近，一些尴尬的事件总能在温馨和谐的气氛里解决。

让纸条把师生之间的距离慢慢地拉近吧，让纸条成为师生间相互传递心里话的和平鸽吧！

第 二 篇

沟通细节
之
行 为 艺 术

　　国学大师启功对"师范"二字作了精确的解释:"学为人师,行为世范。"意思是说,教师不仅要用自己渊博的学识教育学生,而且要有高尚的品行,光明磊落,成为社会中的楷模。新一轮课程改革强调关注学生的终身发展,全面提高学生素质,从这方面而言,教师的"身教"比"言传"更为重要。本篇对教育沟通中教师在行为方面的做法作了归纳,如肢体语言、课外活动、雪中送炭、聆听心声等,为广大教师在师生沟通中提供借鉴。

巧借集体舆论感化学生

> 教师的聪明才智在于，使孩子们把教师的意图当做自己的意图提出来并加以实行。
>
> ——〔苏〕苏霍姆林斯基

班集体在教育学生时有着独特的功能，有时能起到教师与其他教育方式所不能代替的作用。比如，有的学生屡教不改，教师这时就可以利用集体的舆论，让学生感受到集体对自己的关注与监督，使其心灵受到震撼，最终被感化，自行纠正错误。

在教育学生时，有的教师在语言上对学生强调"个人离不开集体"，但在行动上却很少把自己的教育意识同学生的集体舆论融合在一起。学生无论受到表扬还是批评，都似乎只是老师个人对自己的评价，感受不到集体舆论的存在，产生不了"同学们这样表扬我，我一定争取更大进步"或"我又犯错误了，真对不起集体"的思想感情，这样的学生很难获得集体主义道德体验。

如果教师善于创造出集体舆论，把自己对某一学生的关心、表扬、批评，转化为班集体对某一学生的关心、表扬、批评，学生会真切地感到集体的存在，感到自己与集体融为一体、不可分割的联系。因为自己的一言一行都影响着集体，同时也受到集体的注视：有了进步，他会赢得全班同学鼓励的掌声；犯了错误，他会感到全班同学谴责的目光。所以，高明的教师总是把自己的教育意愿以集体舆论的形式表达出来，通过集体去影响每一位学生。

经典案例

中小学教育专家、著名特级教师和班主任、成都武侯实验中学校长李镇西就是一位高明的教育者，他非常善于用集体舆论教育学生，通过这种沟通方式来达到转化学生的目的。

在李老师的班里曾有一个叫小志的学生，他特别不爱学习，脾气也很怪。高兴时你跟他说话，他还讲点道理；不高兴时，你跟他说再多话，他都不理你。

小志经常完不成作业，特别是语文。李老师找他谈了几次话，他每次都低着头，没有一点反应，让他补作业，他就哼哼哈哈地敷衍。

这个学生是怎么回事？李老师看着站在自己面前无动于衷的小志，心想，一定要想个法子来打动他这颗麻木的心。怎么打动呢？自己谈了几次都不见效，这种沟通方式肯定是不行了，看来得另想办法了。他回头望望教室里正在认真早读的学生，突然，一个计划在他的脑海中显现。

"你回教室吧！"李老师平静地对小志说。

小志有点诧异，但还是若无其事地走了。随后李老师也走进教室，他在黑板上飞快地写下了两行字："小志，我为你难过""小志，我为你高兴"，两个题目工整而醒目。写完后，李老师平静地对学生们说："今天的早读，我们来练练笔，题目就选这其中的一个。"

开始，学生们有些不明白什么意思，但稍加思索，大家立刻明白了意思，学生不约而同地选了"小志，我为你难过"这个标题。片刻，教室里响起了"刷刷"的写字声。小志对李老师的做法有些摸不着头脑，看着同学们都在埋头写字，他也"坚持"不住了，拿出笔来，慢慢地写了起来。李老师慢慢走到他身边，看到他的本子上写着"小志，我为你难过"。

大约20分钟后，学生们都写完了，早读也正好结束，第一节恰好是李老师的语文课，他对学生们说："写完了不要交，语文课上我们进行交流。"铃声一响，交流会就开始了。

"同学们，你们谁愿意把自己的话跟小志说说？"李老师说。

大家都低着头，沉默占据了整个课堂。

"小霞，你先来吧。"

李老师之所以点名让小霞先说，是因为李老师刚刚看过小霞的文章，觉得她写得很感人。

"小志，我们已经同学两年了。我还记得，你入学时，是你妈妈哭着求了校长、老师，学校才把你留下来的……"小霞的话一出口，小志那一向无动于衷的脸上，闪过了一丝愧疚。

"你爸爸妈妈为了给你交学费，每天起早贪黑修车，可你呢？你爸爸妈妈是多么爱你，比起我来，你是多么幸福啊！我从小就失去了母亲，我现在的妈妈又得了重病，再也没人关心我了……"小霞读得声泪俱下，小志的眼睛已经湿润了。

接下来，许多学生自发地站起来读自己的文章。

小佳说："我以前认为你是个不错的同学，别人说你坏话时，我总是维护你，可现在……"

小敏说："小志啊，你记住：花有重开日，人无再少年。"

正当同学们争先恐后地说出自己的看法时，小志举手向老师示意。李老师走了过去，小志一改平时说话的语气，用低低的声音说："老师，我想说说我的心里话，行吗？""行！"李老师心中一喜，这不正是自己想要的嘛！

"其实我也很想在上课时认真听讲，我也想完成作业，但我听不懂，也不会做……我感觉很孤独，身边没有朋友……"小志刚一说话，泪已成行。

教室里顿时安静下来，同学们显然被他的话感动了。过了一会儿，大家纷纷说道："小志，我愿意成为你的朋友，但以后你一定要好好学习！""小志，以后有什么不懂的就问我。""小志，我们在一起学习，一起玩。"

站在一旁的李老师也被学生们的真情实意深深地感动了，眼眶有些湿润："小志，有什么不懂的，你可以随时来问老师，老师愿意帮助你，千万不要憋在心里。"

小志点了点头，带着泪花笑了。从此，小志的态度来了个一百八十度的大转变，每节课都挺直了腰板听课，作业虽不能完全做对，但看得出是用心去做了，也不再形单影只、独来独往，常与同学说说笑笑，脸上的笑容越来越灿烂。

还有一次，下午自习课，李老师一进教室，就有一个男生向他反映："小江和小松老是给同学起外号。""他们俩给好多同学都起了外号……"顿时，班里乱了起来。

李老师听后，没有生气，而是走上讲台，声调平和地说："被起了外号的同学，能不能谈谈自己的感想呢？"话音刚落，学生们就热烈地议论开了，争先恐后地要求发言，有的说："给我起这样的外号，我太气愤了。"有的说："给同学起绰号的行为是不礼貌的。"

听着同学们激烈的讨论声，给同学起绰号的小江和小松羞愧地低下了头。看到讨论效果已经显示出来，这时，李老师及时加以引导，总结学生们的发言并得出结论："褒义的绰号虽然无伤大雅，贬义的绰号却容易伤害同学的自尊心，有损同学之间的友谊，可以说，取绰号是一种不尊重人的、不礼貌的行为。"

话音刚落，小江、小松便懊悔地说："李老师，我们再也不给同学起外号了，我们错了。现在向大家保证，以后再不给同学起外号了。"

李老师带头为他们鼓掌，接着又说："同学们，他们已经认识到了自己的错误，也有改错的决心，我们能不能原谅他们呢？"

"能！"全班同学齐声喊。一次本来可能引起学生之间矛盾的危机就这样被李老师利用班集体的力量轻易化解了，同时也让大家明白了取绰号是一种不文明的行为。

小志，一个有厌学情绪的学生，老师多次劝说都无效；小江、小松，调皮捣蛋，喜欢给同学起外号。可以说，他们都属于老师不喜欢的学生。一般情况下，对于小志这样的学生，老师很难再有耐心劝导，而小江、小松这类爱起外号的调皮学生，简单的说教根本起不到遏止的作用，他们都属于难于沟通、让老师头疼的学生。但李老师没有大费周折，他只是通过全体学生集体舆论的力量就打动了小志那颗麻木的心，让他的学习态度有了完全的改变；小江、小松也通过同学的讨论，了解到被人起外号的难过心理，心灵受到触动，主动提出改正缺点。

案例分析

对于一些沟通起来比较困难，通过平常的教育手段不能见效的学生，我们可以学习李镇西老师，利用集体的力量感化他们的心灵。学生们动情的述说和真挚的呼唤往往具有神奇的效果，在他们的心灵上引起强烈的震撼。李老师认为，运用集体舆论对学生进行沟通教育是一种高超的艺术，班主任要学会运用。至于集体舆论健康与否，关键在于教师是否善于引导。而这里的"引导"绝非"说教"，而是"转化"——巧妙地将教师本人对某一学生、某一事件的褒贬转化为集体舆论的褒贬。

怎样运用集体舆论达到良好沟通的目的呢？

1. 将个人的赞赏转变为集体的赞赏

一次，李镇西老师上公开课，按平时惯例，他本来应该依学号顺序抽一名学生来进行课前"一分钟讲演"。但直到上课铃响起时，李老师还在犹豫：今天的公开课是否取消这个节目？因为今天的讲演人是小凤，她是一个说话结结巴巴的胆小女生。一旦她说不好，就会影响李老师的讲课效果。

正当李老师犹豫不决时，一向胆小的小凤竟然举起手用发抖的声音说："李……老师，今天……该我……讲演……"无奈，李老师只好让她走上讲台讲演，内容是报告当天的新闻。小凤讲演时跟平时一样结结巴巴，只是声音比平时稍大一些，而且看得出来，她事前是做了相当认真的准备的。仅凭这一点，李老师觉得自己就应该鼓励她，而且他相信小凤也会从中受到鼓舞。

正当李老师准备热情洋溢地表扬她一番时，脑子突然转了一个弯："何不把自己个人对她的表扬变成全班同学对她的赞赏呢？"于是，李老师有意问全班学生："比起过去，小凤同学的进步大不大啊？"

"大！"学生们异口同声地回答。

"好！那就让我们以热烈的掌声对小凤的进步表示祝贺！"教室里顿时响起了一片掌声。

来自同学的鼓励使小凤深受鼓舞，从此以后她在课堂上主动发言的次数越来越多了。

小冲是一个性格自卑的留级生。一次,他生病很长时间后回到班里上课,他刚进入教室坐下,李老师就对大家说:"同学们一直惦记的小冲同学终于又回到了我们的集体中,这真是一件值得庆祝的事!"大家听了李老师的话,立即对小冲报以热烈的掌声。

就这么几秒钟的时间,小冲却获得了巨大的精神享受。回到班上的当天,他主动承担了打扫教室的任务。

还有一次班务课,李老师正在给学生们读小说,刚参加完入团宣誓的小建、小勇戴着团徽从教室后门悄悄地进来了,这次李老师没进行任何启发和暗示,已有默契的全班学生不约而同地为他俩长时间地鼓掌,以示真诚的祝贺。

本来属于李老师一个人对某一学生的表扬和赞赏,却在李老师的刻意为之下,全班学生为之进行鼓励,使受表扬的学生切实感受到了班集体的温暖和关心,这种集体的力量要比李老师一个人的夸赞来得更有效果。

2. 借助集体谴责班级不良现象

集体舆论不仅包括赞赏、欢迎,有时候也包括集体对某种不良现象的谴责。这就需要教师巧妙地引导大家,控制好言论,不要过激,以免出现负面效果。

一次,李老师班里的学生自愿捐款买了一个开水保温桶。学生捐钱与否、捐多捐少都出于自愿。虽然从表面上看保温箱纯粹是解决学生的喝水问题,而在李老师看来,它将时时刻刻发挥出对学生的集体主义教育作用:灌开水,擦保温桶,当水不多时先让别人喝……这些微不足道的小事无一不反映出学生对集体、对他人的爱。

保温桶刚买回来的时候,考虑到学生年龄太小,李老师便每天为他们提开水往保温桶里灌。但到了初二,李老师决定把这个任务交给学生自己做。本来他可以按学号排序让学生轮流服务,也可以安排班干部或者小组长来做这件事情。但李老师认为,班级中应该有一些事情由学生自愿去做,这有利于培养学生自觉为他人奉献、为集体尽责的精神。于是,他在班上强调,每天往保温桶里提开水的事完全由学生们自愿去做。

结果,有很多学生都自愿去提开水,每天把保温桶灌满。有时为了争着去提开水，学生之间还吵着抢桶呢！

于是，李老师便常常借保温桶里的水教育全班学生："我们因为有了默默无闻为集体服务的同学而感到幸福。"学生们也从一杯杯的热开水中体会到了班级的温暖。由为保温桶提水而产生的"保温桶效应"，时时刻刻在无声地感染着班里的每一个学生。

那么，是不是每一个学生都曾为集体提过水呢？凭着对学生的了解，李老师认为肯定会有学生"不劳而获""坐享其成"。这样，一部分学生无私奉献，客观上便纵容了另一部分学生的自私懒惰。怎么解决这个问题呢？

之后，在一次班会课上，李老师对学生们说："请喝过保温桶里水的人举手！"于是全班学生都举起了手。

然后他又接着说："请曾经为保温桶提过水的人举手！"这次只有大部分学生举手了。

"那么，这就说明还有一些同学从来没有为保温桶提过水，却在享受着别人提供的服务喽？"李老师就这么淡淡的一句话，却让少数学生低下了头。

"请同学们记住卢梭的一句话——任何一个不做事的公民都是贼。"李老师没有多加批评，但这两次全班学生举手和他引用的卢梭名言，却自然而然使那一部分没有提过水的学生感到了惭愧，并受到了教育。

还有一次，一个叫小华的学生要转到李老师的班，小华耳朵有些聋。为了防止小华来到班级后受到班里个别调皮学生的嘲笑、歧视甚至辱骂，李老师决定结合班里曾经出现的一系列不尊重同学的现象，准备以小华来班里为契机，对全班学生进行一次"学会尊重"的教育。

在小华到班级的前一天，李老师在班上先念了一则小杰写的日记。小杰在日记中对班里有些同学骂小海为"乌鲁木齐猪"提出了批评。他写道："回想在日本帝国主义侵略中国的时候，日本鬼子骂中国人是'猪'。现在，居然有人骂自己的同班同学是'猪'，这岂不是和日本鬼子一样了吗？"

念完小杰的日记，李老师借题发挥道："己所不欲，勿施于人。每个同学将心比心想一想，如果你被别人辱骂又作何感想？尊重别人，就是尊重自己。谁不愿生活在一个充满真诚友爱的集体中呢？而这样的集体正需要每一个人来创造啊！当然，辱骂、嘲笑别人的同学可能只是随口说着玩，但是你的'说着玩'会给别人带来很大的痛苦。"

他停了一下，对正静静沉思的全班学生说："承认错误是改正错误的开始。请开学以来说过不尊重别人的话的同学举手！"

似乎犹豫了片刻，一只手举起来了，接着有了两只手，很快地，相当多的学生举起了手。

"我很高兴这些同学有承认错误的勇气。请把手放下！"李老师又开始把话题往小华身上引，"实验班有位同学叫小华，因小时候患病吃药过量，造成耳朵有点聋。学校决定让他转到咱们班来，可是我迟迟不敢让小华过来，因为我担心……"

聪明的学生们立刻把李老师的话截断了："不会的！不会的！李老师不用担心，我们不会欺负他的！相信我们吧！"

小伟说："小华耳朵不好，让他坐前排吧！"

小雷说："我们给他开个欢迎会！"

小雅说："我把我的桌套送给他。"

对于学生的反应，李老师感到很高兴，他接着说："小华虽然有轻微的残疾，但我们的确不应歧视他，而应给他更多的爱。据我所知，小华本人是很乐观的，他的学习成绩也不错，大家还应向他学习。实际上，古今中外许多残疾人都成了杰出的人物，如苏联的奥斯特洛夫斯基、美国的海伦·凯勒，他们都受到世人的尊敬。我希望咱们班的每一位同学，从尊重小华同学做起，让我们的班级充满爱心！"

第二天，小华来了，他走进教室，迎接他的是一张张温暖的笑脸和一阵阵热烈的掌声……他的眼里闪出激动的泪花，因为，他看到的是一个对他张开热情怀抱的班集体，他感受到了来自集体的友爱。这对于他来说，是非常重要、非常美好的。

在一些班级，总有一些口齿伶俐、头脑聪明、精力旺盛的学生，喜欢嘲笑、讽刺别人身体或性格上的某种缺陷，并以此为乐。对于这种不良现象，老师很难——去批评这些学生，李老师就巧妙地借助班集体的力量，将某种现象提出来，通过引导，让大家对这种现象加以警惕，并自我纠正。虽没有一句批评的话语，却通过班集体对某些学生甚至全班学生起到了教育作用。

3. 借助集体舆论感染个体学生

小齐是个品德不太好、纪律差、成绩很不理想的学生，于是他自认为不可救药，自暴自弃、不求上进。针对这一现象，某班主任决定发动全班学生的力量做他的转化工作，用集体的力量和学生真诚的友谊去引导他、感染他，唤起他奋进的决心和进步的勇气。

班主任事先布置，让学生们尽力去发现小齐的优点并记录下来，为此，他还专门开了"寻找小齐同学身上的闪光点"的主题班会。会上，学生们各抒己见，有的说在上次学校组织的劳动中，他最卖力，汗流满面还争着干；有的说，在一次自习课上，有个学生把小黑板碰掉在地，他抢先跑了上去，主动将黑板拾起来挂好……听着同学们的夸奖，小齐的脸上露出了微笑。之后，小齐明显变得积极起来，在大家的帮助下，他终于成为一个遵守纪律、学习奋进、关心集体的好学生。

这就是集体舆论的力量。"众人拾柴火焰高"，一个人的鼓励终究没有众人的鼓励来得更强烈，更能让人感到心灵的震撼。因此，与学生沟通交流，教师要懂得借用班集体的力量，感染学生，感化学生，以致转化学生。

名师沟通有效细节之因材施教

因人而异，让沟通更具针对性

> 教育工作的实践使我们深信，每个学生的个性都是不同的，而要完成培养一代新人的任务，首先要开发每个学生的这种差异性、独立性和创造性。
>
> ——〔苏〕苏霍姆林斯基

服务行业对服务人员有这样一项要求：不同对象、场合，要有不同应答。为什么这样要求呢？因为不看对象、场合，千篇一律的应答是一种失礼的行为。例如，服务人员对一个孩子说："先生，你要哪种饮料？"孩子肯定会不知所措。其实，在这种场合问一句"你喝什么？"不是更通俗易懂吗？这就是说，语言交流要因人而异。同理，教师与学生沟通也要因人而异。

黄沙如海，找不到完全相同的两颗沙粒；树叶如云，找不到完全相同的两片树叶。从严格意义上讲，世界上没有两件事物是完全相同的，它们之间总是存在着这样或那样的差异，大至一颗星球，小至一粒尘埃。

既然世界上每个事物都是独一无二的，那么作为各种复杂的自然关系和社会关系总和的人，那就更不同了。学生正处在生理、心理成长阶段，每个人的性格千差万别。教师在与学生沟通时，应针对他们不同的个性，采取不同的方法。在充分了解学生的个性特点后，我们才能选择适当的沟通方法，达到预期的沟通效果，从而引导学生进步。

经典案例

杨景朝是宁夏银川第十中学的优秀教师，每当学生犯错或与学生有事交流时，他都根据因材施教的原则，对不同性格的学生采用不同的沟通方式。

案例一：

小建是一个脾气很暴躁的学生，什么事只要不合自己的心意就会大吵大闹，对老师也有敌对情绪。

有一次，小建和一个同学打篮球，因为那位同学的犯规而不小心把自己的眼镜弄坏了，那位同学要他赔偿，两人因此吵起来，暴怒之下，小建还动手打了那位同学。杨老师知道后，把小建找来谈心。

回到办公室，小建以为杨老师肯定会批评他，所以一副"横眉冷对"的样子，但杨老师却用轻柔的声音对他说："小建，老师知道你一定是受了委屈，老师会帮助你的。"可能是杨老师的态度让他感到意外，抑或是杨老师那句话让他动了心，小建的情绪平静了下来。

杨老师首先对小建的过激行为给予了理解："他的眼镜弄坏了他也有责任，但是同学之间发生矛盾应该会有很多解决的办法，用武力是万万不行的，万一打伤了他怎么办，你想过后果吗？"

小建轻轻地说："要坐牢。"杨老师接着说："下次遇到解决不了的矛盾可以来找我，我会帮你一起想办法的，好吗？"

小建点了点头，并且说从来没有老师对他这样说过话，他下次有事一定会控制脾气。之后小建特别听杨老师的话，上他的课也很认真。杨老师对他的进步给予了表扬。小建的字写得特别好，于是杨老师让他当宣传委员，并对他说："现在你是班干部了，每件事情你都要做好表率，特别是你要控制好自己的情绪，不要乱发脾气，否则其他同学不会服从你的。还有，不能只听我的课，其他学科同样重要，你要学会先接纳老师，才会喜欢听他的课。"从此，小建干每件事都特别认真、负责，对同学也友善了很多，上课也很积极。在他的带动下，班上的课堂气氛、学习风气有了很大的进步。小建还被评为"优秀班干部"。

案例二：

小东，一个性格倔犟的学生，喜欢独来独往，不太愿意跟同学一起玩，比较孤僻。有一次，历史老师来到杨老师跟前，手里还拿了根棍子，气愤地说道："你看看你班的小东，跟同学闹矛盾，竟连我的话他也不听，还说'我就打他了，您怎么着，要不您也拿棍子打我呀！'"说到这，历史老师的手都气哆嗦了。杨老师赶紧说："您别生气，交给我处理吧。"杨老师马上让学生把小东叫到办公室里来。

一会儿小东来了，连报告都没喊，径直来到杨老师身边，把脸一扬，梗着脖子，眼睛看着远处，一副不屑一顾的架势，好像在说："什么样的暴风雨我都不怕，来吧！"

杨老师知道他来了，但却故意伏在案上假装备课。过了几分钟才抬起头来，什么都没说，而是用眼睛盯着小东。

这样足足盯了三分钟。对于杨老师的态度，小东显然有些出乎意料，他变得有些不自然了，眼睛开始环视房顶。杨老师仍然盯着他，又有一分钟，此时小东的鼻子上已经渗出了一些汗珠。杨老师知道小东的防御长城开始动摇，是"出击"的时候了，于是他开始发话，但语调依然是平和的："和同学闹矛盾在所难免，亲兄弟还可能打架呢。你说是吧?"

小东没有出声。杨老师继续说道："但你忍心拿这么粗的棍子打在你亲人的身上吗？我相信你不忍心，因为你也是个有血有肉的男子汉。不是吗?"此时小东已经没有了刚进来时的那份咄咄逼人的气势了。

"老师就像你的父母，而你们就像是老师的孩子，哪一个受伤老师都会心疼的，老师又怎么忍心拿棍子打你呢？你知不知道，当你说出那样的话时，老师有多痛心吗?"这时的小东早已低下了头，眼泪在眼眶里直打转，但倔犟的他强忍着没让眼泪流出来。

看到沟通已有效果，杨老师最后说道："老师会有偏心，那就是偏向理。你懂吗?"小东点了点头。杨老师站起身来，上前轻轻拍了拍他的肩膀，鼓励地说："男子汉，能屈能伸，去做吧，向老师道个歉！"

这时，小东把头抬起来，对杨老师深深地鞠了一躬。然后轻步走到历史老师跟前说了声："对不起，老师，我错了。"

看着诚心诚意道歉的小东，杨老师欣慰地笑了。从此以后，杨老师给予小东更多的关注，只要他有点滴进步就适时适度地给予鼓励，渐渐地小东的朋友多了起来，脾气也越来越好，不再那么倔犟孤僻了。

案例三：

小慧是杨老师班里的一名女生，别看她的名字是十足的女孩名儿，但行为举止却特别不像女孩，非常粗俗，甚至让很多同学都尴尬。比如，有同学热情地跟她打招呼："小慧!"小慧的反应是："干什么？有话就说，有屁就放!"

一次自习课，杨老师看见她用尺子不断撩拨其前排男生的头发，于是走到她面前示意她安静；又一次晚自习，全班学生都在安安静静地看书、学习，唯独小慧站在另一男生桌前手舞足蹈。杨老师上前对着她亮出手表——示意她已到自修时间——她才很不情愿地回到自己的座位上。

这个小慧也太调皮了，看来必须要跟她聊聊了！不然，总是让她这么懒惰、无所事事、涣散松懈下去，迟早有一天会害了她。于是，有一天下午放学后，杨老师把小慧叫到了办公室，态度和善地让她谈谈对新集体的印象和感受，并谈谈她自己的学习目标。小慧兴致高昂地大谈自己的看法和目标理想。杨老师对她的目标表示赞赏，赞扬她的目标远大，但同时也指出，要实现这些目标，必须先养成良好的生活习惯和学习习惯。

听到老师夸自己立志高远，小慧很兴奋，信誓旦旦地表示一定会努力改变自己的坏习惯。

本以为这次谈话有了实质性的成效，没想到第二天晚自习，小慧的表现令杨老师大跌眼镜：过几天全年级要进行测验，全班学生都处于备战状态，只有小慧开着个微型收音机，如处无人之境，忘情地哼着小曲。周围的同学无奈之下，都背向她，用手捂着耳朵……

看到这个情景，杨老师非常生气，同时他也意识到：对小慧这种既聪明又调皮的学生，总是采用"和风细雨"式的批评教育方式已经不能奏效，不给她猛地一"激",是很难使她"回头"的。

机会很快来了。又是一节自习课,杨老师正在办公室备课,纪律委员慌忙来报告:小慧搅得"左邻右舍"不得安宁。杨老师快速来到教室,走到讲台上,很严肃地说道:"我从来不是那种'一个同学犯错误,让全班同学吃药'的老师,但是,如果有同学犯了错误,老师不在这里提醒大家引以为戒,那照样是老师的失职!开学以来,我还没在这个讲台上批评过任何同学,但是,今天我要在这里严厉批评小慧同学……"最后杨老师语调一转,很诚恳地说:"其实,小慧是个很聪明的同学,如果她能扬长避短,她完全可以成为我们班的骄傲!"

几天后,杨老师向学生了解情况,学生都反映说:"效果特别好!从来没见她像现在这么认真过!"另一名学生说:"老师批评得非常及时,这几天的自习课特别好!"

一个学期过去后,小慧成为杨老师班里最活跃又最刻苦的学生之一。不但对老师尊敬,而且和同学处得也很好,再没有了那种粗俗不堪的举止。

小建、小东、小慧三个暴躁、倔犟孤僻、调皮而又聪明的学生,杨老师没有采用同一种沟通方式,而是针对不同学生采用不同的沟通方法,最后都收到了不错的教育效果。

案例分析

杨老师教育学生时,有着良好的沟通艺术。他对学生的个性都了如指掌,所以当学生犯错后,杨老师不像有些老师态度生硬地批评一顿或一律采用鼓励、委婉式的沟通方式,而是针对学生性格、脾气、兴趣各有所异,对症下药,一把钥匙开一把锁。

比如,在教育聪明而又调皮的小慧时,一开始杨老师仍然采用了现在比较常用的"和风细雨"式的沟通方式,但这种温和的方式显然不适用于小慧,她虽然信誓旦旦地答应杨老师改正缺点,但这只是在敷衍杨老师,或者是一时兴起所致,之后该怎么样还怎么样,因为谈话并没有触动到她的心灵。当意识到方式错了以后，杨老师及时改变方式，在课堂上当场指名批评小慧错误的做法，最后再提出自己的期望。这样一"激"有了成效，小慧翻然醒悟，从此一心向上，成为班里出色的学生。

这就告诉我们，在与学生沟通时，要针对不同的对象，选择不同的沟通方式。如某班主任，当他听班上的学生说班里有一个女生偷了别人的东西时，二话没说就当着全班同学的面严厉地批评了她，而且还叫她到办公室里说清楚。这名女生来到办公室后，班主任又是一顿严厉地批评。这名女生一语不发，浑身发抖。班主任这才意识到自己的方式错了。他因为一时冲动没有注意到这个女生是一个性格内向、孤僻，平时很少和同学说话交流的学生，错误地选择了当众批评的方式，结果这名女生无法承受这种压力，产生了对抗心理。试想，这种沟通怎么会顺利呢？

说明，对不同的学生采取不同的沟通方式，是教师需要掌握的一种沟通技巧。这种沟通艺术的实质，是倾听的艺术，同时也是认同的艺术。

一方面，我们要学会倾听。

倾听是沟通的前提，我们应该倾听不同学生的诉求。因为它不仅可以满足学生自尊的需要，减少他们自卫与对抗的意识，还为继续沟通创造了有利的条件和氛围。这一过程是我们老师深入了解学生的过程，也是我们准备做出反应的过程。当然，和不同的学生沟通，我们并不只用耳朵去接受信息，还必须用心去理解，真正做到耐心、虚心和会心地听。

耐心地听，是指在学生说话时，教师应该表现出很好的耐心。即使他们所讲的事情自己已经知道，为了尊重学生，教师还应该耐心地听下去。特别是学生申辩时，我们不能粗暴地随意打断，应该让他们完整地把自己的思想表达出来。虚心地听，是指在不同的学生讲述自己的看法时，教师不能中途打断或妄下判断，即使学生说得不对，也要在不伤害他们自尊的前提下，以商讨的口气提出相应的看法。而会心地听则是更高的境界。教师应该学会听不同学生的话外之音，善于捕捉他们背后的真实意图。

倾听的艺术是教师与不同的学生进行沟通时必备的基本功，是教师对沟通结果做出相应判断、进行有效处理的前提。

另一方面，教师要有认同意识。

我们教师应该设法寻找与学生谈话的共同语言，以求得心理上的接近与趋同。这是教师与不同的学生进行有效沟通的基础，我们只有找到共同点，才能缩短双方的心理距离，为进一步交谈创造和谐的气氛。

不同的学生有不同的问题，我们教师应该设身处地地为他们着想。我们可以绕开他们的敏感话题，真诚地为他们解疑，进行层层分析。当他们觉得老师的确在为他们着想时，他们的精神就会处于放松的状态，会较为客观地理解和评价教师的看法、观点。这样，教师与学生沟通的目的就容易达到。这就是认同艺术的效果。

那么，怎样因人而异地进行沟通呢？

1. 对失意的学生——鼓励式沟通法

例如，有一名学生的学习成绩很出色，总是排在班级的前三名，可是在最近一段时间里，他的学习没有以前那样扎实，在考试中，他的成绩明显下降了。这时，我们老师首先应该明白学生这样的心理：他们对自己最近的表现感到懊悔，希望能够得到老师的理解。

在和这样的学生沟通时，教师一方面要帮助他们查找成绩下降的原因，另一方面要鼓励他们放下思想负担，继续努力，抓紧学习，弥补学习上的欠缺。

教师可以对他们说："这次试题有一定的难度，虽然你的成绩距离老师的期望还有一定的差距，但是你已经很不错了。只要你学习再扎实一点，你的成绩一定会更理想的。"而不能说："你这段时间不用功，怎么会有好成绩呢？"这种带有批评语气的话，会伤害他们的自尊心，不但不能让他们从教师那里得到帮助，相反还会增加他们的心理负担。

2. 对自负的学生——提醒式沟通法

自负学生的表现心态是充满自信，往往看不到自己的缺点。与这类学生谈话可采用提醒式。在肯定他们成绩的同时，用暗示的言辞，较为含蓄的语言，指出其自省点，从而使学生能意识到老师的意图，正确估价自己，扬长避短，向新的目标奋进。

3. 对双差的学生——对话式沟通法

学校的双差生是教师不太喜欢、容易忽略的一部分学生，他们在班集体内往往自感抬不起头来，情绪低落，意志消沉，沉默寡言，怕提旧事，表现出防御心理和对抗心理。与这类学生谈话应采用对话式的方法。老师要通过各种不同形式的场合，把握学生心理，用说理性强的内容，较严肃的语言和果断明快的语调来教育他们。既要挖掘他们的优点，树立"抬起头来走路"的信心，还要具体地带动他们寻找进取的途径和方法。

4. 对中等成绩的学生——触动式沟通法

在每个班级，中等成绩的学生占大部分，他们处于中间状态，自认为"比上不足，比下有余"，"100分太难，20分太悲，60分最好"。因此表现拼搏精神差，缺乏前进的动力，对什么都抱着无所谓态度。对这部分学生教师应采用触动式的谈心方式，以"刚"克"刚"，启发他们的思想，打气鼓励，使其猛醒。但这种"触动"不是居高临下的，而应掌握分寸，就像孔子所言，"温而厉，威而不猛"，也就是温和而又严肃，威仪而不猛烈，使学生能心悦诚服地接受。

5. 对屡教不改的学生——冷处理式沟通法

由于教师在学生心目中所处地位的特殊性，在某种特定的沟通环境中，教师适时的沉默会表现出一种自信心和力量感，能使学生产生一种无形的心理压力。也就是说，教师有意识地沉默是一种很有效的批评和暗示的冷处理方法，而这种方法对某些学生来说往往更具有说服力。

这样的方法比较适用于那些屡教不改的学生。例如，有名学生经常沉迷于网吧，家长费尽心机也没办法扭转。某班主任在网吧找到这名学生时，并没有严厉地批评他，而是用严肃的目光默默地盯着他看。那名学生心里发虚，闷声不响地跟在班主任的后面回到学校。

在回来的路上，班主任一句话没说。在以后的几天里，班主任也没有找他谈话。这使得那位学生心事重重，最后终于憋不住，跑来问班主任："老师，你什么时候批评处分我啊？"

班主任笑了笑说："现在你都不去网吧了，还让我批评你什么呀？"

听到老师这么说，这位学生如释重负地笑了。

另外，性格倔犟暴躁的学生有时也适用这种沟通方法。这类学生脾气没来时很懂事理，脾气来了会情绪激动，容易产生逆反心理、偏激行为。对于这类学生犯错后，老师不能急于求成，马上批评，必须克制自己的情绪，拖一段时间，等犯错的学生情绪冷静下来，再有针对性地、平心静气地讲清道理，做到晓之以理，以理服人。在批评的过程中，最忌正面冲突，而应避其锋芒，从侧面进行疏导。这样既避免了师生发生正面冲突，又留给了学生改正错误的机会。

6. 对内向的学生——耐心询问法

有的学生性格比较内向、不善言谈，我们教师和他们沟通时应该找到正确的方法，否则会出现无法交流的尴尬场面。这时，我们的耐心询问会起到很大的作用。因为，这类学生比较害怕与人交流，好像把自己给束缚、封闭起来了。如果我们询问的语气亲切些，态度和蔼些，就会让学生解除一定的顾虑，并愿意和我们沟通。

单独地与这类学生沟通交流是最好的方法，因为这可以取得他们的信任，而有了信任，学生的心扉会自然而然地向老师敞开，愿意和老师倾心而谈。在沟通的过程中，就学生所谈的内容我们老师应该及时给予肯定，并为他们指明努力的方向，给他们动力，使他们能够从自我束缚中走出来。

7. 对外向健谈的学生——争论辩答法

有的学生性格比较外向，也很健谈。与这类学生沟通时，我们教师采取争论辩答的方法比较容易被他们接受。在和他们沟通前我们要做一番必要、充分的准备，尽最大可能把他们所要述说的理由都列清楚、理通顺，并做好反驳的充分准备。

当然，和学生争论辩答，并不是说教师和学生像开辩论会似的那样激烈，而应该尽可能多地让学生发表意见，让他们在与教师的争论中明白道理，最终达到以理服人的目的。

8. 对偶犯错误的学生——参照沟通法

有一部分学生平时表现还不错，但由于受某些客观环境的影响，或家庭受到波折和困难，或自己遭到某些刺激和打击，使思想产生变化而犯错误。这种学生往往会表现出懊丧心理和惶惑心理，自尊心减退，缺乏信心。此时，老师应当采用参照式的形式找他们谈心，用"横向"和"纵向"对比，使他们能够认识到自己犯错误的原因，引起反思，放下包袱，增强信心。

古人云："治人如治病，得其方，药到病除；不得其方，适得其反。"与学生沟通交流，我们基本上也是为了"治病救人"。学生个性不同，对教师批评教育的心理承受力也有强弱之分，所以，我们与学生交谈的时候，采用的方法不能千篇一律，不仅要"对症下药"，还要"量体裁衣"，如此方可收到实际效果。

名师沟通有效细节之面带微笑

让微笑绽放在学生的心田

> 微笑，它不花费什么，但却创造了许多成果。它丰富了那些接受的人，而又不使给予的人变得贫瘠。它产生在一刹那间，却给人留下了永久的记忆。
>
> ——〔美〕卡耐基

很多人在提到教师时，总会与严肃、不苟言笑联系在一起。其实，微笑的力量才是无穷的。捷克教育家夸美纽斯曾说过："孩子们求学的欲望是由教师激发出来的。假如他们是温和的，是循循善诱的，不用粗鲁的办法去使学生疏远他们，而用仁慈的感情与言语去吸引他们；假如他们和善地对待他们的学生，他们就容易得到学生的好感，学生就宁愿进学校而不愿停留在家里了。"如果教师每天给学生以灿烂的微笑，会让学生的身心感到愉快，智能得到发展，从而喜欢与老师沟通。

英国诗人雪莱说过："微笑，实在是仁爱的象征，快乐的源泉，亲近别人的媒介。有了笑，人类的感情就沟通了。"当教师向学生微笑时，实际上就是以巧妙、含蓄的方式告诉他，老师喜欢他、尊重他，在关注和支持着他。这样，教师也就容易博得学生的尊重和喜爱，赢得学生的信任。

微笑可以缩短教师与学生之间的距离，化解令人尴尬的僵局。微笑是沟通彼此心灵的渠道，它能使学生产生一种安全感、亲切感、愉快感。

经典案例

与学生沟通不是件容易的事，但上海市宝山区乐业小学优秀教师李秀却沟通有术，每次都能起到很好的教育效果。什么原因呢？那是因为李老师拥有一个沟通教育的法宝——微笑。

案例一：

李老师的班里有个叫小丽的学生。小丽不喜欢做作业，经常拖着不做，课文也不肯背，回到家里，家人又没法管，因此考试成绩总是不尽如人意。她还很内向，眼睛近视也不跟老师说，李老师一直想跟她聊一聊，但总是找不到很好的话题。怎么和她进行交流呢？

有一天早上，按照惯例，李老师来到教室检查家庭作业。但没想到的是，这一次小丽居然把《周周测》和默写词语都做好了。这可是个稀罕事，得趁机做一下文章。于是，李老师请学生们马上静下来坐好，笑着说道："小丽同学在星期天完成了作业，值得表扬。"学生们很聪明，马上听明白了老师的意思，大家纷纷鼓掌。

听了老师的表扬，小丽在位置上还是坚持着她不变的姿势——低着头，但李老师却发现她偷偷地笑了。这是李老师第一次看到这个腼腆的女生露出甜蜜的笑容。于是李老师又微笑着说道："大家瞧，小丽笑了。但是老师希望小丽能把头抬起来，好让同学们都能看到你的微笑。"说完，微笑着以鼓励的眼神望向小丽。这时，小丽把腰一挺，慢慢把头抬起。

之后，李老师继续关注小丽，只要她有什么进步，就在晨会课上给予表扬，然后在课后再悄悄地微笑着问她："作业做好了吗？要抓紧一点哟！"她总是红着脸说："还有一点点了。"李老师还是笑着对她说："等一下我可是要来查的。"小丽从李老师柔和的目光里读到了鼓励，久而久之，她找到了自身的价值，慢慢变得在课上敢于发言了，作业再也没有拖拉过，成绩也有了提高。

案例二：

有一天中午，李老师正在办公室里批改着未改完的作业，中队长小凡急匆匆地敲门进来，还没等李老师问话，小凡就迫不及待地喊道："老师，不好了，小俊和小雁在教室里打起来了！"

李老师立刻把他们叫到办公室，但并没有板起面孔讯问，而是态度温和地让两个人先坐下，并给两人递去餐巾纸，示意他们将泪水擦干。

等他们的情绪稍稍稳定一些，李老师让两人分别把情况说明。原来，午休时小俊未经小雁的同意就坐到她的位置上去，小雁回来时请他离开，小俊走的时候骂了几句比较难听的话，这让性格倔犟的小雁无法忍受，于是动手打了小俊……这本来不是什么大事，但李老师考虑到小雁属于比较"犟"的那一类，家里情况的特殊又导致了她特别敏感而脆弱的个性，所以李老师决定慎重行事，以防激化两人的矛盾。

"小俊，你一向是个有主见的男孩子，你来说说看，今天这件事，如果让你再做一次，你会怎么做？"小俊疑惑地看了看李老师："我……我……"李老师笑着向他鼓励地点了点头。"我应该经过小雁的同意才能坐她位置，还有不该——骂她……但是，她不该动手打我啊！"

"你先骂我的！骂我小瘪三！"小雁马上冲着小俊大喊。

"小雁！"李老师用眼神制止了她的叫喊，"小俊，既然你认识到了错误，老师就不多说什么了，虽然你们两个都有错，但却是你有错在先，你是个男孩子，就应该勇于承认自己的错误，对吗？"小俊重重地点了点头。他真诚地伸出了一只手："小雁，对不起，我错了，请你原谅我，好吗？"谁知，倔犟的小雁把头别向一边，拒绝和解。

小俊用失望的眼神望向李老师。"小俊，你先回教室好了，我先和她谈谈。"李老师微笑着拍了拍小俊的肩膀。

"小雁，你是个班干部，怎么可以随便打同学呢？"小俊走后，李老师用轻柔的语气对小雁说道。

"老师，你不知道，他们都知道我家里穷，都看不起我，都在背后骂我！"小雁一脸委屈和愤怒。

"他们？班里的同学吗？"

"是啊，就是他们！所以我要打他，让大家都看看，我可是有尊严的人！"

"听老师说，小雁，自尊并不是靠拳头打来的，而是来源于你优异的成绩，正直向上的品格，这些都会值得人的尊重。"听了老师的话，小雁若有所思。李老师又接着说道："打个比方，如果一个老师在教育学生的时候不是'以理服人'，而是用棍棒去压制人，那么会得到你的尊重吗？"

小雁摇了摇头。"我们每天都在一起学习、生活，同学们有没有对你表现出一丝的不屑呢？相反，你的学习成绩以及平时为人处世的态度，都得到了大家的认可。这些，都是你靠身上的这股'自尊'、靠自己的努力而不是靠拳头争取来的，你说对吗？"

小雁点了点头，说："李老师，我明白了。"

李老师温和地拍了拍小雁的肩膀："小雁，你是个懂事的孩子，但有时候却想得太多了，你应该和你的伙伴们一样地快乐，善于发现生活中的美，这样你才会发现一片不一样的天地……如果生活或学习上有什么困难就来告诉老师，好吗？"

"哦，老师，我知道了。我这就去向小俊道歉。"小雁露出了笑容。

望着小雁那离去的背影，李老师不禁想："每个学生，都是一个世界。做老师的，面对学生的错误，不能只有严肃，更多的时候应该是微笑，因为只有微笑才能走进学生的世界，才会让师生间的心灵靠得更近。"

在学生取得成功时，老师要学会用微笑送去欣赏；在学生感到失落时，老师要学会用微笑送去鼓励；在学生犯错时，老师要学会用微笑送去宽容。

微笑是一把闪闪发光的金钥匙，能开启教育成功的大门，帮助学生茁壮成长。微笑是春天里的一粒花籽，初开的时候似乎很小，但待到收获季节，你会惊讶地发现：付出不多的东西，也可以有如此大的丰收！

案例分析

小丽性格内向，还喜欢拖欠作业。对于这个学生，李老师早就给予了关注，但一直苦于找不到沟通的机会。就在李老师发愁时，小丽却破天荒地写完了一次作业，李老师抓住时机，在课堂上马上大加表扬。害羞的小丽低着头，偷偷地笑了。李老师立刻将这个看似平常的笑容放大化，让全班学生掌声鼓励，这给了小丽勇气，她终于把头抬了起来。当她看到李老师用和蔼、亲切的笑容望着自己的时候，心中涌上了一缕温暖。

之后，每当小丽有了什么进步，李老师都微笑着鼓励，并适时地提醒她不要忘了写作业。老师的微笑促发了小丽努力向前的动力，她敢于发言了，作业也完成得越来越好，因为她要用这些成绩来回报老师的微笑。

小俊和小雁打架的事也一样，李老师在调解两个人的矛盾过程中，始终以微笑面对。这样既消除了学生害怕批评的心理负担，还可以让学生心悦诚服地改正错误。

看看，这么一个小小的微笑在师生沟通中能起到多么大的作用。

但有些老师却一直信奉"严师出高徒"这一理论，因此总喜欢板着脸，以一副冷面孔面对学生。比如，有一位教师对学生非常严厉，上课时只要有一个学生讲话，就给予批评。因此，这个教师每次上课，教室里都很安静。时间一长，这个教师感到有点不对劲，觉得课堂上太沉闷了，死一般的沉寂。怎么回事呢？这名教师开始思索。

于是，第二天，这名教师带着微笑出现在课堂上，学生们的眼中都充满了猜疑。当这个教师微笑着鼓励每一位学生发言时，学生们感到十分惊异。课后学生们三五成群地聚在一起议论着什么。在以后的课堂上，他总是以亲切的笑容面对学生，给他们讲个小故事或小笑话，逗得他们开怀大笑。时间一长，学生开始愿意与老师交谈、沟通了，他们的脸上开始有了笑意，课堂上的气氛也渐渐地活跃起来。

社会在飞速发展，现代学生思维多变，这就要求我们教师变通管理观念，改进工作，提高师生沟通交流的艺术。但有一点是永恒的，那就是教师在学生中间，脸上应该经常带有微笑。那是充满热切期待的微笑，是表示肯定、赞许的微笑，是娓娓而谈时流露的真诚自然的微笑……

日本有一项心理测试显示，许多学生认为，最温暖最亲切的笑是"教师的微笑"。因此，我们应该把"微笑"作为教师的职业表情。

教师的微笑应当是真诚的、自然的，不能有半点矫饰，应该"情动于中而形于外"。只有热爱教育事业的人，处于学生之中才会有发自内心的微笑。那种勉强牵动面部肌肉做出来的微笑，会使学生觉得虚假。微笑能激发感情，愉悦身心，缓解矛盾。在任何场合、任何时间、任何地点，微笑都能如魔力般产生"神奇"的沟通效果。

当教师面带微笑走进教室，学生的思维就会被教师的微笑所点燃。微笑如同煦暖的阳光能融化冰雪，微笑如同清新的春雨能滋润万物。微笑的作用不可小觑，简单说来，微笑可以有以下几大效用：

1. 微笑是一种有效的教育沟通手段

教育沟通活动，从一定意义上说，依赖于师生间相互情绪的同步效应。懂得教育艺术的经验老师，常常用"微笑"产生的力量抹去学生心头自卑的阴影，促使他们产生奋发向上的勇气和力量。教师的脸是学生的另一本书，他们能敏锐地从这本活"书"上读到许多无须用语言或文字表达的东西。

特级教师钱梦龙曾经做过这样一个小实验：笑容满面地去给学生上课，学生们劲头十足，课堂气氛异常活跃；而当他愁容满面地去给学生上课时，学生们一个个惴惴不安，无心听课，总是在揣摩老师的心思。

微笑能使双方产生亲近感，具有亲和力；能使学生如沐春风，心情舒畅；能提高学生对新知识的感受力，增强学习的兴趣。

2. 微笑会树立教师威信

有的教师面对学生时，对自己的笑容吝啬得很，他们整日不苟言笑，面部常常是阴到多云，他们担心经常微笑会降低自己的威信，会使学生觉得这样的教师软弱可欺。作为教师，为什么要把自己置于学生对立的地位呢？其实整日表情冷若冰霜的教师，并不能在学生中树立真正的威信。

事实证明，教师常带有微笑是一种沉稳、自信的表现，会赢得学生更大的信任，这样，教师的形象会在学生的心目中更加美好。学生信任教师，才会敞开心扉，与教师交流。

3. 传递老师对学生的评价

老师的微笑，是一种无声的语言，能够准确传达各种不同的心态和情感。

特级教师孙双金到外地执教《我的战友邱少云》一课，当他风尘仆仆地来到学校后，不顾旅途疲劳，走进教室上课。他一见到学生，带着倦意的脸上立即露出亲切的微笑。他的第一个问题是"今天上课与平时有什么不同？"学生们踊跃发言。听后，孙老师的脸上绽开了明朗的笑意，赞道："啊，你们真了不起，比我们江苏的小朋友聪明多啦！"这种赞扬听起来有点虚，但却增强了学生的自信，缩短了教师与学生的距离，为活跃课堂气氛、顺利开展教学活动起了很好的作用。

在教学过程中，孙老师始终带着微笑，他提出了一个难度较大的问题，让大家讨论。后来他指名回答，一名学生站起来，沉默了一会儿后，小声说："我不知道。"孙老师不是简单地让他坐下，而是出人意料地向那位学生竖起大拇指："你真值得大家学习，在经过思考后，在确实不知道答案的情况下，实事求是地回答了老师的提问。"后来，他又走到另一位学生面前，笑着说："你来回答，我好像听到你的答案有些道理。"这位学生站起来，讲的声音不高。孙老师鼓励他说："我听见了，回答对了，你声音再大一点，让大家都听一听你的想法。"最后，孙老师满面笑容地说："你回答得真好，请坐！"

……

虽然孙老师上完课就走了，但是，这些和孙老师仅仅接触两节课的学生们，将永远记得他那自然、亲切、温暖的微笑。

孙老师这一教学实例告诉我们，教师的微笑实质上是一种教育暗示。苏霍姆林斯基认为："暗示，是教育技艺的核心，任何有学习生活体验的人都会发现，学生对教师似乎或多或少地都存有一种本能的戒备心理，他们往往谨小慎微，生怕触犯了教师的尊严，这就影响了学生思维的流畅性、变通性。"教师的微笑，解除了学生的防卫心理，打开了心智的枷锁，创设了轻松、愉快、和谐的气氛，使学生智能活动更加灵敏，更加有成效，从而在整个教学活动中不时迸发出新的创造火花。

身为教师，要让学生时时感受到微笑的魅力并不难，以下几点方法或许能给我们一些启示：

1. 多练习，学会微笑

长期有阶段地发"E"的音，让自己的嘴巴拉到最宽，平时保持脸带微笑就可以了。放一面镜子在你的办公桌上，上课之前对着镜子练习三遍微笑。同时，教师应保持一种开朗、乐观向上的心态。相信没有一个学生会喜欢老师脸上那种勉强挤出来的苦笑，因此，我们的脸上时时充满的，应该是一种发自心底的微笑。

2. 当学生取得点滴进步时，送上一个微笑

有时候，学生或是答对了一个问题，或是某次考试得了优，或是在比赛中表现不错，但依然希望老师能对他的行为有所肯定。这时一个赞许的微笑就能让学生从心底感受到被赏识的喜悦。

有一位学生在给老师的新年贺卡中这样写道：老师，最难忘的是您那迷人的笑容，您的微笑是那么亲切，那么温柔。它像三月的春风，吹过柳梢，拂过心田，融化了寒冬的坚冰，吹醒了沉睡的春天……在您的微笑中，我们更会想了，更会说了……

这说明学生喜欢老师的微笑，因为老师的微笑是一座桥，能沟通教师与学生的心灵之河；老师的微笑是一剂良药，可以医治学生心中的伤痛；老师的微笑是一种无形的催化剂，能增强学生的自尊心、自信心、上进心。

再顽皮的学生，再喜欢挑错的学生，再怯懦的学生，再自卑的学生，都不会拒绝微笑。

名师沟通有效细节之肢体语言

用肢体书写爱

> 演讲如能使聋子看得懂，则演讲之技精矣。
>
> ——陶行知

我们通常运用的都是口语沟通，但有时一些特定的身体态势可以部分地代替言语行为，发挥独立的表达功能。比如，有时教师可用竖起大拇指、OK的手势、放松的手势，简单地招手、击掌、轻拍肩膀等来补充口语信息，这些都能很好地传达承认、接纳的信息。

在很多特定的情境下，如果老师能有效地运用好各种肢体语言来传情达意，往往比有声的语言更便捷、快速、有效。

例如，老师在上课时，看到学生在下面搞小动作，这时，老师可以有三种不同的处理方法：一是停下讲课，大声批评；二是假装没看见，听之任之；三是若无其事地走到该学生座位前，一边讲课一边用手轻轻拍拍学生的肩膀，从而制止学生的小动作，使其专心听讲，同时又没有打乱课堂的教学进程。

无疑，第三种是最恰当的。老师用动作代替了口头批评，不费口舌、不动声色，也不影响教学，真可谓"经济实惠"的教育方式。

根据英国心理学家阿盖依尔等人的研究，当语言符号和肢体语言符号所代表的意义不一致时，人们相信的是肢体语言所代表的意义。在信息传递的全部效果中，有7%是词语，38%是声音，肢体语言沟通所起到的效果则达55%。因此，任何一名优秀的老师都应该学会恰当地运用肢体语言。

经典案例

　　大连开发区第六中学优秀教师张淑环的班里有一个叫小莹的女生，她非常文静可爱，刚入学的时候，脸上经常洋溢着甜甜的笑容，见到老师总是轻轻地喊一声"老师好"。

　　但没过多久，笑容就从小莹的脸上消失了，她每天默默地坐在位子上，少言寡语，一副落落寡欢的样子，对班级事务漠不关心。起初，张老师并没有在意，认为这可能是她的性格所致。直到有一天，当张老师惊异地发现小莹突然消瘦了很多，内心一下子充满了内疚感。张老师意识到，在小莹的身上一定发生了什么不愉快的事。

　　通过私下了解，张老师才知道，小莹在班级自动组建的小队中受到了排斥，其他队友觉得她土气，出去玩的时候不买东西，显得很小气，所以渐渐疏远她，不愿意让她继续待在她们小队中。小莹成绩不错，平时学习很刻苦，非常受老师的器重，有的队员说她拍老师马屁。生性腼腆、心思细腻的小莹，在陌生的环境中缺乏主动表现自己的勇气和信心，因此，即便受了委屈也不敢跟老师说，每天生活在失落和惆怅中，最后导致厌食症，体重明显下降。

　　张老师得知后，心情变得很沉重，怪自己太粗心，对小莹关心太少，以致连小莹发生这么大变化都没有发现。张老师决定重新激发她心中的热情，通过自己这个中间人，改善她和同学们的关系。其实要化解她与队员间的不愉快非常简单：一个袒露自己心扉的机会和来自老师的支持就可以了。

　　于是，张老师为小莹和她的队友安排了一次面对面的聊天机会。开始，内向的小莹不知道该说什么好，张老师就拍拍她的肩膀以示鼓励和信任，小莹的脸上露出了久违的笑容。她慢慢地试着参与到同学的对话当中，不时地还发表一些独特的观点，大家对她的想法深表赞同，张老师也笑着摸了摸她的头，表示赞赏。这给了小莹说话的勇气，让她感受到了老师的关注，她渐渐融入到同学的谈话中。这次交流之后，队员们也感受到了小莹的朴素和真诚，双方的误会逐渐消除。

为了锻炼小莹的勇气和胆量，消除她的害羞心理，张老师为小莹争取了一个代表班级参加演讲比赛的名额。在参赛前的日子里，张老师总寻找时机与小莹目光相对，微笑着对她点点头或眨眨眼；在上台演讲前，张老师伸出两根手指冲她做了一个坚定的"V"形动作；演讲结束后，张老师由衷地竖起大拇指向她表示祝贺。

张老师相信，这些无声的语言都会给小莹带来莫大的勇气和鼓励。果然，小莹不负众望，她为班级捧回了"第一名"的奖状。

从此，这个曾经很失意的女生变为班级建设的活跃分子，虽然她依旧那样文静，却多了一份事事行动在前的热情和自信。有一天，她悄悄塞给张老师一张纸条："老师，是你无声的鼓励唤醒了我的自信，激发起我对班级的热爱，愿您继续关注班上每一个沉寂的心灵，使我们的班级变成'爱'的海洋。"

看完纸条，张老师欣慰地笑了。

案例分析

对学生而言，老师的一举一动，一颦一笑，说话的语气声调，面部的表情气色，都在向学生传递一种信息。

在一次体育课上，体育老师发现，在五十多双小手中，有一副米黄色的手套。老师试图用眼神暗示那位戴手套的学生摘掉它，但是二人的目光怎么也碰不到一起。于是，老师安排了一个小游戏：手指做加法。老师伸出五个手指，所有的学生都快速伸出一只手，和老师凑十，只有她面朝老师，手背在后边。老师满含爱意地冲她一笑。当老师再一次伸出手做游戏时，她伸出了摘掉手套的小手。

老师和这个学生之间的秘密无人知道。因为只是一个眼神和一个充满爱意的微笑，以及老师特意安排的手指游戏，就达成了一种默契，实现了师生间的沟通，学生马上就知道该怎么做了。

肢体语言包含面部表情、身体接触、身体姿势和手势等。现在，我们着重说明老师与学生交谈、沟通时主要肢体语言的运用。

1. 面部表情

面部表情能传达热诚、认真、快乐和赏识的信息，也能传达厌烦、烦恼及放弃的情绪。

表示关注、饶有兴趣：眉毛微微上扬、双眼略睁大，常伴口部微张、嘴角上翘呈微微笑意。

表示亲切、友善：双目微眯、嘴角微翘、面露微笑。

表示满意和赞扬：眼睛略闭，嘴角上翘浮出微笑，明显地赞扬时还伴有点头的动作。

表示询问及疑问：眉毛上扬、眼睛略睁大、嘴微微张开，与表示关注的表情相似，但只是去掉了微笑而代之以疑惑的嘴形。

表示严肃认真：眉毛微皱，双唇较紧地抿在一起，眼睛略略睁大。

2. 手势

有经验的教师会使用许多不同的手部信号来鼓励和制止学生的某种行为，用以维持学生的注意力。例如，伸出手掌表示"停止"，掌心向上并上手指表示"继续"，把手指放在唇上表示"安静"，以手指击出声音表示"注意"，而竖起拇指表示"赞同"。

常用的手势语有如下一些：

大拇指的运用。向上跷起大拇指，意味着肯定、称赞、首屈一指等意义，用时必须和面部表情密切配合，否则有应付或讽刺意味。但切忌用大拇指指向身体外侧并晃动几次的手势，因为这一手势在某些场合被看做是表达严重的蔑视。

食指的运用。最常运用的是静止性食指体态语——食指靠近嘴唇并与嘴唇交叉成十字形，表示"请安静""不要出声"的意思。这个手势意味着一种善意友好的制止，学生一般是会接受的。但切忌用食指向学生作斥责性的上下点动。

手掌的运用。单手上抬、指向某学生，可表示介绍、请求发言的意思。双手上抬、掌心向上，除表示起立外，在与学生谈话时可表示自己的诚恳和可信任。亲切温和地招手，恰到其时地带头鼓掌等都是积极的体态语。而讽刺性地鼓倒掌、宣怒性地拍桌面都不会收到好的教育效果。

双臂倒背。据观察，倒背双臂会让学生感觉到教师的威严。因此，教师在一些适当的场合，比如监考、巡视学生做课堂作业时可以适当采取这种体态。

但是在一些场合教师不应采取这种体态。比如和学生个别谈话时，不应把双臂倒背起来，因为这样做会给学生一种高高在上、盛气凌人的感觉，学生心理上会生产一种压力。

双臂抱肩（双臂交叉于胸前）。对于教师来说双臂抱肩是一种消极性体态语，在教师的教学教育活动中不宜使用。尤其是当教师与学生之间发生不快的时候，这种体态尤其不宜，因为这时双臂抱肩会给学生一种被蔑视的感觉。当然，这种体态并非完全是消极的，有时给人一种休闲自在的感觉。比如辅以微笑，有时也能给学生平易近人、和蔼可亲的感觉。

双手叉腰。这种体态是一种富于进攻性的体态，给人的感觉是咄咄逼人的气势。当教师的讲话是直接针对在座的某一个学生时，建议最好不要采取这种体态，因为这种体态容易造成对其心理的严重伤害。

但是，当教师的讲话是针对令人气愤的第三者的时候，这种体态会有助于教师感情的表达。例如，谈到社会上某种丑恶现象，讲到激昂时，不妨采用这种体态，并辅以其他体态，以增强讲话的感染力。

双手插兜。把一只手或双手插入口袋。对于教师来说，这是一种消极性体态。这种体态给人的印象是随意。如果双手插兜的同时，其他体态同时表现出无精打采的话，那么，总的印象将不是随意，而是懒散了。所以，教师在教育教学活动中应尽量避免使用这种体态。

此外，拍拍肩、摸摸头都是手势语，这种肢体语言会让学生感到亲切，有助于打开学生的心扉。

3. 其他肢体语言

身体前倾。在听学生说话的时候，教师上半身前倾，会给学生一种认真听取的印象。

腿部抖动。有的老师讲话时，喜欢一脚踏在讲台的横木上且不停地抖动；采取坐姿时，将一条腿搭在另一条腿上，不停地抖动。这是一种不好的体态。在成年人中，这种腿部抖动动作比较常见，但作为教师，则应尽量避免，因为它会给学生留下轻浮、不稳重的印象。

总之，老师要根据自身的特定条件，发自内心地、自信积极地运用自己的肢体语言，并不断有意识地学习和训练自己，练就传神的一举一动。

我们经常强调"言传身教"，老师的一举一动都能对学生产生影响。在西方，很多老师都喜欢使用肢体语言来表达意思，但由于东西方文化传统的不同，我们的教师在使用肢体语言方面的能力比较弱，尤其是一些高年级的教师，更讲究口头表达的质量，而忽略了肢体语言的有效性。

语言沟通固然重要，肢体语言同样不可或缺。科学研究表明，人们所接收到的外界信息 70％～80％来自于视觉信息。身体是传递信息、情感沟通的另一种语言和符号，我们应该学会用肢体语言向学生传达自己的观点。

名师沟通有效细节之登门造访

家访，不能遗弃的沟通传统

> 教师总是真正上帝的代言者，真正天国的引路人。
>
> ——〔美〕杜 威

家访曾是老师了解学生、与家长深入交流重要渠道。随着时代的进步，科技的发展，教师与学生之间的交流愈来愈趋向于快捷化。电话里的一声问候，手机里的一条短信，网上的一声祝福，就能达到双向交流的目的，"费时费力"的家访似乎淡出了师生沟通的舞台。现代通信工具虽然方便了教师与学生以及家长的联系，但事实上也拉大了教师与学生以及家长的情感距离，使面对面的情感交流越来越少。

教育沟通并不仅限于老师与学生之间，教师与学生家长的沟通也是一个重要的组成部分。一个优秀的教师要达到全面了解学生的目的，就应当将平凡的家访工作搞得更有特色，从而更有效地、多层次、多渠道地了解学生。家访一方面显示了教师对于学生家庭的关注，是教师与家长沟通学生的学习、品德等方面情况的一个重要平台；另一方面，通过这样一种情感的沟通，也会使家长和社会对老师和学校有较为透彻的了解，使家长参与到学校教育举措的制订中来。

教师放下课堂上庄严的架子，就像朋友拜访那样来到学生家中，这本身就带来了一份真诚，带来了一份关切。而家长的热情接待又流露出了对老师的敬重，对学校的理解与支持。

家访是一座桥，一座架起了教师与学生心灵间亲密沟通的桥梁！家访是一种感情的催化剂，它加深了教师与学生之间的感情！

经典案例

马芸青是广西壮族自治区南宁市天桃实验学校的优秀教师，他在 2004 年荣获全国师德先进个人奖。

从教 10 年来，身为班主任的她坚持从学生个性化的发展出发，用爱心、信心、耐心和诚心去教育学生。除认真教学外，她还花大量的时间，通过家访和学生家长交流、谈心，与他们交朋友。

在她看来，虽然在现代通信十分便利的今天，有些学生问题可以用电话迅速解决，但是在电话里有些问题是说不明白的，而面对面的交流则会令人产生一种亲近感，容易达到心灵沟通的目的。

只要学生有问题，需要老师和家长沟通的时候，比如考试成绩下来，个别学生思想负担重，评选"三好学生"，有的学生没被评上而产生思想波动，个别学生痴迷打游戏上网吧，她就采用传统的沟通方法——家访。

每带一届高中，她都要走访 95% 的学生家庭。

那一年，班上一个叫路红的女生有一段时间上课时神情恍惚，学习成绩也大幅度下降。当马芸青关切地询问她是不是有什么心事时，她支支吾吾地说没有。

马芸青给她家里打电话时，她母亲则遮遮掩掩地说孩子只是有点小心事罢了，不要紧的。对此感到奇怪的马芸青便提出到家里拜访一趟。

那天晚上赶到路红家里时，马芸青发现母女俩神情很不对劲，尤其是路红，一脸的泪痕。马芸青更加奇怪，便坐下来耐心地询问路红和她的母亲，不曾想几句话下来，路红的母亲竟带着哭腔说："这孩子最近回家后，经常饭也不吃，又哭又闹，说是不想活了！"

一旁的路红听了这话，仿佛受到了什么刺激，突然放声大哭起来。

马芸青一听，如雷轰顶，这平白无故的怎么突然想走绝路？

说实话，虽然马芸青教她两年了，但是除了知道她学习基础差以外，其他情况还真是不了解。她暗自思忖，莫非因为测验成绩不好，挨了老师的批评？

坐在路红家逼仄的客厅里，马芸青百般劝慰，安抚路红的情绪，耐心地听她哭诉：原来班上和她关系好的几个男女生，因为一件小事，与她有了摩擦，将她孤立了起来。

说到这儿，路红哭得泣不成声："老师，我感觉我做人很失败，居然惨到没有人理的地步，那我活着还有什么意思？"

路红的母亲在旁边陪着女儿擦眼泪，母女俩正哭着，忽然一阵很响亮的鼾声从里屋传来，和着他们的哭声，显得特别不和谐。

马芸青非常奇怪：这是谁啊？母女俩哭成这样，也不出来劝解，还自顾自睡觉了！

看到马芸青神情不解，路红的母亲连忙解释：她父亲已经睡了！

马芸青不禁暗生疑窦：女儿都不想活了，父亲居然还有心思安然进入梦乡？

马芸青便细心地询问，才从路红的母亲嘴里了解到原来路红是在单亲家庭中长大的，母亲两年前才和她的继父结婚。

原来如此！马芸青总算弄明白了路红的思想症结所在：单亲家庭的孩子自尊感和自卑感都非常强烈，所以才会造成如此偏激的性格：和同学闹点矛盾就想走极端。

马芸青旗帜鲜明地向路红说："好了，路红，老师知道了，同学孤立你是不对的，我一定会批评这种错误做法并教育他们改正的。不过，路红，你有没有想过原因啊？"

路红停住啜泣："能有什么原因啊？他们存心和我过不去！"

"真的吗？"马芸青故作疑问地说。

"我……"路红不吭声了。

"路红啊，你和同学们相处时，有没有想过自己有做得不对的地方呢？你应该怎么做才能和同学们友好相处，并赢得别人的喜爱呢？"

路红沉默不语。一旁的母亲插嘴道："老师，这孩子就是任性了一点，她真要没了，我可怎么办呢！"

"妈！"路红不满地瞪了母亲一眼。马芸青心中更是明白了几分，便说："路红啊，大人的话也是为你好，你想想：母亲怀胎十月把你生下来，又养育到现在是多么不容易啊？你怎么能因为一点小事便不顾及母亲的养育之恩，不珍惜生命呢？"

路红的脸有些发红，她的母亲眼睛也红了："老师，这孩子就是我的希望啊，我把她看得比命根子都重，你可要好好管教管教她啊！"

看到路红若有所悟的样子，马芸青又接着道："路红啊，生命不只是你一个人的，它也属于你的亲人、朋友、老师的，你不为自己着想，也要为大家着想啊。难道你要让别人都为你的自私而痛心一辈子吗？你这是极端自私的表现，你知道吗？"

路红羞愧地抬起头："老师，其实我知道的，但我就是管不住自己的性子！"

"路红啊，你才18岁，人生之路刚刚迈出了一小步，以后的路上你还会面对更多的挫折。你这么脆弱，这么不堪一击，以后怎么经受成长路上的风风雨雨呢？"

夜深了，看着疲惫的马芸青仍然苦口婆心，路红十分惭愧："老师，以前我的任性曾让母亲操碎了心，今天我的不懂事又给您增添了麻烦。老师说的我全记住了。我向您保证：以后再也不会有寻死的念头了。一定认真学习，改正自己的'小心眼'，和同学搞好团结，争取考上大学，来回报家长和老师的关心！"

马芸青终于露出了笑容……

从此以后，这个虽然学习基础差，但很要强的学生不仅学习很刻苦，而且也非常注意改善和同学的关系，当然，她和马芸青的感情很好。最后，她以良好的成绩考上了四川财经大学。

路红有心事，马芸青老师看在眼里，记在心上。当面问，问不出究竟；电话里，她的母亲也不说实话。怎么办？通过细致入微的上门家访，使一切真相大白。原来，都是路红的任性惹的烦恼！

我们可以设想一下，如果马芸青没能及时家访，又怎么会了解到路红的这一面呢？那后果又将会是怎样？

案例分析

"教育需要爱，也要培养爱。没有爱的教育是死亡的教育，不能培养爱的教育是失败的教育。"正是缘于对学生那种深沉的爱，马芸青老师才会连夜赶到学生家中进行家访。经过与学生及其母亲促膝谈心，了解学生背后的故事，劝慰学生，开导学生，直到学生的思想认识终于有所转变。

教师走进学生家庭，访问学生及家长，目的就是要进行行之有效的交流，加强了解，增加信任，解决各种问题。

很多学生对老师的家访心存偏见，总以为老师上门就是告状来了。在不少家长的眼里，家访是个贬义词，似乎只有孩子表现差了或成绩倒退了，才会有家访。这是很多学生和家长的误解。长此以往，家访便走入了误区，容易引起学生和家长的反感，影响教师与学生的沟通。那么教师如何避开误区，成功进行家访呢？

1. 将家访作为一个沟通的契机

进行家访时，不妨打破家访是"了解情况""商量对策"的定式，以此作为联系学生与家长的契机，一个便捷的通道，一种有效的途径，从而建立起一种相互理解、相互信任的友情与工作关系，使家长从心底萌发出一种"自己人"的感觉，自觉地担负起教育孩子的责任，同时也在学生心目中埋下一颗真诚的种子，使他隐隐产生一种亲情、一种信赖，拉近师生之间的心理距离，使学生不再反感教师的正面引导，实现学生自我教育的目的。

2. 切实把握好时机

选择恰当的家访时机，有助于教师与学生之间建立信赖关系，使感情更融洽，顺利完成家访任务。比如在接手一个新班级，当学生遇到困难成绩下滑、情绪出现异常时等，教师及时进行家访，就能有的放矢地与学生进行有效的沟通，做好学生的思想工作。在学生生病时家访，以探望形式进行交流，教师此时委婉的暗示都会立即转化为学生的自觉行动。

3. 目的要明确，切忌走过场

为保证家访的实效性，还应制订一个周密的家访计划。根据学生的具体表现，分出轻重缓急，按照学生的居住区域，来决定一次家访哪几家，但一定不要贪多，否则会严重影响家访的效果。

4. 谈话要讲艺术性

教师家访中的谈话要有方向、有目的，要讲究艺术性，切不可漫无边际地闲聊。否则，既浪费了自己的时间，也耗费了学生和家长的热情，使学生和家长对老师的谈话失去兴趣。

教师在与学生和家长谈话时，应该从赞扬的角度切入话题，并委婉地指出学生的缺点，这样不仅在家长面前给学生留了脸面，拉近了师生距离，也使谈话气氛活跃，场面融洽和谐。

5. 家访要面向全体学生

家访不应该仅仅局限于"出了问题之后"，也不要局限在后进生身上，家访要面向全体学生。摆脱过去总是访问学困生家庭的印象，克服学生对家访的担忧和紧张感，最终脱掉家访等于"告状"的帽子。

6. 做好家访记录，及时反馈

每次家访后，教师要及时地写出详尽的家访记录，把家访过程、家访中达成的共识、家访中受到的启发及家访中发现的问题一一记录下来，并根据学生在校内的学习、行为表现，结合家访中了解掌握的资料，及时反馈，对学生重新分析评估，制定新的教育方案和措施，不失时机地对学生进行深化教育。

总之，家访是一门师生沟通的艺术，是教师对学生爱心的奉献。城区的学校，特别是寄宿制学校，因为学生居住的位置大都离学校比较远，也比较分散，这就给教师的广泛家访带来了很大的困难。所以，除了家访，教师还可采取召开家长座谈会、邀请家长校访或通过信访、电访等方式，及时与家长交流学生的各种情况。

时代在前进，但家访依然是架设在教师与学生家长之间的一座桥梁！教师应该认真对待家访，认真审视、利用这种传统的沟通工具，从中多收集一些对学生、对教育有意义的信息。

名师沟通有效细节之师生共鸣

寻找一个共鸣点

> 大凡物不得其平则鸣。草木之无声，风挠之鸣；水之无声，风荡之鸣。
>
> ——韩 愈

声学中有一个概念，叫"同频共振"，就是指一处声波在遇到另一处频率相同的声波时，会发出更强的声波振荡，而遇到频率不同的声波时则不然。物理学上的共鸣是一种自然现象，而教师与学生沟通中的共鸣点则需要教师有意识地去寻找。

教师不可能在与每一个学生沟通时，都能在最短的时间内达到一种师生相坐而谈，其乐融融的境界，总是会有那么几个学生，或是沉默不语，或是对你的话不感兴趣，令你难以敲开他们的心扉。此时，教师如果找到了一个能引起学生共鸣的切入点，就好比将一粒石子投入平静的池塘中，会一石激起千层浪，达到共鸣的状态！

 经典案例

甘肃省兰州市第 45 中学高级教师张其纲曾教过一个叫柯俊的学生，柯俊是一个基础比较差，自卑且没信心，性格又非常内向的孩子。

张老师和他谈话时，他经常是问三句答一句。张其纲便琢磨着找个柯俊感兴趣的话题和他谈。

有一天，他外出开会归来，路过市文化宫，看见里边好多人围着一象棋摊争论着。只见一位老大爷举着棋子犹豫不决，几个"高参"七嘴八舌，面红耳赤，互不相让。

突然，一个清脆的童音高喊着："马爷，'要将抽车'是好棋。"顿时，棋场寂静下来，那个被称为马爷的人立刻喜上眉梢，摸着孩子的头说："嘿，小鬼，走马真是妙招。"

张其纲觉得声音很耳熟，便挤进去一看，发现说话的孩子正是柯俊。

"原来柯俊喜欢下象棋啊！"张其纲心想，看不出来课堂上沉默无语的柯俊，面对棋盘的时候，会有如此敏捷的思维。

为了更加了解柯俊，双休日张其纲老师便给柯俊打电话："柯俊啊，我是张老师，我想请你到我家来陪我下盘象棋，怎么样？"

电话里柯俊听起来特别高兴，一点都不像平时那种沉默的样子："好啊，以前老师找我不是作业有错，就是批评指责，从来没有找我下棋的，我太高兴了！"

放下电话，他飞也似的跑到张其纲家里，楚河汉界，师生对弈。

这时，张其纲故意运用连环马，显示马的威力，并问："你知道马有何能耐？"

柯俊稚气地回答："马很厉害，我喜欢走马，但说不出道理。"

张其纲接着话题说："我注意过你下棋，用马你很巧妙，你那天给马大爷支的那一着就足以说明你逻辑思维清晰，具有足够的智慧和潜力。"

柯俊不好意思地笑笑，目光依然盯着棋盘。

张其纲一边走子一边接着说："马是人类最忠实的朋友，也是象棋中最具创新精神的角色，任何泥泞风雨都敢踩蹄下，山高坡陡不畏征途艰险，驰骋疆场迎着枪林弹雨，拉车套犁始终无怨无悔。马的这些品格值得我们学习，你也应该向马学习，做匹'千里驹'。"

"哦？张老师，你是说？"专心于下棋的柯俊似乎听出了张其纲话里的意思，但他没再往下说。

张其纲也识趣地打住话题，接着下棋，第一局战平。

第二局开始了，对弈中，张其纲"当头炮"开局，柯俊很自然地"把马跳"。

张其纲借评棋的机会说："柯俊啊，学习就如同用炮，是一个翻山越岭的过程，其中有喜怒哀乐、酸甜苦辣……"一边说，一边注意着柯俊的反应。

沉默了几分钟，柯俊说了一句："可是，张老师，我不是不想用功，我是一看到那些符号字母就头疼！你说，我这个样子还有希望吗？"

终于把柯俊的嘴巴敲开了一点，张其纲连忙鼓励道："有，当然有。你回忆一下，你最初学象棋时是怎么学的？"

柯俊道："慢慢练呗，当初我爸教我，陪着我下了一局又一局，可我老输，我就是不服气，抓紧一切业余时间练，后来终于开始反败为胜了。"

"这就对了，你看你下象棋时不服输，不被困难吓倒，为什么不能用这种态度对待学习呢？"

见柯俊若有所思，张其纲又接着问："赢棋的感觉如何啊？"

"那还用说，心花怒放！"柯俊眉飞色舞地道，似乎又想起了某个大快人心的场面。

"呵呵，你看，你喜欢下棋是因为你已经尝到了赢棋的乐趣了。如果你能在学习中也培养这种乐趣，那么还有什么困难能难住你呢？"

柯俊点点头："我知道了，老师，我会尽力的！"

以后的日子里，只要有空，每周柯俊都会来到张其纲家里与老师对对弈、切磋棋艺、感悟学习之道。

渐渐地，柯俊改掉了许多坏毛病，学习进步了，生活严谨了，还主动给同学们担任了象棋小辅导员。

他总结说："学习如拱'卒'，须循序渐进；思考如跳'马'，要灵活多变；做人如行'车'，讲诚实信用；事业需卫'士'，应忠心耿耿；宏图似飞'象'，必展翅畅想。"

这哪里还是那个自卑内向的柯俊？张其纲老师巧妙的沟通，已使他变得开朗、活泼、自信了起来！

虽然柯俊的聪明才智曾一度在课堂上受到压抑，但他思维的火花在棋子的碰撞中被激发了出来。

张其纲老师通过细心观察，以象棋为引子，激起了柯俊心灵上的共鸣，既唤起了他对学习的热情，也燃起了他对学习的信心，还砸碎了他自卑的枷锁，可谓是一举多得！

案例分析

对于师生之间的交流，一些内向的学生往往很难打开话匣子。面对这个闷葫芦，老师无法知晓他的想法、他的见解，这样也就无法因材施教，做好他的思想工作。

难道就这么让他不言不语，无法交流吗？当然不能，只要用心，办法总是有的。

张其纲老师面对内向又不求上进的柯俊，没有强攻，而是以象棋为切入点，一步步走近了柯俊，从而有的放矢地进行交流，引导他正确对待学习，进而取得了较好的效果。

一个教师，在他的教学生涯中总会遇到形形色色、性格各异的学生。总有一些学生面对教师时，不是一问三不知，就是顾左右而言他，教师很难走进他们的内心世界。教师在与这些学生交流时，应有意识地寻找双方沟通中的共鸣点，这样才能为进一步沟通作准备。

一般说来，所谓的共鸣点有以下几种：

1. 寻找一个共同话题

人与人之间会有许多相似的地方，如共同的兴趣、爱好，经历、境遇等。教师和学生谈话，必须找准共同的话题，以学生的爱好、长处为切入点，使学生保持谈话的欲望。

麦尔斯班上新转来一名学生杰克，这个孩子在乡下待惯了，进了城市很不习惯，时间不长还学会了许多坏毛病：迟到、吸烟、酗酒、吵架。麦尔斯和他谈心时，简直是针插不进，水泼不进。

后来麦尔斯发现他很听父母的话，于是，麦尔斯抓住他这一心理特征，和他谈了一次话。麦尔斯一开口就说："你这么听父母的话，真是不错。"

杰克欣喜地说："您怎么知道？父母的话当然要听，因为我是他们的儿子。"

麦尔斯接着问："父母是想你好，还是想你坏呀？"

杰克不假思索地说："当然是想我好。"

麦尔斯马上因势利导："老师也像你的父母一样，希望你成才，所以才要管教你啊！"

麦尔斯以"听父母的话"为双方交谈的共同语言，找到了与杰克的共鸣点，一番话说得杰克心悦诚服，表示一定要痛改前非。

2. 抓住能令学生兴奋的话题

许多学生在和教师谈话时总是怀着一种戒备、抵触的心理，往往缄口不语，沉默是金，不愿敞开心扉。这就要求教师要恰到好处地选准一个令其兴奋的话题，把他的表达欲调动起来。

优秀教师黄悦征刚接手一个新班时，班上的学生一直不怎么配合他的工作，班会几乎成了黄悦征的"一言堂"。

为了摸清学生的思想状况，了解学生的生活情况，黄悦征经常深入到学生寝室，多和学生打交道，了解他们的想法。

几次闲聊中，他听到学生们抱怨最多的就是食堂的伙食。在一次班会上，他一张口就说"我今天去食堂吃饭，'表扬'了食堂师傅，饭的花样品种真是多啊！"

学生们不解地问："不就只有米饭吗？还有什么花样？"

黄悦征正儿八经地说："不，有生饭、熟饭，还有半生不熟的饭，怎么不是花样繁多呢？"

学生们一听，"哗"地全笑了。于是大家你一言我一语地说开了。从伙食说到常规，从常规说到班风，一直讲了20多分钟，学生们仍然兴致勃勃。有几个学生还主动把自己的想法和建议摆了出来，供黄老师参考。

3. 捕捉学生的闪光点

教师在与学生尤其是那些后进生谈话时，应尽量抓住学生的闪光点，给予充分肯定，大力表扬，使学生认识到老师不光是盯着自己的缺点，也能看到自己的长处。待学生情绪稳定后，再指出其缺点和不足，进行批评教育，这样学生就容易接受了。

"全国十大杰出教师"朱兆林曾教过一个男孩，他顽劣又不思上进。在别人都瞧不起他的时候，朱兆林却拿着"放大镜"寻找他的优点与特长。

这个学生经常和班长大吵大闹，干扰班长的工作。可是在班干部换届选举时，他仍然投了班长一票。

朱兆林知道这件事后，特地找到他和他谈话。一开始，他怀着挨批的戒备心理等待朱兆林的训斥。

而朱兆林第一句话就高兴地说道："我发现你有一大优点！"

学生开始以为朱兆林在挖苦、讽刺他，便把头一扭，表现出不屑一顾的神情。

朱兆林看出了他的心思，并不急于解释，问道："你为什么会投原班长一票呢？"

学生回答："因为她能热心地为我们服务，肯负责，敢于坚持原则。大家也是这么认为的。"

"你不是和她吵架了吗？"

"那也有我的不对。"

朱兆林这才指出："这就是我发现的你的一大优点：能认识自己的错误，敢于承认自己的错误，同时又能看到同学的长处。看来，你的缺点主要是脾气坏了点。"

几句话说得学生不好意思地笑了。

朱兆林捕捉学生的"闪光点"，把话说得动听而中肯。

4. 寻找情感上的共鸣处

教师要说服学生，感化学生，必须引起学生的情感共鸣。

一次，格蕾莎找到吉尔谈话。原因是吉尔总是在背后说她坏话、与她作对。格蕾莎说："孩子，我为你所犯的错误感到痛心和难过！老师为你惋惜，也深深感到自己没有尽到对你帮助、教育的责任……不过，现在还来得及。相信你能认识自己的错误，也一定会改正自己的错误。至于你骂老师的事，老师是不会计较的，也不会记恨在心。用你尊敬老师的实际行动来抹掉这一切吧！我们是可以成为好朋友的，你有什么心里话，可以找我说，好吗？"

格蕾莎充满感情的一席话，吉尔听了之后，神态、姿势、表情都发生了变化，显然心灵受到了强烈的震动。

总之，教师在与学生沟通时，如果正面切入难以开启学生的心灵之门，不妨有意识地通过迂回寻找一些共鸣点，并以此为契机，从而敲开那扇心门。

共鸣点，是教师与学生心灵发生碰撞的火花，是教师打开学生心灵之门的金钥匙！一个优秀的教师，要具备一双慧眼，带着一份爱心去发掘、去搜寻一个个与学生沟通的共鸣点，只有这样，你才能真正走进学生的心灵，达到与学生愉快交谈的目的。

名师沟通有效细节之班会交流

利用班会，使沟通产生高效率

只有能够激发学生去进行自我教育的教育，才是真正的教育。

——〔苏〕苏霍姆林斯基

老师的工作是繁忙而又琐碎的，对于班级中普遍存在的现象，要挤出时间与每个学生进行个别谈话实属不易，而只凭严厉的指责、训教又难以走进学生的心灵，达不到好的说服效果。这时，我们不妨借助开班会的途径给学生拨开人生路上的迷雾，及时矫正其不良的心理动态，使班级始终沿着积极、乐观、健康、向上的方向发展，使教育沟通变得省时省力。

一堂好的班会课胜过一个学期的思想道德说教。班会是老师最易与学生沟通的活动空间，也是对学生进行教育的重要形式。我们要留意观察学生的言谈举止，关心他们的学习生活，选择贴近学生、贴近生活、贴近时代的主题，和学生一起组织、策划形式多样的班会，开辟出一片师生情感交流的沃土，像朋友一样并肩前进。

 经典案例

全国特级教师张万祥就善于在班会上对学生进行正面的沟通与引导。他认为，班会既能拓宽学生的知识面，又能促进师生之间的交流，更能增强班级的凝聚力，是班主任治理班级不可多得的好办法。

有一次，张万祥老师在班里搞了一次问卷调查，其中一个问题是"你最崇拜的人是哪一位"，结果，全班46个学生共提出24个崇拜对象：既有革命领袖，又有资产阶级改良派；既有古代的军事家，又有当今的企业家；既有闻名遐迩的科学家、文学巨匠，又有红极一时的球星、歌星、影星，同时令人触目惊心的是有的学生竟然崇拜希特勒、秦桧。

张万祥老师不禁联想到不久前在某重点中学召开的"模拟新闻发布会"上，有的学生在大庭广众之下公开宣称自己崇拜希特勒，竟然赢得部分学生热烈的掌声。

青年学生崇拜为人民唾弃的千古罪人委实荒诞，教育工作者有责任帮助他们明辨是非。当然，要解决思想问题，采用管、卡、压的老方法是行不通的，应该在"巧"字上做文章。

经过认真的思索，张万祥老师决定通过开班会的形式对全班学生进行一次广泛而深入的沟通。

精心准备后，班会上，张万祥老师开始并未提出如何崇拜偶像这一大是大非的问题，而是给全班同学讲了一则历史逸事：

秦桧的一个孙子一次与朋友同游西湖，游到岳飞庙，看到呈跪态的秦桧夫妇塑像为千夫所指为万人唾骂的情景，不禁吟出两句诗："人自宋后少名桧，我到坟前愧姓秦。"

教室里鸦雀无声，学生们听得津津有味。

张万祥老师趁机提出问题："秦桧屈膝投降，丧权辱国，为虎作伥，陷害忠良，是民族的罪人、历史的罪人。现在我命令你崇拜他，你干不干?"

学生们异口同声地回答："不干!"

张万祥老师又逗趣地说："人家秦桧的后代都为自己的前人感到无地自容，我们和秦桧不沾亲不带故，为什么要立誓继承他的衣钵，甘心代他挨骂呢?"

教室里一片笑声。

张万祥老师又把话题引到希特勒身上："希特勒是哪位同学的海外亲属?是的话，可千万别六亲不认呀！看来咱们中间没有。咱们与希特勒更没有血缘关系，为什么要自作多情地崇拜人家呢?"

这时，学生们的笑声更高了，而他们在被动接受教育时常会产生的戒备心理也悄无声息地解除了。

看到火候到了，张万祥老师沉默了一会儿，严肃地指出："崇拜谁，每个人都有自由，但是有自由不等于不要原则，我们的原则就是看这个人对历史、对人民的态度。反对人民、阻碍历史前进的是千古罪人，即使他有某方面的才能，也万万不能崇拜！"

讲到这里，张万祥老师又列举历史事实、具体数字揭露希特勒的滔天罪行——希特勒是杀人狂，屠杀了 600 万波兰人、400 万苏联人、50 万吉卜赛人……他连本国同胞也不放过，1939 年 9 月 1 日签署了在德国清除病员及残疾人的指令，一年间 10 万德国人被杀戮……

听到希特勒这些令人发指的罪行，那些崇拜希特勒的学生的目光初则迷茫，后来越来越清澈了。

最后，张万祥老师又总结道："偶像崇拜是一种心态，是心有所属的精神寄托。健康的偶像崇拜使人获得精神力量，受益终身；不健康的偶像崇拜，则使人产生不切实际的幻想，导致精神意志的颓丧，误人一时甚至一生。"

"同学们，我们千万不要做希特勒的信徒、秦桧的孝子贤孙；我们要以周总理、爱迪生、居里夫人等无产阶级革命家和杰出的科学家为榜样，为社会的进步发展作出自己的贡献。"

功夫不负有心人，在张万祥老师的循循劝导下，一把难开的锁打开了，不少学生情不自禁地点头。

张万祥老师仿佛看到他们在人生的长河中已拨正航向，扬帆远航了。

不可否认，传统的班会课往往忽略发挥学生的主体作用：

在主题上，往往由班主任决定，使得班会的主题过于广泛空洞，学生总有一种与己无关的感觉，失去参与兴趣；

在形式上，多采用"满堂灌"的说理式，结果大多数学生会集中不了注意力，长时间听讲而开小差，厌烦时甚至听不进班主任的任何意见而产生逆反心理。

而在张万祥老师的班上，班会却开得如此的新颖、活泼、丰富多彩，它打破了书本、教室对学生们的禁锢，引起了学生心理的触动或共鸣，真正成为师生双方交流思想、联系感情的良好沟通阵地。

案例分析

张万祥老师由问卷调查的结果，洞察到学生盲目地搞个人崇拜的隐患，然后不失时机地召开班会，将严肃的思想问题，消化在轻松愉快的气氛之中，收到"寓教于乐"的沟通效果。

这种明察秋毫、及时发现问题及时解决问题的能力，所有老师尤其是班主任都应该具备。而让班会代替老师做思想沟通工作的做法，更是为我们指出了一条与学生进行教育沟通的便捷之路，值得每一位老师学习和借鉴。

我们要像张万祥老师那样善于捕捉教育的契机，开好一些随机的班会，使师生双方在民主、平等、自由的氛围中开诚布公、畅所欲言、各抒己见，而不能把班会开成"汇报会""通报会""表彰会"和"培训会"。

开班会时应注意以下几点：

1. 主题要有明确的目的性、较强的针对性

班会的主题一定要有明确的目的，不能东讲一点，西讲一点。否则，只能分散学生的注意力，不能达到预期的效果。

班会的主题也要有较强的针对性，可以结合当前的形势，也可以结合学生实际情况选择容易引起学生兴趣的主题，这样才能激发学生的讨论、思考、辩论的热情。

2. 做好充足的准备工作

俗语说："台上三分钟，台下十年功"，一节成功的班会就像一场进行现场直播的电视节目，具有不可预见性。老师在开会前要对班会的每一个细节都做好周密的安排，特别是一些汇报式的主题班会，要提前布置学生调查、研究。

昆明市的特级教师唐峰老师曾搞过一次名为"雏鹰展翅绕春城"的主题班会。主题确定后，他做了大量的准备工作：

一是发动全体学生调查所居住城区的历史、市政建设、交通情况、风土人情、特产等多方面的特点，并在整个过程中经常深入到学生当中进行指导和了解情况，并对学生的调查过程、结果进行评比。

二是和学生干部一起，设计最后的竞赛活动中的题型、题量、奖品等。

虽然整个准备过程花了两个月时间，而最后以竞赛形式的汇报成果的主题班会只进行了50分钟，但在所有学生中引起的影响却非常深远。

3. 充分发挥学生参与的积极性

班会主要是让学生达到"自我教育"的目的，如果整个过程让学生参与组织、实施，老师则充当"幕后功臣"的角色，就能取得更好的沟通效果。

在董红梅老师的班上曾经开了一节名为"面对挫折"的班会。班会前先由学生自编、自导、自演一些小品，内容都是学生在日常生活中经常遭遇的挫折，然后组织全班学生来观看并讨论怎样面对这些挫折。由于整个班会过程由始至终都有学生的参与，董老师只在其中起到指导、点拨的作用，所以在课堂上几乎全体学生都积极地发表了自己的见解。最后，大家形成了一个共识：要勇于面对挫折，客观分析、冷静思考，或请教别人，找出解决问题的方法。

这次班会虽然随着一曲《爱拼才会赢》结束了，但它让学生在班会活动中接受了教育，经受了锻炼，增长了才干，也给全班学生留下了难忘的回忆。

4. 重过程，轻结果

当老师引导学生对一些较具争议性问题进行谈论时，不是一定要对问题下一个绝对"对"或"错"的结论。只要能触动学生对问题进行积极思考、激烈辩论就达到目的了。

有一段时间，郑明老师发现班上的学生存在抄作业的现象。虽然很多学生明知道抄作业是不对的，但却很少有人拒绝借作业给其他同学作"参考"，甚至连班干部对此现象也熟视无睹。

针对这种情况，郑明老师便精心设计了题为"应不应该抄作业"的班会，把全班分为两大组，分别代表正反两方，各方派代表进行辩论。由于选择的内容就是发生在学生身边的事，他们对此有深切的感受，因此正反两方都能有理有据地对自己的观点进行激烈的辩论。

最后结果是反方胜利了，他们认为抄作业是偷窃别人的劳动成果，是不对的。但讲座并没有随着班会的结束而停止。开完班会后，许多学生还意犹未尽地继续讨论，而抄作业的现象也随之大大减少了，从而在班中形成了良好的学风。

5. 善于抓住教育契机

也就是说我们的老师一定要"眼观六路，耳听八方"，抓住一些有利的教育时机，在适当的时机召开班会，往往能取得很好的沟通效果。

担任高三班主任的陈利伟老师在学生毕业前夕，发现学生们虽然都在忙于毕业复习，但思想也比较复杂，他们正面临着人生的一个十字路口，面对来自社会、家庭、学校各方面的"压力"，对未来并没有太大的信心。

在这关键时刻，陈老师经过反复思考和精心策划，决定在全班举行"十年后一席谈"的班会，并且要求学生在班会上讨论这样的问题：经过艰苦奋斗，十年后的你、我、他，将会有怎样的作为呢？有朝一日，我们相聚在一起，你要告诉大家一些什么？

经过班会上大家畅所欲言的交流与沟通后，全班学生的情绪稳定了，精力集中了，班上勤奋学习的风气更加浓厚。

6. 结合学生心理、年龄特征，开展形式多样的主题班会

对于学生而言，随着知识的增多，抽象思维能力也随之发展，比较容易接受感性的事物。

因此，班会的形式不能太过单一，除了常用的竞赛、文艺表演、讨论、辩论等形式外，有条件的话，老师还可带学生到教室外进行实地的班会课。

如到海洋馆进行海洋科学考察，到戒毒所与干警、戒毒病员座谈，利用假日骑自行车到郊外受大自然陶冶，到贫困的农家或具有教育意义的纪念馆、博物馆参观等，让学生身临其境往往能取得意想不到的效果。

7. 引入多媒体工具，加强直观效果

随着科技的发展，形形色色的电视、电影节目，五花八门的电子游戏、杂志无不吸引着学生们的注意力。

如果在这样的环境下我们还只用干巴巴的说教来进行教育沟通，则很难引起学生参与的兴趣。

据有关研究表明，人们从听觉获得的知识能够记忆15%，从视觉获得的知识能够记忆50%，如果视听结合起来记忆的内容能够达到65%。

因此，如果老师能够巧妙地使用多媒体工具来渲染班会的气氛，让学生在你所创设的特定情境中去感受勤奋、勇敢、奉献、坚强、平凡……感受人生一切生存的价值与意义，就能引发学生内心最真实的情感，使他们受到激励和鼓舞，无形中就会提高班会的沟通质量与效果。

　　总之，班会是班级各项活动中的一个重要组成部分，也是搞好班集体建设的一个重要环节。作为老师，我们要精心设计好每一节班会，使其真正成为学生之间交流经验的阶梯、师生沟通心灵的桥梁。

　　苏霍姆林斯基曾经说过："只有能够激发学生去进行自我教育的教育，才是真正的教育。"

　　让我们积极去探索，让班会课叩击学生心灵，滋润学生思想，启迪学生智慧，升华学生境界，激励学生奋进，使师生的美好情感在班会这一片肥沃的土壤上画出同心圆，开出并蒂花。

名师沟通有效细节之铭记姓名

记住学生的姓名，开启沟通的阀门

> 所有一切有益人类的事业中，首要的一件，即教育人的事业。
>
> ——〔法〕卢 梭

曾经有人问一位擅长销售的人："世界上最美妙的声音是什么？"他的答案是："听到自己的姓名从别人的口中说出来"。姓名是一个人在这个世界上与自己关系最亲密的符号，也是最能够引起自己重视的字眼。对陌生人来说，你能记住他的姓名，就很容易拉近双方的距离。

曾有一篇报道说：乌克兰苏霍姆林斯基研究会学术访问团来华作学术访问，访问结束时，有人问该团团长萨芙琴卡女士：根据你的观察和了解，你觉得你所看到的中国式教育和你们所崇尚的教育，最大的区别在哪里？你认为哪种教育更适合学生的发展和潜能的发挥？

回答这个问题时，这位乌克兰教育学院的副院长讲了这样几句话："我听了一堂课发现，中国的老师都不喊学生的姓名，而用'你来回答''你来说'这样含混的人称代词来表达，怎么回事？一个个有名有姓的鲜活的'人'呢？我印象最深的是你们对孩子的个性关注不够。"

一个小小的细节，折射出我国师生沟通中的一个不容忽视的问题：如果一个老师总是不能记住自己学生的姓名，那么学生又怎么会对老师产生亲近感、信任感呢？老师的亲和力又从何谈起呢？如果一个老师连自己学生的姓名都叫不上来，那么这位老师一定是一个不称职的老师，因为记住学生的姓名是教师应该具备的最起码的道德素质。

教师是与人交流的职业，你不与学生交流，你连学生的姓名都记不住，或者是你根本不想记，更甚之你从来就没有关心过哪个学生叫什么姓名，你又怎么能得到学生的尊重和信任呢？

苏霍姆林斯基曾说："尽可能深入地了解每个孩子的精神世界，是教师和校长的首条金科玉律。"深入学生精神世界的第一步，就是让他们感受到老师对他们的尊重，而尊重第一步就是叫出学生的姓名。

 经典案例

赛瑞·思克是简兰在多伦多一所设计院上学时的老师，她教他们设计理论和游戏故事写作。简兰记得自己第一次被她震撼是因为她神奇的记忆力。

那个学期赛瑞教 5 个班，每个班平均 30 个学生。简兰是星期一听的赛瑞的课，到星期五时，简兰在教学楼的走廊里看见她迎面走了过来。

简兰还没来得及说话，赛瑞·思克已经在欢快地打招呼了："你好，简兰。"

简兰当时惊讶极了！要知道对一个西方人来说，记住中国人的姓名有多不容易。更何况她们只见过一次，还是在几十人的课堂上，简兰甚至还没记住她的姓名。

"你的记忆力真是惊人。"简兰竟然忘了问她好。

"相不相信，现在我可以叫出你们这届每一个学生的姓名？"她举着手里的花名册说，"下周开始，这个就退休了。"

"你这么自信？"简兰睁大眼睛问。

"因为我是教师，教师是与人交流的职业，我们该具备的素质之一就是准确迅速地记住学生的姓名，让学生感觉到被老师重视，这也是他们喜欢上某一门课的原因之一。"她的眼睛里闪动着骄傲。

"我还是第一次听说这个理论。"

"比如说我们吧，你不会否认因为我记住了你的姓名而使我们亲近起来，对吗？"

"是的，可是诚实地说，我还没有记住你的姓名。"简兰那时满脸的羞愧。

"赛瑞·思克，我叫赛瑞·思克。我想说的是，不管对谁，你记住陌生人的姓名，是你走近他们的钥匙。你记得越快，那扇门开得越早。"

显然，这样的沟通很有效，从那时起，简兰发现自己真的在赛瑞·思克的课上格外认真。

她布置给他们的第一个作业是写一个没有时间线索的多媒体游戏故事。

这对本来就不喜欢游戏、再加上语言有障碍的简兰来说真是犹如把一个初识水性的人扔进了汪洋大海。

就在布置作业那一天，赛瑞·思克给简兰发了一个电子邮件，她说："许多成年人爱看动画片，为什么？因为动画片语言简练单纯。所以别担心自己英语写作不好，你的英语恰恰好到不会把简单的事情说复杂了。这对我们这些英语精湛的人来说可不容易，我们总想多转弯多用词。相比之下你可有优势哦。"

同时接到邮件的还有其他几位同学，有英文不好的，有图形设计不好的，有对电脑语言恐惧的……而让他们惊叹的是不知道赛瑞·思克是怎样如此细致地走进他们心里的。

学期毕业时，在简兰的毕业留言册上，赛瑞·思克这样写道："记住对方姓名就是最好的沟通，它能获得一连串儿的神奇效果。"

只因为在极短的时间内记住了对方的姓名，赛瑞·思克很顺利地拉近了与简兰的距离，从而让她从此喜欢上了自己的课。

一个细小的举动，显示了赛瑞·思克的聪慧：要想尽快融入到学生的心灵中，记住学生的姓名不失为一个最为快捷也最为容易的沟通渠道！

 **案例分析**

教师了解学生的首要工作，就是要记住学生姓名。我们常说"因材施

教"，而因材施教正是以熟悉学生、了解学生为前提的。要想成为一名优秀的沟通者，不妨就从记住学生的姓名做起。

有些教师平时只管上课而不大喜欢记学生的姓名，认为学生姓名难记，甚至上课不点名。这种做法是很不可取的，要知道对学生来说，最亲切的字眼就是自己的姓名。记住学生的姓名是对学生最起码的尊重。

记住学生的姓名，便于课堂提问；记住学生的姓名，便于观察和进一步了解学生的情况；记住学生的姓名，能够拉近师生之间的距离，使学生的自尊心得到维护，反过来学生也会尊重老师，能起到师生互尊互爱的作用。

一个班有几十个人，有的教师要上几个班级的课，怎样才能记得住呢？

首先，要有记住学生姓名的意识。其次，要有记住学生姓名的方法。在找到方法之后，教师就可以利用学生的姓名与学生进行真正的一对一的沟通与交流了。

那么教师如何尽快记住学生的姓名呢？

1. 利用座位表和座位标志牌记姓名

每个新学年开始的时候，教师一时间面对众多新生难免有点"眼花缭乱"的感觉。同时教师要想在短时间内记住这么多学生的姓名也不是一件易事，更不用说与学生进行有针对性的交流了。这个时候教师可以用座位表和座位标志牌来帮助自己记住学生的姓名。

新学年开始了，顾淮老师接手了一个新班，同时还担任另一个班的科任老师，两个班的学生一共有100人。

为了使师生之间、同学之间尽快熟悉，顾淮一方面按照常规把学生的座位表用电脑打印出来，张贴在讲桌上；另一方面，指导学生动手制作师生的座位标志牌。标志牌用硬纸板制作，大小适宜。顾淮告诉学生在座位标志牌上除了写上姓名外，还要写上各自的座右铭。课前，由班长在讲桌上也放上相应任课教师的标志牌，以便师生相互认识。

利用这种方法，顾淮在一周内不仅全部记住了100名学生的姓名，还记住了部分学生家长的姓名。因此，他与学生交流起来，非常亲切，甚至还得到一部分学生的崇拜，也正因为如此，他的学生往往更偏爱他的语文课。其结果，学生的语文成绩就理所当然地要好一点儿。

2. 利用班会节目记姓名

如果教师身为一班之主，尽快熟悉学生不成问题，但对那些普通的科任老师就有点难度了。因此，班主任可利用学期初的班会时间，邀请任课教师参加，及时召开以"向你介绍我"为主题的班会；然后，趁热打铁，组织开展以"请你猜猜我是谁""让我来介绍你"为主题的班会。通过班会，加深认识，增进了解。

3. 用归类法记姓名

教师可以把班干部放在一起提问，通过提问，加深认识；把姓氏相同的同学放在一起提问，如同时提问班上的四个姓"姚"的同学；把姓名相同的同学放在一起提问，如让三个"丹丹"演算同一个习题；把姓名相近的同学放在一起提问，如让"张娜""张丽娜"来背诵同一段课文；把"张晓萌""吴晓飞""李晓光"等三个带"晓"字的同学放在一起提问；也可把相貌相似的学生放在一起提问，以便强迫自己把学生姓名和相貌特点联系起来，形成一个整体印象，反复回忆，然后逐个"击破"。

通过对比，同中求异，或异中求同，既激发了学生回答问题的热情，也加深了教师对学生的认识，增进教师对学生的了解。

4. 结合家庭背景记学生的姓名

尽管我们对有些学生不熟悉，但其父母或者其他家庭成员可能是我们所熟知的；或者学生以往的老师是我们所熟悉的；或者学生的家乡是我们所了解的。根据这些因素，我们可以较快地了解学生的情况，加深对学生的认识。

有一次开学生家长会，陶璐老师事先把学生家长的姓名记下。当开会与大家交谈时，她就能随口叫出学生家长的姓名，结果，许多平常从不见面的家长都惊讶不已，学生和家长们都深受感动，很快大家就孩子的教育问题谈在一块，家长会开得大为成功。

5. 积极参与或组织各种活动，让学生的姓名在自己心中有"动"感

教师可积极参与学生的各种课余活动，比如一起去春游、参观博物馆、

去公园游玩等，在活动中与学生打成一片，同时在活动中将学生的姓名与学生本人真正对上号，并进一步了解学生课堂之外的其他表现以加深印象。

记住每一个学生的姓名，学生就会有一种被认可的满足感，内心也会受到极大的鼓舞。让我们用心去记住每个学生的姓名，努力做到对学生"直呼其名"。

"记住姓名"是一种爱，"记住姓名"是一种责任，这是一种虔诚的爱的播种，是一种心与心的交融，是一种爱的呼唤！

名师沟通有效细节之课外活动

通过课外活动，走近学生的心灵

> 教育就像航海一样：是船的帆和风给船以动力，教师的作用
> 只是掌舵，指导船的航行。
>
> ——〔美〕耶胡迪·梅纽因

虽然教师的大部分时间都花在了课堂上，用以对学生讲授那些书本知识，但这并不是说教师就没有机会与学生进行心灵上的沟通了，只要教师稍微用点心思，机会还是很多的。其中，各种课外活动就是一个极好的时机。

学生除了课堂上的学习，课后还有着极为丰富多彩的各种各样的课外活动：举办体育比赛、科技活动、节日联欢等。

如果教师能主动参与到学生的各种课余活动中，那么学生就会从心底对教师生出一种亲近感，也乐于与教师进行思想上的交流。一个优秀的教师，不应该总是把自己放在三尺讲台上，居高临下式地对学生进行训导，更应该有一种"平民作风"——与学生在课余活动中同喜同乐。

教师主动参与学生们的课余活动，可以借此了解学生的另一面，那些平时看上去"默默无闻"的学生，往往会在活动中有着非同一般的表现，与他们在课堂上的表现判若两人。

课余活动，就像是一面透视镜，透过这面镜子，你能看到学生最真实的一面，听到他们最真切的心声，感受他们最纯真的一面！

经典案例

钟绮秀是广州市萝岗中学优秀教师，2001 年被评为萝岗镇十佳班主任。

1999 年，她的班上来了一个复读生，是从其他学校调来的，名叫夏雪，是一个成绩较差的学生。

入学不久，夏雪就处处表现得格格不入：钟绮秀找她谈心，她只是听，没有其他的反应；班干部有事叫她帮个忙，她不肯；她和同学们相处得也不融洽，尤其令人奇怪的是，她只要一听到班上同学讲起家里怎么样、你爸爸平时有没有疼你呀的话，她就会对人家报以一顿叫骂声，搞得同学们都很反感她。

钟绮秀经过多方调查，了解到了夏雪的家庭背景，才对夏雪的反常行为有所了解——

夏雪的家庭在几年前破裂了，她跟随妈妈一起生活。由于自己婚姻的不幸，夏雪的妈妈对唯一的女儿便寄了很大的希望，对她要求更加严格。只要夏雪某次考试成绩考得不好了，就会受到她严厉的批评。

父母离异已经给夏雪的心灵带来了极大的影响，现在妈妈又施加了更多的压力，夏雪的心理负担便越来越重，学习的劲头也越来越弱，没多长时间，她就从原来的优秀生转为中下生，成绩一落千丈。

学习的退步又给了夏雪不小的打击，昔日那个爱说爱笑的夏雪不见了，取而代之的是一个性格孤僻、不爱说话、不爱参加集体活动的夏雪。

粗心的妈妈却没有察觉出女儿心理上的变化，还以为是自己要求不够严格才导致女儿学习成绩走下坡路的，于是便为她办理了转学手续，来到了钟绮秀所在的学校，接着，就有了前面所说的故事。

了解了夏雪背后的故事后，钟绮秀觉得夏雪现在是有点自我封闭，如果能想办法引导她融入到集体生活中，她还是有希望赶上来的。

在一个星期天，钟绮秀特地邀请班上的一部分同学和夏雪一起去唱卡拉 OK。

那天师生们济济一堂，大家又唱又笑，好不热闹。但夏雪却一直坐在一边，看着同学们唱，一言不发。钟绮秀注意着夏雪的一举一动，她坐到夏雪身边："怎么了，夏雪，有什么心事吗？"

夏雪摇摇头，眼睛茫然地注视着前方，一声不吭。

"那就过去唱首歌啊！你看，他们唱得多高兴啊！"钟绮秀鼓励道。

听到她的话，夏雪的视线也转移到了正在唱歌的一个同学身上，那个男生正在唱一首《真心英雄》。这时，那个男生唱完了，钟绮秀便对他使了一个眼色，又看了一眼身边的夏雪。那个男生会意，便喊道："夏雪，你来唱一首！"其他同学一听也鼓掌叫好，钟绮秀趁势推了夏雪一把，把她推到了麦克风前。

夏雪站在那儿愣了几秒钟，见大家都注视着自己，只好张嘴唱了一首《朋友》。一曲唱毕，钟绮秀和同学们都拍手叫好。原来，她的歌喉特别清脆，音调也把握得很准确。同学们都开玩笑说夏雪完全可以去电视上来次真人秀。

后来，钟绮秀又拉着夏雪参加了几次集体活动，从中她了解到夏雪特别喜爱小动物，便推荐她去参加生物科的昆虫知识竞赛，后来夏雪取得了比较好的成绩。几次活动以后，夏雪和同学们的关系有所缓和，对钟绮秀的态度也有了变化，开始主动与钟绮秀说学习和生活上的事。

钟绮秀一方面尽力创造机会与夏雪一起活动，加深了解；一方面与夏雪的母亲取得了联系，交流了看法，并获得了夏雪母亲的配合。夏雪的母亲答应不再给女儿施加太多的压力，而是从生活上多加关心自己的孩子。

渐渐地，夏雪的心理压力减少了，学习也轻松多了。在期末考试中，他的成绩从全班第45名上升到了第15名。

家庭的不幸，给夏雪心中投下了一束难以消除的阴影；母亲的严厉，更让夏雪背上了沉重的思想负担。在这种情形下，她敏感，她多疑，她对周围的一切都抱以排斥的态度，她把自己紧紧锁在自己的小圈子里，别人很难走近她的内心。通过一次次课外活动，钟绮秀老师一步步走近了她，一点点解开了她的心结，让她在活动中找到了自信和快乐，在活动中重新塑造了自我。

案例分析

教师与学生沟通时，有时候面对面的谈话由于某种原因而无法收到预期的效果，这个时候学生的心扉往往是紧闭着的，师生的沟通也是不畅通的。

这时，如果将师生双方的注意力转移到某项课余活动中，双方在活动中进行交流，学生就容易在轻松的气氛中与老师深入沟通。

通过课外活动与学生进行沟通有下面一些好处：

1. 有利于学生兴趣的转化

兴趣是推动人们认识事物、探求真理的驱动力，人们对自己感兴趣的东西会表现出巨大的积极性。那些对学习不感兴趣的学生，在打球、唱歌、跳舞、航模等方面往往表现出极大的热情。

爱因斯坦说："把学生的热情激发起来，那么学校所规定的功课，学生就会当做一种礼物来领受。"教师适当地组织他们开展此类活动，可以使他们的兴趣得到落实，可以使他们单调乏味的学习生活得到调剂，令他们身心愉快、精神饱满。

2. 有利于学生充分发挥个性特长，找出闪光点

有些学生因学习成绩一般，受到老师和其他学生的冷落，很容易产生自卑情绪。他们往往认为自己什么都不如人家，找不到自己立足的空间，于是做一天和尚撞一天钟。适当地开展课外活动，有利于他们充分展示个性特长，发现自己的闪光点。

张兰老师班上有位女同学，曾在初二时学习成绩很差，并因思想品德不合格而厌学。在初三阶段，张兰有意识地推荐她参加五项评比工作，并要求她参加艺术节。在开展爱国主义基地活动中，她负责考勤的工作，做得很出色，张兰及时表扬了她，使她备受鼓舞。从此以后，她在学习上也有了长足的进步。

3. 有利于学生增强集体荣誉感

有些学习成绩不佳的学生长期在班集体中得不到应有的地位和关爱，就会表现出对集体的冷漠，故意扰乱班级纪律，以宣泄自己的不满。为此，教

师可经常组织他们参与一些群体活动，如接力赛、歌舞比赛、手工劳动比赛、篮球赛、羽毛球比赛、室外摄影等，让他们在集体活动中体会集体的力量与温暖，同时，也让同学们重新认识自己存在的价值。

4. 有利于减轻学生的心理压力

学习毕竟是一件辛苦的事，整日伏案苦读，总会有一些学生因此而产生厌倦情绪，表现出自由散漫、倦怠、懒惰、上课不注意听讲。而在课余活动中，学生的身心得到了极大的放松，心理上的压力自然而然就减轻了。这个时候，教师再与学生谈论学生的学习态度或方法问题，他们在一种比较轻松愉悦的气氛中，就会乐于接受老师的建议了。

那么，教师如何充分利用课余活动这一契机，与学生进行积极有效的沟通呢？

1. 教师要鼓励学生积极参加各种活动，以获得更多的与学生沟通的机会。

教师积极发动和指导学生参加学校里的各种活动，可以增强班级的凝聚力，加强学生的集体荣誉感，从而形成一种朝气蓬勃、奋发向上的班风，同时也有利于教师与学生进行思想交流，做好学生的思想工作。

骆静老师接手一个新班后，发现这个班的气氛比较沉闷，学生们除了学习，对其他事情都不感兴趣，对新老师的工作也不怎么配合。

于是，在学校的"爱科学"月中，骆静便积极鼓励学生动手制作自己的作品参赛，最后取得了一定成绩，这个班获"爱科学"月精神文明班级称号。接着她又组织本班学生参加初一年级拔河比赛，结果男生获第二名，女生获第四名。

在校园文化艺术节中，她又积极地发动组织学生参加各项集体和单项比赛。最后在集体项目"双人绑腿、吹气球接力跑"中，经过全班同学的努力获得第二名，在各单项比赛中，也取得了不少优异成绩。

学生们与骆静形成了亦师亦友的关系，班级的精神面貌也焕然一新。

2. 教师在活动中要注意学生们的不同反应，及时进行有针对性的交流。

教师要常常参与学生的活动，深入到学生之中，特别要跟那些不太合群、比较孤僻的学生说些"悄悄话"，鼓励他们参与集体活动。而对那些比较活泼的学生则通过说"悄悄话"，培养他们互相帮助、尊重他人的品质，适时播下集体主义精神的种子。

如对一个躲在角落不敢参加集体活动的学生说："为什么不去跳皮筋呢？瞧！他们活动得多开心，去和他们一起活动吧。"而对正在兴高采烈进行活动的学生则加以引导："他也是我们集体中的一员，快去请他一起活动吧。"学生一定会非常乐意地接受老师的建议。

这样，教师不仅参与到学生的课余活动中，学生之间的关系更加融洽，师生之间的关系更加和谐。

3. 在活动中，教师要充分发挥自己的主导作用，为学生的活动献计献策。

搞活动是教师与学生进行沟通，进行心与心碰撞的好机会。学生好玩好动，教师如表现出极大的热忱，参与到学生的活动中，会很容易拉近与学生的距离，很轻易地走进他们当中。

2001年校园文化艺术节，黄永娟老师参与了学生从策划、准备到正式登场的全过程，对他们的手工作品一一过目，并给予鼓励性评价。在她的影响下，全班同学都动了起来。艺术节上，学生们人人有作品，个个有表现，最终获得"艺术特色班"的称号。

通过活动，黄永娟跟学生的心更贴近了。一名父母离异的女同学对她说："以后我想常跟您聊聊，但您别笑话我。"

总之，教师积极参与并开展学生的各种课外活动，是教师与学生进行沟通的捷径。而在课余活动中，学生的注意力被有趣的活动所吸引，老师的问话反而被放在了一种次要的地位上，在这种"不设防"的情形下，心灵之门也就悄无声息地打开了。

在课外活动中，学生的心灵是放松的、没有顾忌的，更易于接纳老师的意见；在课外活动中，老师与学生是平等关系，没有架子的老师更让学生感到亲切，更容易倾听到学生的心声。

因此，课外活动既为学生放松身心提供了一个表现自我的舞台，又为师生沟通架设了一道绚丽的彩虹桥！

名师沟通有效细节之雪中送炭

想学生之所想，急学生之所急

> 教育不是造就英雄与天才，而英雄与天才自不可无陶冶之教育。
>
> ——王国维

教师要想学生之所想，急学生之所急，体验学生的内心世界和内心情感，找到做学生思想工作的切入点。在学生最需要帮助的时候，教师要"雪中送炭"，抓住这一时机给予关心和支持，及时弥合学生心灵的创伤，深化师生间的感情，给学生留下难以忘怀的良好记忆，使学生摆脱焦虑与痛苦。如果教师只会说些轻描淡写的题外话，那么，永远都不能真正融入到学生心灵之中。

一位成功人士说过："我一生永远不能忘记的是在我最困难的时候给我以援助的人，尤其是我学生时代的几位老师。没有他们，就没有我的今天！"教师对学生的那份情谊不会随着岁月的流逝而淡化，反而会一点点累积起来，沉淀在学生的心底，历经岁月的洗礼而不褪色！

 经典案例

徐音辉，上海市怒江中学教师，2005 年入选上海市普陀区师德标兵候选人。

徐音辉对教育学生有自己的认识。他总是深入了解情况，倾听学生的想法，用自己的言传身教，正确地引导他们学会做人。

他说："教师是一项艰苦的职业。让学生在有限的时间内获得最大的收获，是我的心愿。在与学生接触中，我也享受到了无穷无尽的乐趣。"

他是这样说的，也是这样做的。多年来他用一颗真诚的心去与学生沟通和交流，他总能及时肯定学生的优点，鼓励他们在原有基础上不断取得进步，帮助他们树立自信心；对于班级同学中出现的种种问题绝不放过，"我会关注他们的细节"。

小伟是徐老师班上一名特殊的学生，父母离异，他跟着父亲生活，父亲收入微薄，生活十分拮据。虽然小伟的学习在班里属于中下等，但徐老师对他的学习和生活却格外的关注。

有一次晨练时，细心的徐老师注意到小伟同学跟不上其他同学，步伐看上去怪怪的，他连忙走上去询问，原来他的跑鞋快要断底了。

徐老师就轻轻地责备他："鞋子坏了，怎么也不换一双？"

小伟懂事地说："没关系，能穿就穿吧。"

一股酸涩的感觉涌上徐老师的心头，他知道小伟的父母离异了，小伟一直跟着收入微薄的父亲生活，经济上十分拮据。他又想起前两天，同学们反映小伟的脚有异味，影响大家学习，他顿时明白了。

当天晚上，徐老师精心挑选了一双运动鞋，又买了一打袜子，亲自上门送到小伟家中。在家访过程中，徐老师像慈父一样，指导他洗脚的方法，并进行示范，同时告诉他：一个人良好的生活习惯是非常重要的，将会影响他的一生。

那天晚上，徐老师还与小伟的父亲进行了沟通，希望他在家庭教育上，克服粗暴的教育方式，除了关心孩子的学习以外，更要关心孩子心理的健康成长。希望老师、家长共同努力为孩子创造一个宽松的成长空间。父子两人连连点头，激动得热泪盈眶。

在临走换鞋时，小伟发现了徐老师的皮鞋也露出了一个口子，"徐老师，你的鞋……"小伟哽咽了。

在他的心中，徐老师带来的何止是一双鞋，还有一份慈父般的关怀之情。

徐音辉老师用自己那颗真诚的心，用自己那份热忱的爱，与他的学生们

进行着心与心的交流。正如春天播下的种子会在收获的季节回报播种人以喜悦，徐老师也在不断地收获着学生成长中的喜悦。

 ## 案例分析

从小伟一个与众不同的动作中，徐音辉老师察觉出了异常，得知了学生在生活上的困难。徐音辉老师想学生之所想，立即行动买来新鞋；急学生之所急，连夜登门，送上新鞋，并借此机会教育学生要养成良好的生活习惯。

老师的关心与帮助，犹如一缕春风吹进小伟的心田，在他的心田泛起阵阵涟漪，接下来的师生沟通自然而然就在一种极其和谐的气氛中展开了。

教师不仅是一个传递文化知识的大使，也是一个奉献爱心的天使。只要在自己力所能及的范围内，教师就应当向困难中的学生伸出援手，来一次"雪中送炭"，给学生带来心灵上的慰藉。

教师在对学生进行物质上的帮助时，应注意：

1. 是帮助而不是施舍

教师对学生的这种物质上的帮助应该是没有功利性的，不掺杂其他任何动机的，并且学生不会因为接受你的帮助而有一种面子受损的感觉。

曾有一位老师在得知班上一位学生的家庭发生重大变故时，先是在自己班上发动全班同学为这个学生捐款捐物，以帮助他渡过难关，迎接新生活，还让这位学生在全班同学面前发表演说，表达自己的感激之情。

这件事本来到此为止就可以了，但这位教师为了表现自己的一片爱心，三天两头找这位学生谈话，向他表示同情，并且把学生的事反映到校长那儿。接着又在全校搞了一次大规模的捐助活动，让这位学生在全校师生面前"亮相"。

一系列"帮助"后，她原以为这位学生能够振作起来，发奋学习。没想到这位学生却转学走了，临走时学生给她写了一封信，信中说："老师，我在这个学校待不下去了，每天都会有人对着我指指点点，说我就是那个家中如何如何的学生，我被你们的'帮助'压得喘不过气来。所以我转学到了内蒙古的一所小学，在这儿没有人知道我的过去，我可以重新找回我的

自信……"

一番好心没好报，这恐怕是这位老师始料不及的，原因就在于她做得太"过"，将帮助学生变相成了一种居高临下式的"施舍"，伤了学生自尊，也失去了推开学生心灵之门的机会。

2. 对学生的帮助要在力所能及的范围之内

面对学生在生活上的困难，我们可以在自己能力允许的范围内给予学生物质上的帮助，带他走出难关，但我们不能逞一时之强，仅靠一己之力去做自己能力之外的事，必要时可发动群体的力量来帮助学生。

湖南湘潭永顺一中高级教师肖岩顺，在十几年的教坛生涯中只要听到哪个学生有困难，他便会鼎力相助，他曾多次把家里的旧衣服洗干净赠给贫困的学生御寒，也曾多次给学生以金钱的帮助。

有一年，班上的彭明媛同学住院，她因家境非常贫困，家长把家里能值钱的东西全都卖掉也只凑足 200 元钱，而医疗费需要预交 12000 元。这时陪同而来的肖岩顺拿出 800 元交给家长，并央求医生说："我回到学校后立即返回来交足所欠的费用。"

他一回到学校首先在本班倡导捐助集资，为抢救彭明媛生命奔波，学校很赞同他的倡导，在全校掀起了一场大捐赠活动，得现金一万多元钱，全部用于彭明媛的医疗费。

而今，彭明媛同学的病已经痊愈，她顺利地通过高考，被全国重点大学湘潭大学经济学专业录取。回忆起病中的日子，她由衷地感叹："没有肖老师和学校的帮助，就没有我的今天。"

一个优秀的教师，最值得称道的不仅是他那渊博的学识、为人称道的授课方式，还有他那种想学生之所想、急学生之所急的精神。知识需要不断更新，教学方式需要不断变化，唯有这种道德作风是可以永远保留的，这种用行动来表达爱意的沟通，将永远给学生以支持、感动和发自内心的敬佩！

名师沟通有效细节之他山之石

借助说客的力量

> 他山之石，可以攻玉。
>
> ——《诗经》

很多时候，我们与学生沟通时会遇到一些困难和障碍，面对面的沟通反而会被学生所排斥。无形中，师生沟通的那道门就闭得更紧了。这个时候，是继续叩门呢，还是先退后一步，请别人上前代为叩门呢？

继续叩门，很可能学生只要听到你的声音就会拒绝为你开门，纵然你有千倍的耐心，任凭你千呼万唤，门也最多只是开一条小缝。这时，为什么不请别人——比如学生的好朋友、父母或其他与之关系密切的人，上前来替你叩门呢？

学生的朋友或父母有着老师所无法比拟的优势：朋友间的友谊是学生最为看重的，而亲情则是学生最为依赖的。有时候，同样的话，从不同人的嘴里说出来会给人以不同的感受，学生也概莫能外。当与学生那面对面的沟通因故一时不畅时，我们就该考虑向别人求助了。

 经典案例

全国十佳师德标兵、北京市首批有突出贡献的专家、人民教师孙维刚是个十分有内涵的老师，校园里众多师生都曾把孙老师作为生活中的偶像。

孙维刚任北京22中高三班的班主任时，一些爱美的女生有这样的习惯：她们在课间到卫生间梳洗，补妆之后，常常在镜子表面印上自己的口红印。

后来这种"浪漫"的做法被越来越多的女生争相效仿，给学校的清洁工增添了许多麻烦。

校方颁布了禁令，甚至用警告、处分、罚款等作为制止的手段，但效果并不明显，因为校方没有足够的人手监视女卫生间里的一举一动。

而孙维刚所在的高三年级（2）班，这种情况尤为严重，因为往镜子上印吻的事件就是高三（2）班上的几个女生带头而起的。

孙维刚为此事大伤脑筋，多次劝阻，均告无效。天知道这些女孩子们到底想干什么！

他思来想去，突然眼前一亮，对了，李娜可以帮这个忙！

李娜是（2）班的班干部。孙维刚把李娜叫到跟前，说："你现在可能也知道了学校里发生的一件怪事，虽然学校里禁止令不断，但是无济于事。既给学校的卫生工作带来了难度，又给我增加了难堪。而且，作为男性，我有很多的不便。所以我想请你帮个忙，去和那些女同学谈谈，我相信你们学友之间容易沟通一些。"

第二天，在用厕人数正值高峰时，李娜来到卫生间，当着所有的女生，高声说道："同学们，我想向大家说的一件事，就是女卫生间印吻的事。我今天代表孙老师的意愿和大家谈，他让我恳请大家停止这种行为，因为这件事无形中给卫生工作带来很大的麻烦，我们都是学知识的，为什么要把莫名其妙的欢乐建立在别人的负担和痛苦之上呢？我再次恳请大家停止吧！要不然会引起很多人的不愉快。"

不出孙维刚所料，女生们都笑了起来，对于李娜的话，她们根本没感觉。

李娜涨红了脸，道："我还有一件事，不得不告诉大家。你们知道清洁工是如何处理这扇镜子上的吻印的吗？"她浇了些水在镜子上，然后拿起卫生间的拖把开始擦镜子。

"你们看，口红印很快就没有了。多便捷的清除方式！"

女生们一下子全呆若木鸡！纷纷惊叫："太可怕了！怪不得你从不往上面印口红！你为什么不早说！"

从此，再也没有人看到镜子上有口红印了。

真心朋友的话可以令人深信不疑，即使是逆耳的忠言，也会让人接受的。朋友之间心灵的交换，最能感动人，只要方法得当，时机适合，必能取得很好的效果。

案例分析

孙维刚是男性老师，碍于师道尊严，他不可能站在女卫生间，更不可能有在女卫生间操拖把的举动。而李娜则弥补了孙维刚的所有遗憾，由她出面劝阻女生们印吻，这一招自然就大见功效。

教师不便于直接与学生沟通时，此时借助他人的帮助去与学生沟通，也未尝不是一个明智之举。这个"他人"，可以是学生的朋友，学生的父母，也可以是其他老师或别的什么人。但无论请何种人出面帮助，教师都应该把自己的想法向第三者说明白，让他们明了自己的心意，这样才能达到与学生有效沟通的目的。

实际教学中，当教师遇到以下几种情况时，可请他人出面帮助代为沟通，往往能起到意想不到的效果。

1. 当师生因性别上的差异不便直接沟通时

有时候，当男老师与女学生或者女老师与男学生沟通时，往往会因性别问题而受到阻碍，像案例中女生们在卫生间印吻一事就是例子。作为男老师，自然不便出面，而请女学生出面就是比较好的办法了。

2. 当学生对老师的话有"负面认识"时

有时学生有过错时，教师当面沟通时总是习惯于指明错误，摆出道理。但有的学生并不理会这一套，而教师一番责备的话说出来后，再想说些鼓励的话又不好开口，这时可请他人出面，帮助沟通。

比如为了激励后进生，消除已经与老师产生隔阂的学生的误解，教师可以在学生不在场的情况下，表扬他或表示喜欢他，通过其他学生之口传到他的耳朵里。因为背后的赞美更能让人感动，受到表扬的学生通过第三者获知后就会产生某些心理变化，从而缩小与老师的心理距离。

3. 当学生对老师有误会时

教师的工作千头万绪，一不小心出现失误也是在所难免的。而当因工作失误造成学生的误会时，教师最好能及时解释清楚，免得误会越来越深，阻碍师生间的交流。如果错过了最合适的时机，请他人出面代为解释也是一个上策。

开学了，芝加哥小学三年级S班的学生正在领新书，由于辅导员珍妮发书时一时疏忽，发到吉姆时正好没有书了，珍妮正想解释，吉姆却泪汪汪地抗议道："我总是最后一个拿到东西，因为我长得比较高大，座位总是在最后一个，所以老是拿不到东西。我讨厌我的身材，我讨厌学校，我讨厌每一个人。"

说完，他转身就跑出了教室。

在外面游逛了一整天后，回到家，吉姆却发现桌子上正放着一本新书。他十分不解。

母亲解释道："亲爱的，你的老师珍妮小姐今天打电话给我，说她今天去领书时不小心少领了一本，所以才出现了这个场面。她知道你一定很伤心，所以特地把这本书送到我们家来。她希望你别再难过了，而且她保证，下次一定让你最先领到新书！"

"哦，是这样啊。"吉姆的脸不再僵化，"看来是我错怪珍妮小姐了。"

"是啊，亲爱的，别再抱怨了，珍妮小姐不是有意不给你发新书的，谁都难免出点小差错啊！"

第二天早上，吉姆一见到珍妮就大声道："珍妮小姐，谢谢你！"

看看，一场误会很快就消除了。这就是请第三者帮助沟通的威力。

4. 当学生在兴趣爱好上与老师不能达成一致时

这种兴趣爱好可以是学生对某一课程的爱好、对某一活动的热衷。而教师本身也并非万能之辈，总有自己不及之处。这时请别人帮助与学生沟通，往往会收到一箭双雕的效果。

苏珊很喜欢手工课，却讨厌数学课，她的手工课总能得A，而数学课却总在D上下徘徊。

数学老师韦伯德先生对此一筹莫展，能试的办法都试过了，却都没什么效果。当他翻看苏珊的成绩单时，突然眼前一亮，既然苏珊这么喜欢手工，那么她也一定喜欢教手工课的玛丽女士了，为什么不可以请玛丽女士出面与苏珊沟通呢？

于是，韦伯德找到玛丽说明自己的想法，请她帮这个忙。玛丽女士听完韦伯德先生的话，欣然同意。

玛丽女士找到苏珊，先肯定苏珊在手工课上的长处，表示自己为有她这样的学生而骄傲。接着话题一转，告诉她韦伯德先生也一样喜欢她，为什么不可以让韦伯德先生也同自己一样为她而骄傲呢？并鼓励苏珊："既然你的手工课可以回回得A，那么把你的数学课成绩从D提到B甚至A并不是一件难事，努力一下，韦伯德先生也会帮助你的！"

这次谈话令苏珊非常高兴，觉得既然韦伯德先生这么看重她，自己又有什么理由不学好数学呢？

很快地，苏珊的数学成绩就提上来了，韦伯德先生则适时给了她鼓励，令她信心倍增，从此苏珊的数学成绩越来越好。

无论是什么情况需要请什么样的人与学生沟通，教师都应明确，请第三者是为了帮助自己与学生更好地沟通，以达到某种目的。所以，一定要让第三者明白你的意思，以免做无用功。

我们不能保证每一个学生时时刻刻都处在我们的视线里，随时随地都能聆听我们的教导。师生间总会有不如意之事出现，总会有顾及不到的地方，总会有说不清的误会挡在师生面前。

当我们个人的力量有限之时，我们就需要真诚地请来"将"，请来"土"，请来学生身边的某些人来帮助沟通，用他人的长处补我们的短处，不也同样是明智之举吗？

名师沟通有效细节之征求建议

意见箱里的建议

> 物有所不足，智有所不明。
>
> ——屈　原

尊师重道是中国人的传统美德。在很多人的思想观念里，学生对老师评头论足已是大不敬，更何况是给老师提意见。与此同时，教师总认为学生还是个没有长大的孩子，于是拼命地限制他们的行动。

其实，在学生们的心中，他们有太多正确的、成熟的却未被人承认的想法，他们是那么希望老师能把他们当大人看待。请学生给老师提意见，实际上就是给了学生这种成长的欲望。当他们感到被尊重的时候，他们的潜能就会无限量地被激发，他们的学习欲望就会无限量地被扩张。

多年来，我们一直在呼唤素质教育，强调教育应当以学生为本，但是说的多，做的却少。注重与学生的沟通，减少学生对教师的误解，而主动征求学生的意见就是师生沟通的有效途径之一。

 经典案例

苏州市草桥实验中学是一所百年名校，很早就有了学生给老师提意见的传统。用草桥校长董老师的话说，让学生给老师提意见，才能体现出谁是学校真正的"主人"。

说起学生给老师提意见的传统，还有一段有意思的故事。

那是一年秋天，董老师到草桥实验中学执教。开学两个月了，虽然和学生们相处得很融洽，可是，他总是感觉有一些不和谐的地方，因为他有时候会从学生的脸上看到一些疑惑，而这些疑惑并不是针对课堂上的问题的。

他们好像有什么话要说，董老师心想。可是，为什么我和他们在一起时又什么问题也没有呢？有什么办法让他们说出心里话呢？

这天晚上，董老师正在看晚报，一则消息吸引了他。消息说，市长最近设立了一个意见箱，如果本市哪位居民对市政设施、法规制度或市长本人有什么意见，都可以用书信的方式来反映，市长会在七个工作日内尽快给予答复。

董老师脑海中突然闪出一个灵感：对啊，我也可以在班里设一个意见箱，让学生们把想说的话说出来！

这天上课时，学生们惊奇地看到，董老师拿着一个绿色的小信箱走了进来。

尖的苏林第一个发问："董老师，你怎么把家里的信箱拿到学校里了？"

"这是我特意买的。现在我来宣布一件事，我准备把这个信箱放在教室里，你们可以把对我的意见写在一张纸上，然后放在这个信箱里。"

"啊？"学生们不解地望着董老师，性急的一个男生跳起来，"董老师，你这是干什么呢？我们没什么意见啊！"

"别激动，我不是说你们对我有意见，而是想听听你们的心里话，想看看我是不是有什么地方做得不太好。"董老师微笑着解释道。

"这样啊！"学生们一听，都来劲儿了，"董老师，我们可以不写自己的名字吗？"

"当然可以，这是你们的自由。"

一周后，董老师打开信箱，信不多，有28封，而班里一共才有40个学生。

"董老师，我希望在我没有坐上校车的时候，你能够送我回家。"

这是谁呢？董老师努力地回忆，想不起来有哪一次哪一个学生没坐上校车，难道是自己疏忽了？

"董老师，你在我们眼里是个英俊的男士，不过如果你能穿得更帅一点就好了。"

哦，这位学生的眼光还挺"挑剔"的，董老师想。

"董老师，我最不喜欢的一件事就是你经常在授课时接听手机，甚至有一次，你听完手机后都忘了我刚才问你的问题，害得我不得不再重复一次。"

"董老师，如果有什么问题希望你能直接和我说，而不是打电话给我家。那样做，会让我很尴尬。"

……

28张纸条，28条意见。虽然不多，但也证实了董老师的一个猜测：他们有话要说，但是面对面的时候又不敢说什么，看来意见箱是个好法子。

第二天，董老师特地换了一身湖蓝色的牛仔服前去上课，刚走进教室，那些小家伙们就"哇"的一声："董老师，你今天太酷了！"

"谢谢你们的夸奖。"董老师笑着冲学生们眨了眨眼睛，"我昨天统计了一下上周收到的意见，并不多，现在我来一条条念给你们听。"

"请你穿得帅一点！"学生们一听都笑了，难怪他今天穿得这么漂亮，看来意见已经发挥作用了。

"请不要在课上接听手机！"董老师读完，一脸严肃地说，"孩子们，你们的意见很正确，我保证从今以后再不会出现因为我打手机而忘了你们问题的事。"

意见读完了，董老师用期望的眼神看着学生们："同学们，你们的意见提得很好，我会尽力去做得更好，同时，也请你们继续给我提意见，怎么样？"

学生们都笑了。

从此以后，信箱里的信渐渐增多，而学生们最快乐的时候莫过于听董老师在课堂上进行"检讨"，有的时候董老师也会进行"辩驳"。但董老师和学生们的距离越来越近，学生背地里都亲切地叫他"信箱老师"。

一张纸条一条意见，虽然这些意见涉及的都是一些小事。但学生的意见，反映的正是他们的心声。这个办法让董老师知晓了学生们内心的真实想法。

案例分析

董老师将自己放在了与学生平等的位置上，请学生们提意见。并身体力行，有则改之，无则加勉。在学生眼里，董老师既是他们的老师，也是他们的大朋友。"亲其师而信其道"，董老师的信箱收获的不仅仅是学生们的意见，还有学生们的信任。

我们要培养学生的民主意识、培养更多的创造性人才一个优秀的教师应该放下"唯我独尊"的师道尊严，鼓励学生给老师提意见，只要学生提出的意见正确可行，教师就应该采纳。

请学生给老师提意见的方法、形式多样，教师可结合具体情况采取合适的方法，一般说来有以下几种：

1. 请学生将意见写在纸条上

案例中董老师正是采取这种方式来征求学生们的意见的。采用这种方式，可以最大限度地了解学生心中的想法，找出工作中的不足之处，然后有的放矢地来进一步改进工作。

2. 请学生给老师写评语

我们经常会听到学生在背后评论自己如何如何，如果是夸奖类的言语倒也罢了，但不好听的话甚至是坏话，往往会让老师心里感到别扭。有时学生因误解老师而说出的不合理的话更让人生气。与其让学生在背后指指点点，为何不给他们一个机会，让他们正大光明地说出来。

优秀教师华应龙为了与学生更好地交流，在班上开展了一次"评语"活动，他让学生以朋友的身份，实事求是地评价老师，为老师写评语提意见，谈建议，并请学生每周写一次评语，亲手交给他。于是学生有的写出老师的优点，给老师以鼓励，有的真诚地为老师提出意见和建议："请华老师帮我们设计丰富有趣的课间活动""请老师上课声音响亮一点""请老师不要忘了自己的身体，注意参加体育活动"，等等。

老师诚挚虚心地启发、引导学生把要在背后说的话，当面给老师提出或给老师作评价，这对教学改革，密切师生关系，提高教学质量，都是十分有利的。

3. 在日记或周记中提出意见

学生写日记或周记时，可以将自己对老师的意见附在其中，而教师可以利用这个机会与学生一对一地交流思想。教师应首先肯定学生的勇气，感谢学生愿意把老师当做朋友，然后虚心接受学生提出的正确意见和合理建议，并解答学生提出的疑惑。这个方法能够很快拉近老师和学生的心理距离，增进师生情谊，建立起新型的师生关系，赢得学生的尊重。

4. 以书信的方式提出意见

教师可以把学生给老师提意见、建议当成一项定期进行的活动，可以制作"交流卡"，学生写好后不用署名，直接投进老师的信箱。这种方式让提意见者有充分的思考空间，这个过程本身就是帮助学生思考的过程。这个过程只有学生和老师两个人知道，避免了学生当面指出老师问题的尴尬。

5. 通过网络论坛等

有条件的学校可利用校园网上的教学论坛，请学生们在论坛中提出自己的意见。这种方式的好处是保密性强，学生们可以无所顾忌地畅所欲言，但需要教师加以引导，避免出现学生泄私愤的情形。

当然，如果师生关系融洽，有些意见也可以当面指出，这就需要教师与学生把握好一个度。此外，学生敢于向老师提出意见只是第一步，老师如何对待学生提出的意见才是最重要的。那么，老师应该如何对待学生提出的意见，并且让意见真正落到实处，而不是流于形式呢？

1. 尊重学生的意见

在现实的师生关系中，教师往往容易忽视学生的民主权利，使师生关系出现不平等现象。事实上，学生的意见帮助老师改进了工作，并且提醒老师不断严于律己，追求教育的尽善尽美，这种效果是显而易见的。

学生给老师提意见，这体现了教育应有的民主监督，也体现了学生权利意识的增强，这种教育民主的精神和民主教育的形式正是公正的一种体现！

教师应尊重学生的意见，才能与学生共同探讨，共同进步，教学相长。当然，民主平等是师生双方都应该遵循的基本准则，教师应该平等对待学生，学生才会平等对待老师。

2. 以平和的心态去面对学生的意见

有的老师表面上也会请学生提意见，但一旦被学生点中痛处就怒不可遏，就好像被人揭了伤疤一样。

据报载，烟台一中学老师在课堂上让学生提意见。可是当一个学生勇敢地站起来指出"学生学习不好，不全是学生的责任，老师不应在班里发脾气"时，老师的脸色立刻大变，当着全班同学的面说出了"这个学生我教不了"的话，还让学生在办公室站了一个下午。受到老师的侮辱后，这个学生晚上总是失眠，最后忧郁成疾。经医院检查，确诊为精神分裂症。

或许老师只是想"惩罚"一下这个"口不择言"的学生，没想到却造成了如此严重的后果，起因仅仅是由于学生直言老师"发脾气"。

学生提的意见有时可能会不公正，面对这种情况，老师要做的不是发脾气、使性子，而是以平和的心态面对这一切，静下心来好好反思自己在教育过程中的得与失，对照学生的要求去改变自己不恰当的做法，把自己对学生的关心、爱护和严格要求以一种学生能够接受的态度表达出来。退一步说，即使是学生误解了老师而提的意见，我们也应考虑"我为什么没能让学生理解我的教育，这责任是否也在教师身上"。

3. 有效引导，合理采纳

教师应当要求学生诚恳地、善意地提出建议，也应该适当地注意提意见的场合。对于学生合理的意见，教师应该采纳并给予鼓励；不太合理的，可以婉转或直截了当地给学生指出来，提高他们分析问题的能力。

学生的意见和建议犹如一面镜子，可以让你看清真实的自我！

学生的意见和建议如同一根鞭子，在你懈怠时给你继续向前的动力！

一个优秀的教师，应当鼓励学生"知无不言，言无不尽，言者无罪，闻者足戒"，对学生的意见"择其善者而从之，其不善者而改之"！

名师沟通有效细节之网络交流

网络，一座时尚的交流平台

> 网络时代给了人更广阔的可能性，也许我们现在所能感受到的、所能运用的只是其中很小的一部分。
>
> ——李敬泽

在我们的记忆中，2003 年的"非典"渐渐被淡忘，在那些不能相见的日子里，网络让我们每个人都认识到了它的重要性。

在那两个月的时间里，人们通过网络传递情感，交流信息。很多学生在网络的世界中展现了平时被别人所忽略的才能：原本沉默寡言的孩子突然变得神采飞扬，口若悬河；平时习惯懒散的孩子，在网络活动中变得行为敏捷，井井有条。网络起到了其他任何手段都无法替代的作用，也让教师们认识到了网络巨大的教育力量。

当腼腆的学生有话想说又难以启齿的时候，当家长想及时了解孩子在校表现的时候，网络不是可以很好地弥补这些不足吗？网络可以拉近老师与学生之间的距离，使师生沟通起来更加方便、顺畅。网络上那心与心的交流既是师生感情融合的纽带，又是师生沟通的快捷之道，有着面对面交流所无法企及的优势！

 经典案例

赵麟祥是天津市二十一中的一名优秀教师。

一天上课时，赵麟祥老师下意识地扫了一下中间第三排左边的座位，还

是空的。

"到底怎么回事呢？"赵麟祥老师有些纳闷。已经连续六天了，那个叫余林的淘气鬼都没来上课。打电话到他家里，居然没人接，后来听学生们说余林的父母去上海出差了，他正好乐得逍遥自在。

按理说余林旷课已经不是什么新鲜事了，一个月总会有那么两三天，为此赵麟祥没少找他谈话，但他依旧我行我素，而这次更是过分。

下课了，赵麟祥一边往外走一边想："他会去哪儿呢？"想起以前几次旷课他都是跑去上网玩儿了，估计这次十有八九又奔网吧了。

赵麟祥打开电脑，新注册了一个QQ号，搜寻到余林后便加为好友。"你好！我酷故我在！交个朋友好吗？""我酷故我在"是余林的网名。

"你好。"余林象征性地回了一声，就不吭声了，看来他只把赵麟祥当做一般网友敷衍。

赵麟祥却"缠"着他不放，问这问那，果然不出他所料：余林在一家网吧已经泡了好几天了，也不干什么，就是打游戏。

经过半小时的死缠后，余林开始向赵麟祥吹嘘道："我已经打了十二关了，很快就能打通了！"

赵麟祥趁机敲出了一行字："你已经玩了几天几夜了，是不是不打算回学校了？"

"你怎么知道我还在上学？"余林连敲了三个问号。

"我是猜的。"赵麟祥卖了个关子。

"哦，算你猜对了，学校真没劲，每天就是上课，下课，作业，考试。"

"可你就这样泡在网吧里？你父母知道了该多难过啊？还有你的老师，你都这么多天没去上课了，他们能不着急吗？"

"管他呢，我先玩个够。"

"玩归玩，学归学，无论如何你也不能不去上学啊。何况你学习成绩并不差，你计算机还学得那么好……"

"你在说什么？计算机？"这下余林有点怀疑了，他的计算机确实学得不错，可这个陌生人怎么会知道呢？

"你到底是谁？你好像很了解我？"

赵麟祥笑笑，在屏幕上打出了一行字："余林，我是你的老师赵麟祥。

你该回来上课了!"

"啊?"余林打出一个表示惊讶的表情,"赵老师,你也喜欢上QQ聊天啊?!"

"那当然了,老师也是年轻人,能不喜欢时尚吗?说说看,你除了游戏还喜欢什么?"

就这样,赵麟祥像普通网友一样与余林海阔天空地闲聊,慢慢地启发他要学会选择,要把握好"度"。虽然这个晚上没达到说服余林的目的,但余林并不反感和老师聊天。

接下来的一天,赵麟祥向余林"请教"了不少问题,并借口自己有些忙,请他帮忙查找资料、下载知识,并说余林帮了自己大忙。

接着,赵麟祥在班上向全班同学说了余林沉迷于网络游戏的事,发动有条件的同学与余林上网聊天,鼓励他,开导他,让他感受到集体的温暖。

一周后,又是在网上。赵麟祥刚上线,"我酷故我在"就发过来一条消息:"老师,我错了,我想回去继续上学,我很想念你和同学们。不过我有一个要求,请你不要把这件事告诉我的爸爸妈妈,好吗?"

"当然可以,老师和你约法三章。欢迎你回来!"

重新回到学校的余林,再也没犯过旷课的毛病。

高二下学期,由于对游戏的酷爱,余林对程序设计产生了强烈的兴趣,于是利用课余学习了程序设计,并运用于游戏中进行实践。很快,他就成了班里的电脑高手。余林已从单纯的游戏中跳了出来,发展了自己的特长,并找到了自己真正的兴趣。

他对赵麟祥表示,将来他也要去做一个游戏设计员,一定要开发一款好玩又益智的游戏出来。

赵麟祥开玩笑道:"那老师也等着玩你的游戏了,看你有多酷!"余林不好意思地笑了,他想起了那段旷课泡网的日子。

在学生眼里,上网、聊天,玩游戏都是很时尚的行为,那些一本正经的老师才没工夫顾这些呢。赵麟祥的成功,在于他能够巧妙地引导学生从游戏中解脱出来,不至于迷失得太远。

案例分析

如果赵麟祥老师不是采取QQ聊天的方式，而是换用一种方式，比如打听到余林会在哪个网吧里，直接去把他"揪"回来，然后对他狠批上网的坏处，勒令余林"回头是岸"，这样做会收到什么样的效果呢？上网成瘾的余林可能只会充耳不闻，今天你把他拉回来，一松手，他又扎进了网吧"忙"他的游戏去了。

有时候，面对这种"顽固不化"的学生，正面的、单纯的说教已经起不到良好的沟通作用了，这就需要教师转换思路，因势利导，以"学生喜欢的方式"去和他们交流，打开他们的心结。

赵麟祥正是深谙余林的心理，采用学生喜欢的QQ聊天方式一步步走近余林，以平等的身份与他交流，让他感受到老师的关心、同学的友善，直到余林自己回心转意。

网络，是这个时代的宠儿。既然学生喜欢，教师为什么不好好地利用它进行沟通呢？目前，部分学校、教师已经充分利用网络，在教师与学生之间搭起了一座自由交流的平台。

在宁波大学，QQ聊天、论坛、E—mail等这些网络宠儿正逐渐成为高校教师与学生进行思想交流的新平台。网络成了老师与学生相互沟通的新方式。学校领导和职能部门老师经常与学生开展"真诚面对面"活动，开展主题聊天，谈论话题大至人生哲理，小到食堂饭菜。学校各部门负责人做客网站聊天室，他们常常在两个多小时内现场回答学生提出的各种问题，深受学生欢迎。

在互联网上，每个人以平等的身份进入网络，学生比以往任何时候都更愿意敞开胸怀，这可以让教师能更加清晰真实地发现、了解学生的思想动态，更易于与学生沟通，进行平等的思想交流。那么，在这个虚拟的时空里，教师如何做，才能达到沟通的预期效果呢？

1. 教师应熟知网络知识

在学生普遍认可网络的今天，教师只有自身具备了网络知识和上网经验，才能不被学生视为老土，被学生引为知己，与学生有共同的话题，拥有与学生交流的最前沿的平台，老师的教育才有说服力。

一个从不知网络为何物的教师，特别是那些只知一味地说网络的弊端，反对学生上网的老师，不但起不到教育学生的作用，反而容易引起学生的叛逆心理，造成学生与老师敌对，降低了老师的威信。

2. 借助网络纠正学生思想认识上的偏差

有时学生沉湎于网络，往往是由于现实中种种问题得不到解决，而到网络中寻求慰藉。因此，当教师通过网络与学生进行交流时，发现学生有什么异常行为时，应该积极进行科学、准确、有效的心理教育。通过说理和文字媒体给予学生帮助和启发，解开学生的心结，使其内心梗阻的地方通畅起来，从而使学生树立起正确的世界观、人生观。

浙江工业大学王福和教授在学期结束时，发现不少学生多门课程不及格，"红灯高挂"，究其原因大多是因为沉迷于网络聊天和网络游戏中不能自拔。于是，他便申请了一个QQ号，并在课堂上向学生公布，这一做法受到了学生的热烈欢迎，年近50的他从此成了众多学生眼中最值得信任的朋友。

在QQ上把王教授列为好友的学生越来越多，如今有了50多个"好友"的他，不得不在QQ上同时和10多个学生对话，一些学生也因此发生了可喜的变化。

机电系2003级的陈晓玉因和女朋友关系破裂而对人生失去了信心，甚至想学网络游戏中的人物把女朋友"夺"回来，"既然我得不到她，别人也休想得到她"。王教授察觉了陈晓玉的念头，对他进行循循善诱的教育。告诉他首先他犯了一个极大的错误，那就是把网络与现实混在一起。接着对他进行了一次法纪教育，让他深刻理解"不以恶小而为之"的道理，使陈晓玉了解到，在现实社会中不遵守社会规范是要付出代价的。

3. 匿名交流

鉴于网络特殊的性质，教师如发现某个学生有不愿意与亲近的人诉说的毛病，不妨采用匿名的方式进行交流。

著名教育家黄宗英发现男生伟杰最近老魂不守舍，找他谈了几次话，也问不出个所以然来。这天，黄老师上网时，发现伟杰正在网上，黄老师灵机一动，便注册了一个新的网名，伺机与伟杰聊了起来。果然，伟杰一见是陌生人，胆子立马放开了，开始诉说自己青春期的生理烦恼，而黄老师则装成一个长者，循循善诱地帮助他一一解答。次日，黄老师再次上网时，伟杰立即打来一行字："我的问题基本得到了解决，谢谢你，希望我们能成为好友。"

4. 教师要为学生保守秘密

当学生因上网产生一些不良的心理问题时，往往会涉及个人和其他人的隐私，对于这些隐私问题和学生不愿公开的问题，教师绝不能泄露，即使是对其他教师和学生家长，也不予以公开。

如果泄露学生的秘密，不仅会失去学生的信任，特别是有些心理承受能力较差的学生，后果会更严重。

总之，电脑网络的发展给人们的观念和教育体制的改革带来了前所未有的冲击和影响。教师应该与学生共同进步，共同追赶上时代的脚步，积极应对电脑给学生成长所带来的影响，接受电脑网络的发展所产生的一系列价值观的变迁。这些都会让我们更好地与学生沟通、交流。

网络是现代人类沟通与交流的重要手段。它超越时空，足不出户便可快捷地传达心声。请走近网络，请让我们在这个时尚的平台上，与学生们实现零距离接触。

倾听，与学生贴近的秘诀

> 大自然赋予我们两只耳朵，却只有一张嘴，这是否在暗示人
> 们，上帝只希望我们讲出听到的一半？
>
> ——〔英〕狄斯里

倾听大自然的声音让我们心旷神怡；倾听朋友的喜悦让我们身心愉悦；倾听别人的意见让我们获得成长。只要我们认真倾听，就能享受学生那色彩缤纷的世界，感受每个学生心中的精彩世界。

学生也有自己独特的思想，它们虽然只是些零碎的、简单的、幼稚的观念和看法，但这些思想却构成了他们未来发展的现实基础。学生们在自己的思想中生活和发展，在自己的思想中与教育者沟通。

教师要善于倾听学生声音背后的某种思想和观念的萌芽，并尽量认可它们的价值和意义。当学生发现自己那些隐藏不露的思想被教师倾听并认可时，他们就与教师建立了更深一步的关系。这时老师就更易走进学生的心灵，就能及时了解学生的思想动向，师生之间的沟通也会变得更容易。

在一次语文练习课上，老师让学生给词语找家。一个学生把爸爸分到交通工具一栏。立刻引来其他同学的反驳："爸爸不是交通工具。"

老师也很愕然："爸爸怎么会是交通工具？"但他并没有立即否定，而是让这位学生解释其原因。

"在家里或上街的时候，爸爸经常给我当马骑，他不就是交通工具吗？"学生见老师愿意听，不由胆子大了起来，声音也随之大了不少。

"爸爸是交通工具"，多么荒谬的一句话呀！可当我们听了学生的解释

后，这句话又变得那么的自然。

在平常的教育中，这许多本可以成为自然而又富有创意的东西，却因为我们固执，因为我们的不愿意继续倾听，而未能给学生一个解释的机会。

苏联教育家苏霍姆林斯基曾经指过："教育者应当深刻了解正在成长的心灵！"真正的教育是从心与心的对话开始的，而心与心的对话又是从真诚的倾听开始的。

倾听是一种相互间的尊重，一种热情的期待，一种无言的爱。多给学生一个解释的机会，多去倾听学生的心声，就等于多给了学生一个展示独特自我的机会。只要你愿意倾听，你会发现，这一切都十分有意义。

 经典案例

遂宁市优秀共青团员、遂宁市优秀支教教师、遂宁中学分校（三中）教师成焱在支教期间爱生如手足，每天起早贪黑、早出晚归、任劳任怨，为藏族孩子贡献着自己的一切。

在遂宁这个风土人情皆不熟悉的地方，为了解学生们内心的所思所想，成焱更是把多听多想当成了打开孩子们心扉的一把钥匙。

到三中没多久，成焱就发现史清文是班上的淘气大王。他聪明好动，喜欢调皮捣蛋，攻击周围同学，给同学取绰号。上课时，他喜欢讲空话，几句俏皮话逗得大家哄堂大笑。他时不时离开座位到饮水机旁喝水，到图书箱里取书。为了看卡通连环画，他能把作业搁上整整一天。

老师问他为什么不好好听课，他理由十足地说："这课信息量太少。""这个单词我早就会了！""整天写，真没劲！"

总之，他是一个令人伤透脑筋的"问题"孩子。当然，他得到更多的是批评。而他也多次告诉自己的父亲不愿在三中读书。

然而，有一件事让成焱感觉到了史清文真实的心声。

冬日的阳光正柔和地照在教室的窗户上，午间谈话开始了，成焱说："孩子们，今天我们讨论的主题是——'什么是最宝贵的'这个问题。"

"身体最宝贵，身体不好了，什么事也不能做了。"李诺马上回答。

苏娜接着说："读书最宝贵。你不读书，什么知识也没有。"

"时间最宝贵。"胡佳站起来说，"时间过去了就不再回来了。"

同学们争先恐后地发表着自己的想法。

"自由最宝贵！"不等成焱指名，史清文坐在椅子上大声地回答着。

成焱有些诧异。

"史清文说自由最宝贵，就是想整天玩。"

"对，他就是想玩，作业也不做。"

"上课时他总是说话，总是走来走去的。"

……

教室里气氛顿时紧张起来，同学们的矛头直指史清文。

成焱看见史清文一副委屈的样子，眼里含着泪水，望着成焱，口里不停地轻声说："不是的，不是的。"

此刻，他正需要老师的帮助与保护，成焱想。

于是，成焱心肠一软，便微笑着道："史清文，为什么自由最宝贵呢？请你谈谈自己的想法吧，我和同学们都想听听呢。"

史清文一定是从成焱的目光中，猜度出了几分给予他的鼓励，他站起来说："有一只小山羊，因为想去草地上晒太阳，吃青草，它冒着被狼吃掉的危险也要走出羊圈……"

因为激动，他的脸涨红了，声音有些颤抖。也许是想证明自己的观点，他又补充说："羊就是为了寻找自由才这样的。这个故事，是我在一本书上看到的。"

成焱心无旁骛地专心倾听着，她惊讶于他对自由的理解，之后，她激动地说："史清文爱读书，会思考，我们应该掌声鼓励。"

下午，成焱约史清文在学校的休闲广场聊天。她告诉他，老师不但欣赏他对自由的解释，更欣赏他爱读书，知识丰富。

接着成焱问："史清文，听说你不想在三中读书了，是什么原因呢？说来老师听听。"

史清文看了看成焱，怯生生地说："三中太不自由了，什么都要排队，还要天天夜自修，电视也看不爽快……"他终于向成焱敞开了他的内心世界。

成焱静静地倾听着，之后，针对史清文的种种想法，成焱也谈了自己对自由的理解，并告诉他，现在的主要任务是什么，遵守学校的规范有什么好处，分析同学们在讨论会上为什么误解他批评他的原因，还严肃地指出他平时因为太自由，忘却了责任。

他听后，红着脸蛋儿点了点头，表示接受意见。

从此，史清文改变了很多。在课堂上，他已不再随意离开座位，随意讲空话。看连环画依然是他的爱好，不过，他已不会因此拖欠作业，而且阅读面越来越广泛，还学会了做读书卡；他不仅能在课堂上大胆发表自己的意见，更能在课后与成焱愉快地沟通和交流。

史清文大胆表达自己的观点，并用已经获得的信息来解释自己对自由的理解，这是值得赞赏的。成焱善于发现学生的长处，借助"倾听"，为学生才华的涌露和锋芒的显现创设了一个理想的环境，达到了理想的交流效果。

案例分析

学生有着同成人一样的情感，他们懂得快乐与痛苦，羞愧与恐惧，他们有强烈的自尊心和荣誉感，他们希望和老师进行心与心之间的对话和交流。

比如当史清文大声说"自由最可贵"，并用小山羊冒着生命危险要走出羊圈的事实来证明自己的观点时，他希望的是自己的想法能得到老师和同学的认可和欣赏。

当学生还不能正确表述时，教师就常常不给他时间和自信；当有学生创造性地发表自己的意见时，教师往往把他视作"胡言乱语"，不客气地打断他的话语……这样的现象在我们的教育中比比皆是。

在英国的学校，我们经常看到这样一幅画面：师生席地围圈而坐，甚至老师经常在课堂里或跪或坐在地上和学生交流。从这个细节中就能看出，英国老师对学生是多么的关爱和尊重，他们乐于倾听学生的心声在单脚跪地的动作中显露无遗。

倾听会使学生感受到老师尊重他的意见，在乎他的见解，从而增强学生的自信心。尤其是出错的学生，当他们感受到老师正在认真地聆听自己、老师能够猜测到自己内心的想法时，这对他们来说，无疑是一个巨大的鼓励和鞭策。

在倾听的过程中，我们必须注意到：

第一，老师必须给予学生必要的尊重。

在交流过程中，老师不要以长者自居，不要以训导者自居，要充分尊重学生的人格，让学生充分地表达自己的想法和感受，千万别随意打断他们的话题，不要害怕他们"出格"，更不要目空一切地抢先发表你的"高见"。尤其是与绩差生的谈心，要放开偏见，创设平等的环境，让他们自由地说，尽情地说，发现并形成适合于他们发展的教学风格。

第二，老师要积极鼓励学生把话说完。

当学生怕耽误你的时间不敢继续说下去时，你可以说"没关系，你说下去"，以打消他的顾虑；如果学生思想紧张，一时语塞，说不出话来，你可以说"不要紧张，慢慢地说吧"，以放松他的紧张情绪；如果学生有话不敢说，"欲说还休"的时候，你可向他表示"你放心说，我给你做主"，或者说"我给你保密"，他们就有了安全感和信赖感。

第三，在倾听的过程中，老师要集中注意力，用心去听，适当的时候用局部表情或者简短的语言，不断地鼓励、理解、支持，让学生体会到老师的关注，给学生心灵上带来温暖。这时，学生就会感到他讲的话得到了你的重视，有助于他们有更好的表现。

当然，强调老师倾听，并不是要老师放弃自己的立场观点，而是要把对学生教育的过程，转化成教师艺术地倾听的过程。老师不凭自己的好恶支配倾听，而是暂时地把自己的观点放在一边，先听听学生的心声，并以此为根据，洞察他们这些想法的由来，就能做好与学生的下一步沟通的工作。

一名优秀的教师要海纳百川，在倾听中获取学生的见解，发现自己工作的失误，找出有效的工作方法，在教学上作出适当及时的反应和调整。这种虚怀若谷的精神，能够让自己散发出一种诱人的魅力，更多地吸引学生的注意，得到学生的好感，让他们接受你，真正做到让学生"亲其师，信其道"。

有这样一句话："听君一席话，胜读十年书。"倾听别人的话，是可以从中受益的。

学会倾听，你就能还学生一片洁净的灵魂天空，就能让阳光、花朵和蝴蝶再次成为他们心灵的友伴；

学会倾听，在学生们的絮语中，倾听能让他们疲惫的灵魂重新歌唱，能让快乐与幸福再次回到他们生活的中心；

学会倾听，学生们在自己的心跳中感知岁月与季节的脚步，感知老师的爱。

只要你学会倾听，你就会感受到教学的真谛，你会发现，好学生还有很多很多。去倾听吧，把身边的琐事放下，听听你的学生在说什么，听听你的学生想表达什么，不要简单地就下结论，更不要放过任何沟通交流的机会。

第 三 篇

沟通细节
之
心态艺术

"以学生发展为本"是新一轮课程改革的核心理念，由此带来了教学方式、教师角色和教学评价的极大变化。在讲台上，教师不再是科学知识的灌输者，而是学生共同探究、合作学习的引导者；在生活中，教师不再是高高在上的训导者，而是悉心关爱、倾心交流的朋友。在师生沟通中，平等对话、相互尊重、民主管理成为主旋律，因此，教师的心态也应随之发生变化。遇到棘手的问题时，教师要学会情绪控制、变向思维、换位思考，对学生坦诚以待，与学生平等对话。

名师沟通有效细节之攻心战术

攻心，沟通的情感切入口

有效的沟通取决于沟通者对议题的充分掌握，而非措辞的甜美。

——〔美〕安迪·葛洛夫

古语说："用兵之道，攻心为上，攻城为下。心战为上，兵战为下。"意思是从思想上瓦解敌人的斗志才是上上之策。可见，自古以来，人们就懂得"攻心"在战略上的重要性。其实，与学生沟通也需要"攻心"战术，心灵是师生感情沟通的一个切入口。

教师对学生进行教育时，要针对学生的实际表现和心理状况，多进行思想上的交流，让教师与学生之间产生心与心的碰撞。教育学生时，只要把握好时机，找准他们的感情切入点，就比较容易打动学生，使他们深受触动。这时教师再巧妙引导，联系到对学生的教育上来，一切问题就都容易解决了。

 经典案例

广东三水华侨中学陈志彪老师就善于实施"攻心"。

有一年，陈老师接手一个新班。上课第一天，他临时改变课题，来了个《畅所欲言话语文》。陈老师刚一出示课题，第二排的一个男生就嚷道："老师，你什么都不用讲了，只教我们高考夺高分的绝招就可以了。"经他这么一嚷，全班学生都笑了起来。

　　好啊，竟然这么目无尊长！陈老师对这个学生乱插嘴的行为有些不高兴，但却没有表现出来，而是用一番大道理搪塞过去了，但从此他对这个男生有了"特别"的印象。

　　经过了解，陈老师知道这个男生叫小鹏，学习成绩优异，小学、初中就已经是学校很有名气的尖子生了，高一曾入重点班，高二后成绩开始走下坡；家境富裕，父母对其呵护有加，常与父亲顶嘴，瞧不起任何人。

　　难怪这么嚣张，原来有点"小资本"，但也不能因此而骄傲自大啊！时间长了，不但影响他的人际关系，成绩也会受到影响。得想办法和他沟通，但怎么沟通呢？像这种骄傲的尖子生，一般的说教肯定很难有效果，必须找个突破口。

　　一天课上，陈老师讲到王国维的三重境界，其他学生听得一头雾水，只有小鹏脱口而出，将"昨夜西风凋碧树，独上高楼，望断天涯路""衣带渐宽终不悔，为伊消得人憔悴""众里寻他千百度，蓦然回首，那人却在灯火阑珊处"三境界背了出来。

　　不错嘛，够厉害！陈老师不禁暗暗佩服，同时，他脑中一闪，这不是最好的突破口吗？好，攻心为上，就从这下手。陈老师当场表扬了小鹏，并约他课后交流。

　　课后，陈老师与小鹏相互交流文学知识，他发现小鹏对文学有着浓厚的兴趣，曾经是学校文学社的编委之一，对古典诗词情有独钟，能背诵大量古典诗词。

　　于是，陈老师开始实施自己的方案。他经常利用课余时间与小鹏谈诗词，他们共同走近诗词作者、走近诗词，探讨、品评、交流。小鹏很有灵性，很多诗词陈老师一点就明，有的甚至有突破性理解。为使他在古典诗词上更上一个台阶，陈老师还替他查找大量资料，并将自己心爱的《唐宋鉴赏辞典》借给他。而与此同时，陈老师也借助诗词将很多做人的道理间接告诉了小鹏。

　　一段时间之后，小鹏主动找到陈老师坦陈心迹："老师，过去我总是以为自己了不起，瞧不起同学，瞧不起父母，甚至连老师也不放在眼内。现在才发现我有那么多不懂的东西，我现在努力还来得及吗？"陈老师一听，暗暗欢喜，心想，看来"攻心"战术起到作用了，于是他对小鹏的坦诚大加赞赏，并幽默地对他讲了一句："一切皆有可能。"

但陈老师的"攻心"术并没有就此结束，虽然小鹏渐渐改掉了骄傲自大的毛病，但他性格上还有很多弱点，比如受挫力比较差、不懂得关心人、自私自利等。要想纠正小鹏这些不良思想和行为，还必须从古典诗词上下工夫，通过古典诗词走进他的心理。

之后，陈老师还是经常与小鹏畅谈诗词。与他一起走近苏东坡，让他领略苏东坡"一蓑烟雨任平生"的豁达与洒脱，让他明白，人可以有挫折，但不可被挫败；与他走近杜甫，品味杜甫的"穷年忧黎元，叹息肠内热"，让他明白一个人的价值不在于自身的荣誉，而在于他与人民同苦难，共甘苦；对小鹏性格的改造，陈老师以温庭筠为例，一方面肯定温庭筠的文学成就，但对其人品却大加批判，让他明白，一个有成就的人应是一个尊重他人、关心他人的人，而不能为一己私利损人利己。

诗词的魅力，让小鹏忽略了陈老师在与他讲道理，从诗词中，小鹏不但能读书，而且能明理，这就是诗词对他的魔力。一次家长会上，小鹏的妈妈告诉陈老师，最近小鹏在家已很少与父亲顶嘴，放学后也主动做家务了，脾气比以前好了很多。

慢慢地，小鹏将陈老师当做自己的良师益友，学习上、生活上有什么事都主动与陈老师沟通。有一次测试，由于一句古诗句的默写错了，小鹏很自责，觉得自己连这么简单的问题都错了，太不应该。陈老师知道后立刻鼓励他，肯定他的成绩，同时也指出他的粗心大意。还有一次，小鹏的测试成绩位居班里第一，居全年级前30名。小鹏很高兴地找到陈老师，一副飘飘然的样子，陈老师没有批评他，而是与他背了一段《蜀道难》，从诗词中让他明白到前路的艰辛，不能因一时的成绩而骄傲。

在陈老师的"攻心"战术下，小鹏有了很大改变，变得会尊重人、会帮助人、会关心人了，而且成绩也不断地进步，成了一个品学兼优的好学生。

成绩优异、家境富裕，再加上父母的娇宠，这些养成了小鹏骄傲自大、瞧不起人、不懂得尊重人的不良品性。这种学生很难与之沟通，他们根本不把老师放在眼里，老师说什么，他都不屑一顾。陈老师却另辟蹊径，利用小鹏喜欢古典诗词的嗜好，攻心为上，用诗词架构起了师生沟通的桥梁。

案例分析

在战争中，"攻城为下，攻心为上"是一条至高无上的作战准则，也是一切兵法的核心思想。其实，这又何尝不是教育学生的核心思想呢？

攻城，本意是用武力去征服敌人。而用在教育中，则是用"大棒"政策去教育学生。比如，学生做错事时，教师把他们叫到办公室里劈头盖脸地教训、呵斥，直至认错为止；让学生学习时，对于不认真学习的学生施以高压政策或者惩罚措施，直到其端正态度为止。很多时候，这种以强击弱的"攻城"教育，是有副作用的。首先，它会刺激学生的逆反心理，造成甚至加剧学生的不良心理与行为；其次，对于一些表现欲非常强的学生，过分强硬的批评会使其产生挫折感，损伤其自尊心，造成学习兴趣下降；最后，不适当的批评会影响师生关系，使学生对教师产生抵触情绪。一些学生被批评后，往往不是寻找自身的原因，而是采取消极的自我保护措施，即对老师敬而远之。

教师如果先研究学生心理，思索学生的犯错动机，站在学生的角度去体会他们的感受，然后对症下药，采取相应的沟通方法，往往能把握学生的心理要害，使其认错并转变态度。教师要把握学生的性格和心理，采用灵活多样的方法，做好学生的思想工作。那么，怎样进行攻心教育呢？

1. 刺激学生的自尊心

有经验的教师在与学生沟通交流时，很注意对学生自尊心的刺激。但刺激学生要有限度，做到"刺而不伤"。有限度地刺激学生的自尊心，实际上是为了唤起学生的自尊心，使学生在自尊心的激发下，抛弃不好的行为习惯，向健康的方向发展。

2. 激发学生的自信心

有几位心理学家曾做过一个有趣的实验：他们到某所学校，与几个一直被教师和同学认为很"糟糕"的学生进行了沟通，通过交流激发这几个学生的自信心。交流完后，他们肯定地对学校老师说，这几个学生将来一定会有出息，老师们半信半疑。然而，一年多后，这几个"糟糕"学生果然变成了全校屈指可数的优等生。

一个人失去了自信，也就失去了奋斗的勇气和力量。在激发学生的自信心时，教师一定要注意语言的分寸、尺度，可以用实际例子使学生觉得这些可望而又可即，自己确实大有成功的希望。

3. 转化学生的虚荣心

学生有虚荣心并非完全错误，从某种角度而言是件好事。教师与学生沟通时，只要准确把握、合理引导，就能使学生的虚荣心转化为上进心。譬如，有的学生成绩和表现都很好，却没有被评上三好学生，于是感到在亲友面前丢了面子，与老师产生了对立情绪，成绩也日渐下降。这时，教师与学生交流时，首先应肯定学生的表现，然后就势引导他："假如你的各方面表现在所有同学中确实出类拔萃，有什么理由不能被评为三好学生呢？你虽然优秀，但优势不是十分明显。我相信，只要你不懈努力，从各方面严格要求自己，你必定会成功。"

4. 疏导学生的妒忌心

学生有妒忌心，实际上从一个侧面反映出学生还是有上进的欲望的，只不过这种上进的欲望受到一定主客观条件的限制而难以实现，学生只好以妒忌心理替代。教师只要准确把握，沟通时从正面疏导学生的妒忌心理，就能构成一种前进的动力，促使学生进步。

5. 培植学生的好奇心

牛顿、瓦特、爱迪生、陈景润等一批卓有成效的科学家，小时候都有一种好奇心，受这种好奇心的驱动，他们才变得勤于动脑钻研。我们要懂得利用学生的好奇心，让学生主动去寻找答案，主动去探索，在探索中尝到成功的甜头。有的老师对学生的好奇心求全责备，认为好奇心强的学生是爱捣乱的学生，这样会扼杀学生的好奇心，不利于师生沟通。

但教师要想很好地运用"攻心"术，需要具备以下特质：

1. 能控制自己的情绪

当发现学生出现问题或者犯错误时，教师不能情绪失控，因为这样很容易与学生当众发生冲突，使攻心战术不能继续下去。要想保持良好的情绪，需要教师平时不断提高自己的修养，这样才能在批评学生时，控制好情绪。

2. 了解学生的心理

实施"攻心"式批评，教师要多在工作之余研究学生心理，要知道每一位学生的真实想法，而不能相信自己的臆断。教师应首先攻克学生的心理壁垒，然后想办法消除学生的不当行为。

3. 善于随机应变

学生心理是千变万化的，面对具体场景中的突发情况，教师要随机应变，及时调整自己的情绪和教育策略。学生的心灵是敏感而脆弱的，不同年龄段的学生有不同的心理特点，教师根据实际情况及时做出调整。

4. 多为学生考虑

教师要注意从心理上为学生考虑，考虑他们的理解能力、承受能力，考虑他们的自尊心是否会受到伤害，使他们减少对批评的戒备心理，消除抵触情绪，进行自我反思。这样才能达到预期的沟通教育效果。

俗话说"两军相遇智者胜"，而智者以攻心为上。在教师与学生沟通的过程中，心灵是神秘莫测的。要打开学生紧闭的心灵之门，教师一定要懂得运用"攻心"战术，使学生对自己产生认同，心悦诚服地接受教育，这才是沟通的上策。

名师沟通有效细节之情绪控制

冷静是良好沟通的基础

不能控制自己情绪的人，不能成为好教师。

——〔苏〕马卡连柯

苏联教育家马卡连柯在名著《教育诗》中，有这样一段描写：

一个冬天的早上，书中的"我"让一名叫扎托罗夫的工学团团员去砍柴给厨房用。谁知扎托罗夫却挑衅似地答复："你自己去砍吧，你们的人多得很。"这个时候，"我"又恼又恨，过去几个月的种种事情把"我"逼到绝望和疯狂的地步。"我"操起手来对扎托罗夫的脸就是一记耳光。这一记耳光打得很重，他站不稳了，一下子倒在炉子上。"我"打了第二下，抓住他的衣领把他拉了起来，又打了第三下。"我"的怒火是那样的疯狂和不可遏止。"我"觉得，如果有人说一句话针对"我"，"我"就会向那人扑过去。

情绪作为人的一个特性，教师也是必然存在的，但作为一名教师，在处理学生问题时如此冲动，且诉诸武力，结果伤害了学生的心灵，加深了师生之间的隔阂。这样一来根本谈不上沟通，失控的情绪已经让事情糟糕到了极点。

我们的教育对象是情感丰富、朝气蓬勃的学生，他们思维活跃、善于思考，有着强烈的自尊心，他们会犯各种错误。作为教师，不论遇到什么情况都必须意识到"我是教师"，从而自觉地把自己置于"教育者先受教育"的位置上，在正确分析和判断教育情境的基础上，有效地调节和控制自己的心理和行为，保持心理平衡和稳定的情绪，让师生间的沟通在良好的氛围中进行，从而达到较好的教育效果。

经典案例

梁波，广东三水华侨中学的优秀班主任，多年的班主任工作使梁波老师意识到，在处理学生问题时，一定要克制，要理智，要冷静，这是师生良好沟通、解决问题的基础。

有一年开学不久，学校要进行风纪仪表检查。梁老师先在班上讲了学校对仪表，包括头发进行统一规范的意义。然后，再指出班里哪些学生的头发是不及格的，并且告诉他们放学后去剪掉，否则按照学校的规定，明天是不允许上课的，直到剪好头发为止。

第二天，大部分学生都按要求剪了发，只有小伟、小进、小浩三个人没有剪。梁老师把三个人一个个单独叫出教室谈话，结果小进和小浩接受了立刻出去剪发的处理。小伟呢，说他头发不及格，他没有意见，说让他出去剪头发，他却说："我不去。"

"为什么不去呢？"梁老师问。

"我回来是为了学习的，不是为了剪头发的！"小伟理直气壮。

"你连学校最基本的要求都做不到，怎么学习啊？赶紧去把头发剪了，然后回来上课。"梁老师好言相劝。

"我不去。"小伟很固执。

"这是学校的规定，目的是使同学们能够安心学习。去吧！"梁老师继续耐心地劝导。

"不去。"小伟仍不同意。

"真的不去？"梁老师有些生气了。

"说什么我都不去！剪不剪头发是我的自由，你无权管我。"小伟出言顶撞。

"你……"梁老师真的有些生气了，但想了想，最终忍住了心中的怒火，"好，不错。回来是为了学习，理由不错。你先回去上课吧，我课后再找你。"

小伟转身回去上课了，但梁老师的火气还没有消，他努力使自己冷静下来：这件事还没有完，小伟的头发是必须要剪的，但怎样才能让他明白道理，心甘情愿地把头发剪了呢？为什么他坚决说不剪呢？其中会不会有什么原因？

想到这里，梁老师拨通了小伟家的电话，把今天发生的事跟他母亲述说了一遍，然后向她了解小伟的情况。从谈话中梁老师得知：小伟从小就是个自尊心特别强的孩子，爱面子，不能在同学面前出丑……吃软不吃硬。

哦，原来如此，在和小伟的家长通完电话后，梁老师想：既然课堂上把你叫出来，你心里不能接受，那我就在下午的体育活动中和你聊。于是，下午体育活动的时候，梁老师边和小伟聊天，边和他谈了剪发的事情，态度非常随和，最后终于把小伟的思想给做通了。

第二天，小伟就剪了个非常标准的发型回来。梁老师为此还表扬了他，让他的自尊得到了满足。从此，小伟的头发再也没有不及格，也再没有和梁老师顶撞过。

学校对学生的头型做统一的规定，作为班主任是必须要执行的，但有些学生顽固不化，老师越让怎么样，他们越跟老师对着干。

对于这样的学生，有些老师经常忍不住，一时怒从心起，对学生大发雷霆。这时，双方都处在不稳定的情绪中，师生间还能有所谓的沟通吗？更不要说心灵沟通了，根本没有那个基础。

案例分析

从案例中可以看出，小伟是一个顽固的学生，梁老师好言相劝让他去剪发，他却坚决不同意，还对梁老师出言不逊，说什么"剪不剪头发是我的自由，你无权管我。"听听，哪个老师听了这种话不会生气呢？但生气能解决问题吗？不能。

梁老师明白，要想让小伟去剪发，发火是没用的，还会因此阻断师生间的沟通渠道，所以他压住了怒火，冷静对待这件事情。梁老师通过与小伟父母电话沟通，了解到小伟是个自尊心很强的人，他之所以与自己顶撞是自己没有选对解决问题的场合，在课堂上把他叫出来，让他感到很丢面子。找到了原因，梁老师选择课下和他谈论这个问题，而且态度和善，小伟很快就答应了老师的要求。试想，如果梁老师当时忍不住对小伟的顽固行为大肆批评，他还会有心情去调查事情的原委吗？即便他这样做了，小伟也会心生芥蒂，梁老师再与他沟通，就会多出一道隔阂，使交流充满阻碍，无法顺畅进行。

梁老师之所以能及时压住怒火，冷静面对小伟的事情，应该说与他的一次切身经历有很大关系。

有一次，也是因为学生剪发问题，有一个叫小刚的男生，梁老师三番五次让他去剪头发，他就是不听。梁老师不禁有些气愤："这两天你跑哪里去了，你为什么不剪头发？"

"我觉得这样已经及格了。为什么还要剪？"

"按照学校的要求与标准，你的头发就是不及格。你现在到底想怎样，你的头发还剪不剪？"

"不剪！我觉得已经及格了。"

哎呀，竟然敢跟老师对抗，年轻气盛的梁老师感到自尊受到了损害，不禁火冒三丈，一拍桌子："不剪头发就别留在这个班！"其他学生都给梁老师的举动吓坏了，整个班非常安静。

"啪！"没有想到，小刚把书一甩，跑出了课室。当梁老师回过神来，跑出去想把小刚追回来时，发现他已经不知道跑到哪里去了。这时，梁老师后悔不已，急忙跑出去找，课也没法上了。结果找遍校园都没找到，最后只好通知了家长，后来家长来电：学生回家了，并且已经把头发剪了。梁老师才松了一口气。

从此以后，每当面对犯错的学生，梁老师都尽量告诉自己，冷静处理，以平衡稳定的心态与学生沟通，这样才能起到教育的作用。否则，只能适得其反。

因此，我们教师在面对学生的错误时，要像梁老师一样保持冷静，以正确的态度和方式来处理事情。

1. 用宽容对待学生

当学生有不良行为时，我们教师千万不能操之过急，否则会出现"欲速则不达"的结果，不可一时激愤而把师生关系搞僵，这会影响双方的沟通交流，不利于问题的解决。

"好的关系胜过很多教育"这句名言是极有道理的。想一想，学生毕竟年龄小，各方面的思想都不成熟，有时做事太主观，太情绪化，需要我们引导。所以教师千万不要和学生太计较，要"动之以情，晓之以理"。

当然，我们不能把教师对学生的关心和爱护仅仅理解为用慈祥的、关注的态度对待他们，甚至理解为姑息迁就、懦弱回避，而应当同合理的严格要求相结合。

2. 要有对策

对学生有不良表现时，提出批评是必要的，但态度和策略很重要。最好是，轻轻地来了，就让它悄悄地走。

比如，对于课堂上个别学生的走神、开小差、小声讲话等行为，我们可以通过注视、停顿或走到学生身边去，引起个别学生的注意，暗示他："老师已经注意你了，请你改正"。这样不但对整个课堂没有多大的影响，而且其他学生也不会因老师的发火而打断思维。别小看这小小的一个动作，这也是冷静沟通的一个好方法。

另外，教师也可以让调皮学生来回答问题。这时候我们对他提问，正常情况下他是回答不出来的，但学生违纪的行为已自然停止，教师的目的已经达到了，也就不必再与他计较了。不然，又会人为地制造沟通障碍。

3. 要给学生缓冲的机会

对于学生的违纪行为，教师常采用"发火"的方法，想通过发火让学生心生敬畏，让学生加深印象，不要再犯同样的错误。可事实证明，这样不但于事无补，还会让沟通失去良好的基础。

如果大事小事都发火，学生就习以为常，见怪不怪了，而教师的发火就失去了相应的价值。事实上这也在向学生传递一个信号：对这事老师没有办法了。本来，当学生违纪后，大多数学生内心充满了不安，如果老师发火了，就抵消了学生的不安，学生也就无所谓了。这时，老师再说什么，他都不放在心上，甚至懒得与我们沟通交流。在学生看来，老师的沟通就是发火，既然如此，我又何必向你辩解呢？

其实，最好的方法是在课堂上先给学生上课的机会，让师生间的情绪都冷却一下，下课后再到办公室沟通，这时，双方的情绪都平静下来了，沟通起来也会客观一些，问题相对也就会容易解决。

那么，教师如何控制和调节自己的过激情绪，为沟通打造良好基础呢？

1. 爱心移情

每个父亲、母亲对自己的孩子的爱都是最伟大、最无私的，如果我们每位教师都将学生当做自己的孩子，把对自己孩子那种伟大、无私的爱移情到学生身上，好多所谓的问题矛盾都将不复存在，沟通也就不存在什么障碍了。

2. 换位思考

在某种意义上讲，学生的错误举止是自然而然的事情，不足为怪。想想自己也曾经是一个学生，也干过蠢事，说过错话。通过换位思考，将心比心，说服自己宽容和谅解学生。这样我们便会怒气全消，理智地处理问题，赢得学生尊敬。这时，还有什么不能交流的呢？

3. 自我检讨

"百怒之源，起之于辱。"所以当问题出现激化时，我们要及时作自我检讨，自我反省，要认真思考侮辱之来源和自己有无辱人之处。如果有，即使再小，教师也要做好解释说明工作。

4. 自我提醒

有的教师性情暴烈，易冲动，容易产生过激情绪。这类教师要时刻提醒自己，不要发怒，有必要的话可以在办公室、办公桌、课本、教案上写一些名言警句，告诫自己、提醒自己，预防发怒。

5. 发展看待

苏霍姆林斯基曾说过："从我手里经过的学生成千上万，奇怪的是，留给我印象最深的并不是无可挑剔的模范生，而是别具特点、与众不同的孩子。"

在学校里令老师大伤脑筋的常是调皮淘气的学生，而这些学生犯错，更使教师不能容忍。遇到这种情况，不妨控制住否定的评价情绪，多在印象中搜寻该生的闪光点，用发展的观点来看待学生，使自己心平气和，对学生因势利导。

6. 重新评价

在教育教学中遭到学生的反抗时，如果我们暴跳如雷、气急败坏地给他们扣上不尊师守纪的帽子，狠狠地批评一番，最终只能阻隔师生的沟通。

反之，换个角度去想，可能是由于自己思想的局限性，引发学生的不满反抗。也可能是由于学生本身的独立性要冲破依赖性的束缚而反抗教师的管理指导。我们只有这样弄清原因后再对症下药，才能化解学生这种反抗的对立情绪。对立情绪解除了，才会有平静的沟通交流。

换个角度重新评价吧，也许事情并不像我们想象的那样糟糕！

7. 气息调节

当自己即将发怒时，我们应该用气息调节稳定情绪，待自己的情绪心境恢复正常后再处理遇到的问题。具体做法是：双目微闭站立，目视鼻尖，缓吸缓收。一般即可恢复平静。如若不行，还可以加上双手轻抚太阳穴。

8. 谈话倾诉

当教师遇到烦心郁闷的事或有委屈时，在发怒之前，找自己的好友、同事、领导或其他人进行交流，倾诉自己的心事，把自己心中的郁闷委屈统统倒出来，心情肯定会好一些。

9. 音乐排怒

科学实验和生活经验告诉我们，音乐是排除怒气的一剂良药。当人即将发怒或已经发怒时，听音乐，听歌曲，旋律明快的音乐会驱散自己的忧愁、烦恼、怒气，同时也能陶冶自己的情操。

10. 运动释怒

当你感到很大的委屈或愤怒时，挑选自己平时比较喜欢、活动激烈的体育项目去做剧烈的运动，委屈、愤怒会随着汗液一起流出，很快就会还我们一个快乐的心情。

11. 暂时回避

有时师生之间矛盾冲突已经发生，双方都很激动，头脑不够冷静，在这种情况下，作为教师应当冷静，应该"走为上计"，并且默默地对自己说："我现在正在气头上，如果我意气用事，或许会带来后悔莫及的结果。"

留下的问题等到第二天双方都冷静思考后再处理，这样会创造一个沟通的平台，更容易解决问题。

喜怒哀乐，人之常情。教师也是食人间烟火的凡人，情绪也会受到周围事物的影响。但我们作为教育者，要懂得"亲其师，才能信其道"，这就是说教育的过程也是情感交流的过程。

学生犯了错，我们应该教育批评，但要克制冷静，以良好的心态与学生沟通。在沟通的过程中，要处处不忘尊重学生，鼓励学生。杜威曾说过："尊重的欲望是人类天性的最深刻的冲动。"让我们去尊重一个德高望重的人，尊重一个事业有成的人，尊重我们的上级很容易，但让我们去尊重我们的学生，尤其是一个品行、学习各方面存在问题的学生，是不是同样容易呢？

名师沟通有效细节之变向思维

沟通前不能有思维定式

> 教人为学，不可执一偏。
>
> ——王守仁

有两个学生：一个很调皮，经常玩爬高跳低的游戏；另一个平时很听话，从不玩危险的游戏。有一次，他们在生活区里玩，从一个储藏室上跳下来时，其中一个摔伤了腿。

请你来猜一猜，到底谁摔伤了？

十有八九的人会说是那个调皮的学生，对吗？而正确的答案是：那个平时很小心的孩子受伤了。因为那个很调皮的孩子平时就经常这样跳，已经习惯了，而那个很小心的孩子从未有过类似的经历，根本不会跳，看到别人跳，也跟着学，结果就受伤了。

许多事情看似不符合常规，但它们却真实存在。因为人们的思维定式才是常规，恰恰思维定式才会导致人们判断出错。想想吧，那个亲手杀害自己同学的马加爵，向黑熊泼硫酸的那个大学生，不都是"上学时看似很老实听话"的孩子吗？所以，教师请不要总以常规的思维定式去与出现问题的学生进行沟通，不然，你很可能会得出完全相反的结论！

 经典案例

石家庄市第十三中学胡华敏老师从教十几年来，很善于和学生们沟通，每每遇到问题，他总是从不同角度着手，不因循守旧，在学生心目中很有威信。

那年班上转来一个名叫黄新的学生，黄新是一个学习一直跟不上，几乎门门功课都开红灯，个别学科的成绩只有个位数的学生。他还非常喜欢玩电脑游戏，甚至萌生过退学的想法。在家长和老师眼里，这真是一个无可救药的学生。

胡华敏特地找到黄新，想做深入的了解。刚开始，黄新不肯说实话，只说自己想学习又学不好，想去学武术，父母亲友不同意，烦恼得很。待胡华敏问他具体原因时，他又不说话了。

胡华敏便问："那你现在最想干什么？"

一听此话，黄新那黯淡的眼睛突然一亮："打电脑游戏！"

换了别的老师，早就沉下脸了，可胡华敏却乐呵呵地道："那你玩得怎么样啊？"

黄新眉飞色舞地回答："当然是我们那里玩的最好的。"

胡华敏感到黄新这么喜欢玩电脑游戏，一定有非常吸引他的地方，如果自己不了解电脑游戏和黄新为什么喜欢电脑游戏的原因，是不可能走近他进而帮助他的。

于是，几天后他问黄新，能不能带他一起去玩电脑游戏。黄新答应了，并约好周日早上7：00以前一定要赶到"快乐天地"，晚了就没有位子了。

周日，胡华敏按时来到"快乐天地"。在"快乐天地"里，胡华敏感觉到，网吧真是学生们的天地，在这里学生们可以无拘无束、尽情欢乐。

几个学生一边玩，一边对胡华敏说："在学校、在家里，我们只有听老师的话、听家长的话，按照他们的要求去做事，去完成作业。现在学习压力大，心理很紧张，又没有地方去宣泄，现在我们可以去玩的地方又很少。在网吧里就不同了，我们是主人，我们可以控制整个'战争'，可以改变形势，让整个计划按我们的要求去发展，我们取得成功后的快乐，甚至超过看一场足球比赛。因为足球比赛的局势我们无法掌握，只能被动地看别人踢球，有劲也使不上。所以我们一有时间就相约同学到网吧来玩。"

胡华敏没有说话，但他的心灵被触动了。

等到黄新痛快地玩完之后，胡华敏对他说："黄新，我看到，只要你努力就会有结果，玩电脑游戏你已经是最好，你想不想在其他方面也做得更好？比如，让学习也有变化，这需要你的努力，也需要用时间来证明，你要是能够从电脑游戏中走出来，你的学习一定会有变化的。"

黄新用眼睛看着他，并不言语。

胡华敏便问黄新对学习的看法，黄新认为学习不好是自己笨。他说："上课时，我什么也听不懂，记不住。我坐在教室里像在服苦役，很难受。我盼望下课，盼望到网吧去玩，在那里我很开心。"

胡华敏对他说："如果你真的很笨，你怎么能将电脑游戏玩得这么好？你对你喜欢做的事，为什么就很开心？"

黄新说："让我想一想……看来我在有些方面的想法好像有点不对。"

几天后，黄新对胡华敏说："老师，你说的话，好像有点道理，我想试试看，改变我自己。"

胡华敏请他回去想一想，准备改变什么？然后告诉他。

几天后，黄新说："我想在学习上有点变化，同时和同学关系也变得好些。"胡华敏请他具体谈一谈。他说："学习上能有点进步，最好能够得到老师的表扬，同学能对我亲切点，不再用轻视的眼光看我。"

胡华敏对他说："你的想法很好，你能为此做点什么呢？"

黄新看着他说："老师，这个问题我没有想过，让我回家好好想想。"

晚上，胡华敏接到黄新的电话："胡老师，我准备上课时，要认真听老师讲课，不懂的地方记下来，下课再看看书，仔细想一想，如果还不懂，再去问老师或者同学，争取每天学懂一点新东西。在学校主动与同学打招呼，积极为班级做事，放学后，不去网吧，先回家做作业，再干其他事。"

胡华敏肯定了他的想法，并鼓励他去做。

这样通过一段时间的交流与帮助，黄新的精神面貌有了很大的改变，上课态度端正了，发言也积极了，作业完成情况有了好转，与同学关系也融洽了许多，去网吧的次数逐渐减少了。

有一天黄新打来电话说："胡老师，电脑游戏确实很吸引人，但我从电脑游戏之外也得到了快乐。"

胡华敏问："在哪些方面？"

黄新说："从同学中，在学习上，我觉得我还是一个能成功的人。"

"你是怎么知道的？"

"老师你看，我能玩好电脑游戏，也能控制自己少玩一些，我在学习上有了进步，不是说明我只要努力，就会成功吗？"

听到这句话，胡华敏非常高兴，他知道那个迷失方向的黄新又回来了，也庆幸自己没有放弃这个"无可救药"的学生！

学业的失败使黄新对学习失去了信心，黄新在电脑游戏中得到一种从未有过的心理满足，因而痴迷于电脑游戏。教师对学生的这种行为大多持反对态度，认为这是"玩物丧志"的表现，这也正是师生沟通中最明显的一种思维定式：偏离学习主流的事就是坏的，而且很难改变。

当教师已经形成自己的思维定式时，学生还能期望你与他来一番真诚的心灵沟通吗？

案例分析

对于学生迷恋网络游戏，大多数老师持反对态度，遇到这种事时，教师们往往会采取严加管教的态度，以令学生悬崖勒马，回头是岸。

而这种方法往往费力不讨好，即使学生迫于教师的威严接受了那番道理，他的心却依然"游在教室外，情定游戏中"。

胡华敏老师为了深入了解黄新迷恋网吧的内在动机，打破常规思维，深入到现场，细致观察，发现了学生们真正的想法。如果他不到现场，没有对学生们的同感，就不可能了解到当事人真实的思想。

思维定式是人们从事某项活动的一种预先准备的心理状态，它能够影响后继活动的趋势、程度和方式。教师在与学生沟通时，易出现以下两种错误的思维定式：

1. 当学生出现问题时，总是按"常规思维"下结论

比如，当男生和女生发生冲突时，教师多半都会认为这是男生的错，即使是女生引发冲突，男生只是反击，老师也往往会认为他是在挑衅女生。

优秀教师边艳回忆说，自己上小学时，一次与一个男生发生了冲突，老师知道后，几乎不问缘由便把那个男生拎到走廊上去罚站，并警告他说，若

再发生这样的事，就要给他记过处分！但事实上，那次是边艳先把他过线的书（那时，男女生同桌，中央都有分界线）扔到了地上！但最后被罚的却并不是她！

所以，当学生之间发生冲突时，公正无私的教师应先听取双方的解释，并深入调查，针对事实，作出一个合理的裁决！而绝不是问都不问就把罪名全扣到男生头上！因为有时错的不一定都是男生！

同样的道理，当学生做出某些不符合传统的举动时，请不要先想当然地认为他们这样做是错误的，是不符合规矩的，有时候你只是凭借旧有的概念对新生的事物下定义。

2. 习惯用固有的模式评价学生

教师不能简单地以自己的认识、想法、观念来看待学生，不能用自己的情感来代替学生的情感，必须研究学生现有的认识、思想和情感。

但我们很多人仍然持有"从小看大"等诸如此类的观念，很多时候把学生一棍子打死，看不到学生的可变性、可发展性，这是非常有害的。

比如，总是按学习成绩将学生划分为"好学生"和"坏学生"；而教师在与不同成绩的学生进行沟通交流时，则会不由自主地将这种心态带进来，造成学生心理上的偏差：原来只有考出好成绩来才会受到老师的青睐！

这样的思维定式，无论是对"好生"，还是"差生"，都是不利的。虽然我们的学生良莠不齐且个性迥异，但我们却不应该有情感倾斜。毕竟学生的成长是不定型的。过早地用单纯的"好"与"差"来划分等级，不利于学生身心健康发展。

这就要求我们的教师在与学生进行沟通交流时，一定要摒弃那种静止的、僵化的、一成不变的思维定式和"一俊遮百丑"的片面思维方式，用变化的、发展的、进步的眼光去看待和研究学生。要看到学生的"远处"，看到学生的"未来"。每个教师都应对学生的可能变化和发展到更高水平持有信心。

那么，教师在与学生进行沟通时，应该如何避免因思维定式的"干扰"而造成的失误呢？这就需要教师在与学生就某些问题进行沟通时，首先不要先入为主，凭自己的经验主观地下结论，更不要把自己的原则强加到学生头上。其次，教师要尊重学生，与学生沟通时注重倾听学生的心声，而不是以训导学生为主。

我们的许多学生本身就具有民主意识，他们在审视身边的人与事时，有自己的原则和态度。他们的行为并不一定适合老师的规定，如果遇到不符合自己设定的规程的答案或行为时，我们一定要反思、斟酌，那叛逆、倔犟、执拗的背后有可能蕴涵着一颗珍珠在熠熠生辉，那不正是我们的希望所在吗？

教师的思维定式往往使自己产生各种偏见，使判断发生误差。思维定式让教师看不到学生举动背后的真实动机，却抓住学生的一点表面现象不放手，给师生之间竖起了一道阻碍沟通的栅栏！教师应学会变向思维，以学生为本，从学生的个性特征和心理状况入手，从根本上帮助学生避免误入歧途。

名师沟通有效细节之冷却疗法

"趁热打铁" 不如 "冷却疗法"

> 有师有法者，人之大宝也；无师无法者，人之大殃也。
>
> ——荀 况

当老师遇到某些棘手的事情时，暂时的"冷却疗法"要远胜过那些心急火燎的教育方法。一生钟情栽桃李的教师霍懋征，教学几十年，从来没跟学生发过火，更没有大声呵斥过学生，遇到一些淘气的学生惹她生了气，她就采取冷处理的教育方式，而且取得了很好的效果。在这种沟通方式的指引下，霍懋征实现了她的格言中所说的境界——"没有教不好的学生，只有教不好的教师"。

 经典案例

在大连市教育系统，第 46 中学教师董大方算是个知名人物。大连市教育局曾在 2000 年把她树为教师楷模，2004 年她被提名为"全国十大杰出教师"候选人。

董大方看上去总是清清爽爽，没有一丝倦态，灿烂的笑容总能感染周围的人。她有阳光般灿烂的笑容，她有春风般的话语，她总能把思想工作做到学生的心坎里。在 27 年的教学生涯中，她始终用尊重和信任，铺设着师生之间心灵沟通的桥梁。

有一年，她接手了一个新班，没多久正好赶上学校里的科技月活动。

在科技月班会排练之初，董大方将班上所有的学生分为三个组，每一组指定了一位组长，并安排了任务。其他两组都进行得非常顺利，只有第二组在董大方检查时没有完成，更确切地说，应该是根本没有做任何工作。

董大方找到了这个组的组长任远同学了解情况。

那天下午4点半，放学后任远带着一脸的不情愿来到董大方的办公室。董大方见状便微笑着请他坐下来谈话。而任远的双眼却一直游离不定，始终不肯与老师的目光对视。

董大方笑笑，开门见山地道："任远啊，我刚刚检查过你们三个组的工作，你们小组的进度比较慢，能告诉老师原因吗？"

"董老师，这可不能怪我，谁让他们什么事也不干呢？连我组织开会他们也经常迟到，我这工作简直没法进行！"任远理直气壮地说。

"哦，是这样啊。那么你仔细说一下情况吧。"董大方不急不躁地说。

"比如前两天我告诉陈阳下午立刻把有关月球的资料找出来并整理成知识卡片，可他居然说没空！这是什么态度，我是组长，我分配给他的任务他都不配合我好好做！还有……"

不知道任远哪来这么多话，足足发了一个小时的牢骚才住口，无非是这个工作速度慢，那个工作能力太弱。

董大方耐心地听他说完，渐渐了解了任远的工作细节，感觉任远的工作存在着不少问题。于是，董大方便试图指出他在工作中存在的问题，教给他方法，便说："任远啊，你是组长没错，但你分配任务时有没有考虑过大家的能力和时间问题呢？据我所知，陈阳的动手能力很强，你为什么不把制作模具的任务交给他……"

董大方话还没说完，任远就抢了话头："董老师，你这是什么意思？找资料的活很简单的，去学校图书馆用不了二十分钟就能搞定，我怎么就没考虑过？"

任远越说越激动，根本听不进董大方的任何意见，最后居然说："董老师，既然你怀疑我的能力，那我辞职好了！"

董大方一怔："任远啊，老师可不是这个意思……"

师生这次谈话持续到晚上6点半，最后任远摔门而出。

被他抛在身后的董大方却不急不恼，她仔细地回味着这次谈话，琢磨着问题出在何处。这时她想起在接班时前班主任张靖老师也特别向她提起过任远，反映这个学生学习好，个人能力强，但他不会和其他同学相处，组织能力较差，自我意识过强，不能接受别人的意见甚至是老师的意见。

鉴于以上的情况和任远的个性，董大方决定采取"冷处理"的方法。

董大方确定了方法以后，第二天她没有再找任远谈话，而是直接召开了第二组的全体会（任远虽然接到了通知但闹情绪没有参加），重新选了负责人（注：不是组长，任远的组长一职没有宣布撤销），重新制订了工作计划。

在以后的班会排练和正式举行的过程中，董大方都没有安排任远做任何事情，但要求他从头到尾都要参加。

在整个的过程中，任远的状态不断地发生着变化：最初他对其他同学的工作漠不关心甚至不屑一顾；渐渐地他开始关注排练的过程，有时还想发表自己的意见但又因不好意思说出口，便强忍着；到正式开班会前的最后一次彩排后，他终于忍不住找到董大方提出了自己的意见，董大方并没有重提旧账，而是采纳了他的意见并表扬了他。

最后在开班会的那一天，任远主动要求担任黑板报的设计工作。在班上的总结会上，董大方建议给全班同学加分，任远当时提出自己不能加分，其他同学和董大方一致认为他为班会还是做了一些工作的，所以也给他加20分作为奖励。

总结会后董大方找任远谈了一次话，这次效果比较好，通过反思他也认识到了自己的一些问题，并表示今后一定改正。

气头上的任远，自负的任远，连老师的意见都不放在心上，唯有自己为上。对此，董大方老师的"冷"则让他渐渐心急：好胜的他，怎么能容得下别人在他面前指手画脚？自高自大的他，又怎么能甘心被老师"罚"下场，饱尝坐"冷板凳"的滋味？老师的"冷"与任远的"热"形成了鲜明的对比，师生过招，最终是这个出现"热"问题的学生被老师的"冷"所降伏。教师在与不同的学生沟通时一定要讲究不同的方法——当趁热打铁不奏效时，何不进行一下冷处理？

案例分析

倘若董老师因为任远对自己的"不敬"行为而怒不可遏，一气之下撤销他的组长一职，并对他的行为严厉训斥，以任远的性格他会接受吗？董老师又能达到预期的沟通目的吗？

教师遇到问题找学生谈话，一般是抱着及时解决，宜早不宜迟的态度，仿佛趁热打铁才好成功，但是具体问题要具体分析，有些情形需要冷处理，要欲擒故纵，要留一段空白时间，以便学生有一个反思审视、自省自悟的余地。让他观察、思考、反思，最后主动得出结论。

教师在处理有关问题时，只要是把处理的时间向后挪而不造成不良后果，就应把时间尽量往后挪，给学生一个渐悟的过程。

这样，既能让学生内化，达到认识、自悟、忏悔、改过的目的，也能让老师有充分的时间进行调查了解，从而分析研究学生的过错心理，一边抓准事态的症结和选择恰当的处理办法。同时，更能让教师在心理上进行"冷处理"，避免感情冲动和妄下论断。

这种方法比较适用于那些容易冲动、性格较自我的学生。但在实施的过程中一定要把握好火候，不能伤害学生的自尊心，否则将激起更强的逆反心理而不能达到沟通的效果。

教师在做学生思想工作时，遇到以下几种情况请采取冷处理的方法：

1. 当事件需要调查，情况尚不明朗，原因还不清楚时

这个时候如果教师只是捕风捉影，不问青红皂白就对学生进行一番"思想教育"，给他扣上莫须有的帽子，学生必定会从内心感到委屈，进而对教师产生怨恨情绪。等到真相大白，教师再做挽救时，已经不可避免地伤害了学生的自尊心。这方面的例子数不胜数，值得为师者引以为戒。

2. 当学生心理准备不足时

对一些性格倔犟或理解问题比较偏激的学生，与其谈心往往在"火头"上谈不成。对此不必操之过急，而要采取冷处理的办法，等待时机成熟时再谈。迟一点找他，可以让他先想一想。在他情绪不稳定时，与他谈话效果肯

定不好。

另外，教师在与他们谈话时如果在学校不方便，也可选择用家访的方式谈，场所变了，气氛变了，有利于推心置腹地交流感情，因势利导，解决问题。

2003年6月，张梅老师班里有个男生在老师因别人丢钱向他了解情况时，他觉得老师怀疑他，故而大发雷霆。当即张老师就批评了他的错误态度。但以后的几天里他对张老师不予理睬，面对这种情况张老师没有立即找他，因为此时他的逆反心理是非常强的，即使谈话也不会有成效。一周过去了，他自己转变了态度，这时张老师才找他进行了谈话，气氛和效果都比较好。

3. 当学生"屡教屡犯"时

有些学生多次犯同样的错误，多次受到老师的批评，对老师的批评早已产生戒备、逆反心理。这时，教师再去批评他，除空耗精力外，是不会有什么积极效果的。弄不好，还有可能导致双方矛盾激化，造成师生之间的对立。

正确的做法是：教师对学生要耐心地等待，同时给予热情的关怀，让学生在这段时间里反思自身的缺点，达到以冷静的态度解决问题的目的。

陈亮老师班上有一个学生经常与外班学生打架，对老师的批评教育不以为然，甚至认为老师是在有意和他过不去。有一次被老师批评后，他非常懊恼，回到宿舍就故意撕毁了墙壁上的条幅，并说是外班同学撕的。陈亮发现后，非常气愤，但陈亮忍住了心中的怒火，过一段时间再谈此事。陈亮的这一举动完全出乎他的预料。过了大约两周的时间，他主动找到陈亮，承认了自己的错误。

4. 面对突发事件时

教师在日常工作中，难免会遇到一些突发事件。如有的学生搞恶作剧捉弄教师，有的学生拒不回答老师提出的问题；有的学生干部突然"撂挑子"，闹情绪。

面对这些突如其来的问题，有的老师为了个人的"自尊"，为了个人"一吐为快"，便勃然大怒，甚至停下课来批评学生，以求"杀一儆百"之效，结果适得其反。有经验的教师却不这样做。他们能理智地对待突发事件，在突发事件面前处变不惊，能克制自己的感情冲动，想方设法让自己也让学生冷静下来，待到事后再作处理。

学生的过错行为因性质、动机的不同，处理时采用的方法也应不同。就时间而言，小的、即将发生的、事态严重的过错行为，应尽早及时地处理。这样，小错才不会酿成大错，即将发生的就能消灭在萌芽期，事态严重的大错，也能悬崖勒马。

我们在处理学生问题时，需要早时且莫迟，需要迟时不能早，迟早的选择应恰当合理，符合科学。总的说来，面对问题，留点空白进行冷处理的好处是让学生在特定的情形下有一个喘息的时机，有一个思考问题的余地，也给师生对话留下了恰当的空间。它有益于克服操之过急带来的负面效应，使我们的教育更符合学生心理状况。

当然，"空白"只是事件与谈话之间的一小段距离，是谈话时机的选择艺术，不能旷日持久，无限期地拖下去。同时，冷处理法在实际运用时要因人、因时、因事而异，而不是对学生冷若冰霜，一"冷"到底。

"空白"是一种艺术，就如看美术作品，画家不会把画布涂得满满的，总会留给我们一些空白，让人看了觉得舒服，而且能够想象到画外的景象。

"冷处理"同样是一种艺术，钢铁要经淬火后才会变得坚固耐用，而学生的某些问题在冷处理之后，才能看出事情的本来面目，才能给师生双方的沟通留下一个缓冲地带。

名师沟通有效细节之三思后行

避免主观臆断、妄下结论

> 教师切莫轻易断定学生的品格，因为你的一句话可能会毁了这个孩子的一生。
>
> ——陶行知

在现实生活中，很多人习惯于对别人妄下断语，并且常常是不自觉的主观臆断。诚然，一个人有主见是很好的，但是如果你的断语下得轻率，便会引起他人的反感。

发明家爱迪生曾经说过："有许多事，在我开始时以为是对的，可是经过实验证明后，又发现它错了。所以任何一件事，最忌先有成见和主观观念太强。我们必须慎思明辨，一旦发现了错误，马上把它更正过来。"所以，千万不要轻率地下结论，尤其对于年少的学生！教师为人师表，是学生心目中的权威、偶像、引路人，老师的结论在学生看来是非常重要的。

美国历史学家亚当斯说过："老师的影响是永恒的，他自己都永远不可能辨清自己的影响止于何处。"教师的一个结论，会在一定程度上影响学生前进的动力，左右学生人生之路的前进方向！

 经典案例

"上帝，这是什么道理啊！小小年纪就成小偷了！我非得给他点颜色瞧瞧不可！"位于华盛顿特区北郊外的波托马克小学，三年级的辅导员蒂威生气地走进办公室，嘴里嘟囔着。

校长琳达·戈登伯格惊讶地掉过头来，问他发生什么事了。

原来，昨天，蒂威班上的肯迪偷了美术老师伊莲娜小姐手提袋里的钱，被伊莲娜小姐当场抓到。伊莲娜小姐随后把这件事告诉了蒂威，蒂威气得不行，他准备当做一个典型来处理。他打算把肯迪的父母叫来，让父母和老师合力，好好教训教训这家伙。

琳达听了有点难以相信，她知道肯迪这个孩子，并且肯迪的哥哥伯纳也是波托马克小学的学生，印象中这兄弟俩可都是很秀气、很懂事的小男孩啊。另一方面，蒂威的这种态度也让琳达有点恼火，身为辅导员怎么能如此冲动呢！

琳达道："蒂威，你能不能在与肯迪的家长说明情况之前，先让我和肯迪聊聊呢？也许我能帮点什么忙。"

"有什么好聊的呢，上帝，人证物证都在，还想翻案不成？"蒂威不满道，但他还是答应了琳达，谁叫琳达是校长呢。

十几分钟后，蒂威把肯迪带了进来，小家伙似乎知道自己"做错事"了，头垂得很低，没什么表情。蒂威前脚一走，肯迪就跑到琳达桌边的窗边，用落地窗帘把自己全身卷了起来，小声地说："校长，我要跟你说声对不起。"

琳达奇怪地问："为什么要跟我说对不起啊？"

"我昨天偷了伊莲娜小姐的钱。"肯迪的这句话虽然很小声，但听起来也应该是费尽所有力气才"挤"出来的。

"真的哦！那你昨天晚上有没有很害怕啊？"

"有啊！我梦到上帝要派人来惩罚我呢！我还梦到伊莲娜小姐在背后追我！"

看得出来，肯迪的想象力比较丰富，脸上似乎余悸犹存，他的确是害怕，怕的是从此以后不被喜欢，不被爱，甚至会被学校劝退。

"真的啊？伊莲娜小姐听到一定会很难过的。她那么喜欢你，一定不希望让你害怕、做噩梦。"

肯迪不出声，只是仔细地听琳达说着。

"你为什么要偷拿伊莲娜小姐的钱呢？"琳达接着问道。虽然她不想扮福尔摩斯破案，但总觉得这可能是关键。

"因为我那时候肚子饿，想吃东西，但早上爸爸没有给我钱。"肯迪无辜地说。

琳达一怔，她知道肯迪的父母经常在外面奔波，因粗心大意老是忘了给孩子早餐钱，肯迪的哥哥也经常因为早上没有早餐吃，而在上课时头晕。

"肚子饿一定很难过吧！那么，如果以后肚子再饿，可是身上又没有钱时，你可以来找我啊！"琳达说。

肯迪笑了："好啊，谢谢你。"他的眼睛里显然有了泪光。

"但是，"琳达注视着肯迪，很严肃地说，"我的孩子，你现在也看到了，偷别人的钱是不对的，也是上帝不允许的，你要向上帝发誓保证以后不会再犯类似的错误了！"

"我保证，琳达。"肯迪那双蓝色的大眼睛睁得很大。

"好了，现在你可以回教室上课去了。"肯迪笑了，放下重担似的笑了。

琳达找到了蒂威，把肯迪和自己的这段对话告诉了蒂威。蒂威说："原来是这样，以后，我会尽力帮助他。只是他讲的是不是真话呢？"

琳达笑了："也许有这种可能，肯迪说了一个谎，蒙混过关。但即使是这样，我们也算是给了他一个改正而又不伤其自尊的机会，当然我们也损失不了什么。何况他已经意识到了错误，你说呢？"

蒂威若有所思地点点头。

每一个学生，如同天空中那小小的一片云，洁白无瑕，偶有过失，但并不是罪不可恕。更多的时候，一个学生仅仅因为一点小小的过失就被老师扣上帽子，而这顶帽子可能影响学生的一生。

案例分析

如果没有校长琳达出面，任由蒂威严惩，那就等于"宣判"了肯迪的"结局"：这个家伙是小偷！而肯迪很可能就会在"小偷"的阴影中走过一生！这是任何一位老师都不愿看到的结局。毕竟，我们只是为了督促学生改正错误，而不是让他在内疚中度过一生。

　　虽然这个错误是一个很危险的兆头，但学生的年龄毕竟还小，只要老师及时引导，加以点拨，让学生把那些不良的念头抛弃，就可以让他们重回到洁净的天空中来。

　　琳达校长和肯迪的一番对话，循循善诱，既问明了动机，又让肯迪意识到了错误，而肯迪也放下了心头的那块大石头：老师还是爱我的，有事还可以找老师帮忙。

　　学生的自尊心是有待点燃的火，老师的同情、关爱、亲情可以点燃它，使它燃烧得越来越旺；老师的冷漠、粗暴也可以扑灭它，使学生从此一蹶不振。教师应经常让学生感受到你的信任，让他们看到你期待的眼神，听到你鼓励的话语。这种信任、期待和鼓励，像一盏导航灯，为学生们指引前进的方向。

　　宽容学生，而不是无原则的迁就；恰到好处的点拨，而不是简单地对学生下结论。只有这种交流和沟通，才能真正走进学生的内心，赢得他们的信任与尊重。

　　中小学生正处于发展变化时期，难免发生这样或那样的问题，即使犯了比较严重的错误，教师也要满腔热情地去关心、帮助、教育他，不能轻易下定论、戴帽子。

　　比如班上发生丢钱丢物的事件，教师在班上公开讲这件事情的时候，一定要注意用词得当，不能用"贼""小偷""品德败坏"等定性的词语，否则不利于学生承认错误、改正错误，甚至有可能影响犯错误学生的一生，产生破罐子破摔的想法。

　　如果教师用"有些同学一时糊涂做了错事""一时喜欢别人的东西，没经人家同意自己就拿去玩了""贪占便宜的不好习惯"等比较温和的话语，并认真分析这种习惯发展下去的危害性，并举出一些贪污、盗窃犯的下场，这样教育的效果肯定会比较好，因为你既没有给犯错的学生定性戴帽子，又讲明了事态的严重性，让学生引以为戒。此外，为了达到较好的教育效果，对有些事情的处理要注意保密。比如对偷东西的学生、偷看不健康书籍画册的学生，不宜将此事在学生、老师中大肆宣扬。

　　教育犯错误的学生时，要耐心细致，从真正关心他的未来，关心他的前途的角度进行说服教育，使他认识到问题的严重性，同时又给予改过的机会，照顾他的自尊心，培养他的上进心。

在生活中，有些人经常不加分析就对别人妄下断语，结果既招来别人的侧目，也给自己难堪，教师在与学生沟通时，尤其要注意这一点。

轻易地下结论，等于轻易地给学生判处了罪名！而在年少的学生心中，这个罪名，极有可能就是死罪！学生的错误，就好比是一朵花儿头上的一片云。如果你聪明，就请千万不要认为，这片云朵是静止的，是永远覆盖在花儿头上的。因为当风儿吹过时，阳光将重新普照大地！花儿将重新沐浴进金色的阳光当中。

名师沟通有效细节之换位思考

换位思考，良好沟通的第一步

时刻都不忘记自己也曾是个孩子。

——〔苏〕苏霍姆林斯基

教育应该以人为本，要教育好学生，就必须理解学生，站在学生的角度上考虑问题，然后才能决定用什么样的方法去教育学生。

学生眼里的世界是一个无比绚丽的世界，在那个世界里，他们能够看到天堂。学生眼里的世界是一个美妙多姿的世界，那里有一种我们成年人在日常生活中无法领略到的神秘！对于学生，老师如能换位思考，师生间就可多一些了解，少一些误解；多一些理智，少一些盲目；多一些关爱，少一些摩擦；多一些鼓励，少一些责备……

每一位教师都应该学会"换位思考"，要做到角色互换，站在学生的立场上考虑、思索问题。换位思考，不仅是一种思维方式，更是为人师者的一种人生境界。

 经典案例

全国模范教师、为保护学生而英勇献身的殷雪梅老师，生前是江苏省金坛市城南小学的一名高级教师。但却很少有人知道，有着近30年教学经验的殷老师是个师生沟通的能手，且深受学生爱戴。

"殷老师，你可得好好管管那帮淘气鬼！气死我了！"任数学课的老师一走进办公室，就怒气冲冲地对殷老师嚷道。

"怎么了?"殷老师惊讶地看着对方。

虽然作为二年级（1）班的班主任,殷老师早就习惯了老师们对学生的告状,班上那些男孩子们几乎每天都要上演一出好戏。但是,看到一向温柔的数学老师头一次这么生气,殷老师还真有几分意外。

"你去问问波波那个小鬼吧!"数学老师抛下这句话就头也不回地摔门走了。

到底怎么回事呢?平素温柔的数学老师居然这么生气!殷老师无奈地摊了摊双手,她站起身往教室的方向走去。该怎么问波波呢?这小鬼恶作剧太多,这次到底又做出什么事了?殷老师一边走一边琢磨着。

就在这时,殷老师忽然发现,波波正无精打采地朝办公室这边走来。波波一脸郁闷地说:"殷老师,我想告诉你,我再也不想上数学老师的课了,她坏透了,对我很凶,像巫婆一样骂我,我受不了了!"

殷老师微微一笑:"我知道,波波,数学老师大声骂你很不好,这让你在同学们面前很丢脸。难怪你这么生气,我相信,没有一个人喜欢挨这样的批评。"

波波听了殷老师的话,眼泪立即夺眶而出,哭得十分伤心。

殷老师说:"告诉我,数学老师为什么要骂你呀?"

"课间休息时,我在校园的草丛里抓到了一只很大的七星瓢虫,想用纸包住放在书包里,小利却非要把它偷偷塞进阿丝的口袋里。上课时,瓢虫爬了出来,阿丝胆小,就哭了起来……"

很明显,波波做得当然不对,殷老师本可以就此大加批评,但相反,殷老师却不动声色,继续引导波波的话题:"我看数学老师不该批评你,一只瓢虫有什么了不起,阿丝是故意大声哭的吧?"

波波说:"阿丝特别怕小虫。我告诉过小利,别去惹她,可小利不听,最后弄得阿丝在课堂上哭叫!"

"你没有阻止小利吗?"

"我想过,但是……"波波低下头,不知道说什么好。

"不过,如果是别的老师,也许不会这样斥骂你们,对吧?"

"要是遇着体育老师，他非得揪我们的耳朵不可。"

殷老师忍不住笑出了声："波波，你和小利再试试看，在体育课上再玩玩瓢虫。"

"不敢。"波波摇着头，"他的课，谁也不敢。"

"呵呵，原来你们捉弄阿丝，是猜准了数学老师不会收拾你们！"

"她平时说话细声细气的。"波波终于说出了实话。

"就因她平时说话细声细气的，你们才敢在她的课上玩七星瓢虫？"

波波再次低下了头。

"好了，波波，"殷老师拍拍他的肩膀，"好玩是孩子的天性，我小时候比你还调皮呢。你想玩七星瓢虫也没有什么不对的，等到上生物课时你完全可以玩个够，在数学课上玩就不对了。你今天把数学老师气坏了，所以她才骂了你，事情全是因你而起啊。当然了，数学老师也有点过分，可能把你骂得太惨了，我会劝她以后要更温柔一点。现在听我说，孩子，去向数学老师道个歉，怎么样？"

波波点点头："我知道了，我这就去！"

一个不墨守成规的老师，一定是个有趣的老师！乐观、幽默、大度的老师造就了勇敢、坦率的学生！殷老师与波波的沟通，再一次证实了这个道理。

案例分析

按常理，殷老师完全可以继数学老师之后，狠狠地再批评波波一顿，但殷老师的巧妙，在于她并没有简单地指责波波，而是站在波波的位置上引导他思考，启发他反思，最终得出了结论：自己有错在先，才惹得数学老师情绪失控。这样一来，殷老师不仅顺藤摸瓜查明了原因，还解决了问题，可谓一箭双雕！

很多时候，学生或许完全错了，但他们并不这样认为。此时我们最好不要直接去指责他们，而是找出其中的原因——学生们特定的思维及行事方式总是缘于某种原因。

我们应该把自己换到学生的位置和角度去思考思考：假如我是学生，犯了错误的时候我的心情会怎么样？我希望老师会怎样对待我？当我在学习或者生活上遇到困难的时候，我最希望得到什么？如此想来，就不会再以简单粗暴的方式来对待学生了。

那么教师在日常教学中，如何针对不同情况的学生进行换位思考，进而达到良好的沟通目的呢？

1. 了解学生的个性差异及成长环境

学生们因为生长环境的不同而具有不同的性格、个性、智商和情感，甚至不同的世界观和人生观，但我们在教育学生时要准确地认识到每个学生的个性。

詹姆斯 6 岁时，母亲离家出走，他被父亲寄养在伯父家中。詹姆斯自小就性格孤僻，常无来由地动手打女同学，老师的批评教育根本不起作用，学生们无一不讨厌他。

后来，詹姆斯的老师杰琳卡女士了解了他的成长背景后，便开始补救他那缺失的母爱，譬如与他谈心，以表达对他不幸的理解与关爱，经常鼓励他参加社区活动，鼓励他自爱自强，不要怨天尤人，鼓励他与同学友好相处。经过半年多的努力引导，詹姆斯对女性的偏见渐渐消除了，并能与同学融洽地相处。

2. 鼓励学生也来个换位思考

换位思考应该是双向的，教师不仅要站在学生的角度上为学生思考，也要让学生站在老师的角度上来看问题。

一个聪明的教师，可以试着让学生站在教师的角度上去看问题，从而达到双向沟通的目的。比如教师可以组织学生备课、讲课、批改作业，这不仅给了学生锻炼胆量和能力的实践机会，更为重要的是，通过亲身参与，使他们加深了对教师职业的了解，体验到了老师教学之辛苦，真正做到了与老师心与心的沟通。

总之，一个优秀的教师应该时时学会换位思考，站在学生的角度上看问题，你就会发现，没有什么问题是解决不了的。

换一个位置去思考，你就会明白学生眼里为什么会有那么多的问题与不明白！

换一个位置去思考，它会给你带来意想不到的惊喜，甚至所有因学生而带来的不愉快都会因此而烟消云散！

名师沟通有效细节之承认错误

勇于承认错误，为学生做出表率

> 人的最高尚行为除了传播真理外，就是公开放弃错误。
>
> ——〔匈牙利〕李斯特

据报载，广州一小学生因在课堂上指出老师把"天网恢恢，疏而不漏"说成"法网恢恢，疏而不漏"的错误，居然被老师当着全班同学的面打了六个巴掌，导致学生因右耳部与脸部多处被划伤而被送进医院。

几乎所有的老师都会这样教育自己的学生："犯了错误，就要勇于承认自己的错误，不要为自己找各种借口，谁都会犯错误，关键是要能面对错误，改正错误。"但有些教师自己错了，却不愿意在学生面前承认，尤其是在学生受到曲解、误解时，或错误地批评了学生时，更不愿意直接、正面地向学生承认错误，唯恐在学生面前没了尊严，没了威信。或许这是中国几千年来的师道尊严使然，使得老师无法放下架子，去向学生承认错误。更有甚者，还出现老师"怒"对学生指出错误的事。

古语云："人非圣贤，孰能无过？知错就改，善莫大焉。"一个真诚的教师应该放下狭隘的师道尊严观念，客观地对待学生指出的错误。

 经典案例

教育学家陶行知先生素来以言传身教为教学准绳，认为教师的一切行为都必须是光明磊落的，都将是学生的标杆。他平生最厌恶那种"严以待生，宽以待己"的老师，认为这种老师十分虚伪，这种人也不具备做教师的资格。

有一次，陶行知走进办公室，眼前的情景让他大吃一惊：桌子上、椅子上全是散乱的书和报纸，整个办公室里乱七八糟，而他的学生王友正坐在地上翻看一本画册。

陶行知很生气，王友向来就是个调皮捣蛋的孩子，这回竟然跑到办公室来胡作非为了！

于是，陶行知提高了声音，甚至有些愤怒地叫道："王友，你怎么能乱翻老师的书呢？请你马上把书整理好！"

王友闻言一惊，抬起头道："不，不，陶先生……"

"王友！"一向随和的陶行知变得更加生气，又抬高了几分音贝，"你怎么能这样？把书搞乱了还不承认，我再宣布一次，命令你把书整理好！"

王友惊讶地睁大眼睛，好像不认识陶行知似的："你不能这么做！你有什么证据证明书是我弄乱的？"

陶行知冷冰冰地板着面孔："好了，王友，我不愿和你多说了，现在请你在半个小时内把书整理好，我先到隔壁办公室等着！"

说完，他转身往外走，只听得身后传来很重的"啪啪"声，那是王友生气地把书扔在桌子上发出的声音。

10分钟后，当陶行知正坐在隔壁办公室生闷气时，一名姓李的老师从外面匆匆走进来，一看到陶行知，便道："对不起，陶先生。半个小时前我在办公室里寻找一份重要文件，不小心碰翻了一个书柜，把大家的东西搞乱了，可当时我急于要把那份文件送到校长会议室，因此没来得及整理。十分抱歉啊，5分钟后，我就过去收拾它们！"

"什么?!"陶行知大吃一惊，立即小跑着回自己的办公室。这时的王友已经整理好了杂乱的办公室，但他却不肯再答理陶行知，虽然他已经看见了气喘吁吁的陶行知。

陶行知面带歉意地说："王友，真抱歉，我错怪你了！我刚刚才知道，这都是李老师做的'好事'。"

王友依旧拉长着脸一言不发。是的，他受的委屈实在太大了，能不生气么。

陶行知又道："因为办公室里只有你在，所以我误认为是你。对不起，在事情没有搞清楚之前，我就批评你是不对的，现在，我向你正式道歉。"

王友的脸开始由阴转晴："是的，这事情与我无关。我来找您时，这里就是凌乱的。我正要帮您收拾时，却发现了一本十分有趣的画册，便忍不住翻看了。"

陶行知微微一笑，轻轻地拍打了一下王友的肩膀："是的，你没有错。而且，我还是要感谢你帮我整理好了房间。"

王友笑了："陶先生，没关系的！而且，我也不该随便看您的画册，对不起。"

当李老师得知这件事后，惊讶地道："陶先生，你竟然向你的学生道歉？"

陶行知严肃地："当然。我素来教学生们有错就改，如果我有错却不知改，以后，谁还会信我？"

一段时间后，正好是春节，陶行知收到王友的一张贺卡，上边画有一个红太阳，下边写着一句话："陶先生，那天你向我道歉，让我很感动，这个红太阳是专门送给你的礼物。"

陶行知喃喃地道："将卡片送出的人，应当是我才对——"

一件看似微不足道的小事也能反映出一位教师的综合素质。陶行知勇于向学生认错，这种坦率的人格，最终打动了学生，赢得了学生的爱戴。

案例分析

在不了解真相的情况下，陶行知误解了学生，并命令他"在半个小时内把书整理好"，当真相一旦揭开，陶行知立即毫无顾忌地向自己的学生道歉，这也正是陶行知老师可亲可敬之处。陶先生这种坦诚的沟通方式并没有降低自己的威信，相反，他还得到了学生的春节礼物，赢得了学生的信任。

陶行知之所以能成为教育史上的一座丰碑，就是因为他从不拿师道尊严作借口而拒绝与学生的心息相通。

有的老师为了维护自己在学生心目中的地位，不停地寻找学生的缺点，回避自己的错误。如果连自己犯的错误都不能直接面对，躲躲闪闪，闪烁其词，甚至恼羞成怒，还怎么走近学生呢？

作为教师，应该如何面对自己的错误呢？

1. 虚心接受学生的指正

全国优秀班主任李镇西曾经和学生们共同制定了班规，其中有一条是"教师冲学生发火，罚扫教室一天"。

一天，学生们参加学校"12·9"歌咏比赛排练，担任领唱的杨玲玲同学却不知何故"罢领"了。师生做工作均无济于事。比赛迫在眉睫，临阵换将已不可能。一气之下，李镇西猛拍钢琴，高声呵斥道："你不唱就给我滚出去！"杨玲玲当然没有真正"滚出去"，排练重新开始。

事后，李镇西为自己的出口伤人向杨玲玲承认错误，真诚道歉。杨玲玲也感到自己在非常时期使性子，很对不住老师与同学们，自然就原谅了老师的口不择言。

本来以为这事已经过去了，谁料第二天早自习李镇西刚一走进教室，便见黑板上赫然一行大字——"李老师昨日发火，罚扫教室一天！"

李镇西先是心里一惊：这些学生还真够大胆的！转而又是一喜：学生们执法如山的精神实在可嘉！

他故意做出一副无可奈何的样子，笑着对大家说："好，好！我认罚。看来，面对班规，我想赖账也不行！今天放学后，由我扫教室！"

在担任班主任两年多的时间里，李镇西老师因"触犯班规"，曾五次被罚；但他甘愿受罚，因为在学生们的心目中，李老师也是班级中的一员。

在学生眼里，坦然承认错误与知错不认错的老师相比，显然前者更可贵，更具有高尚的人格。

当老师不小心出差错被学生指出来时，老师应虚心接受并纠正，让学生真正感受到老师和自己是平等的学习伙伴关系，而不是上下级的关系。

2. 培养学生敢于质疑的精神

天津市第一小学四年级某班的语文课上，一位学生指出老师的错误："老师，应该是'憧（读'充'，第一声）憬'，不是'憧（读'宠'，第三声）憬'，您读错了。"

"哦，是吗？"老师愣了一下，"那同学们打开词典查一下吧。"话音刚落教室里便响起了哗哗声，同学们查词典好像从来没有如此兴奋过。

结果出来了，老师说："刚才老师的确念错了，希望大家记住它。你们如果能对老师讲的课提出质疑，就说明你们没有机械地读书，而是在思考。"

勇于承认错误，既能纠正错误，又能达到教育学生、警示自己的目的。

学生的眼睛是雪亮的，他们监督你的教学行为，洞察你的所有举动！你是一个坚持真理的勇者，还是一个逃避错误的懦夫，在他们心中都有一根公平的杠杆！

名师沟通有效细节之坦诚以待

用坦诚做铺路石

千教万教教人求真，千学万学学做真人。

——陶行知

我国著名翻译家傅雷先生说："一个人只要真诚，总能打动人。"坦诚是一种可贵的品质，一种真诚的对话，一种情感的交流，一种信息的互换。它不需要华丽的辞藻来修饰，不需要甜言蜜语来遮掩；它是生命的原汁原味，它是天地之间的一种本真和自然。

美国心理学家罗杰斯研究发现："如果老师以坦诚的态度面对学生，学生也会逐渐向老师敞开心扉，说出自己的感觉，提出自己的看法，使得师生之间有更深刻的沟通。"

因此，老师要发自内心地把自己看做是与学生一起探求真理的志同道合者，坦诚相见，以心换心，使师生产生和谐的"共鸣"，碰撞出心灵的火花。

 经典案例

郑州市22中的吴玲是一位普通得不能再普通的教师，她几乎没有什么值得炫耀的荣誉称号，但被她教过的很多学生都叫她妈妈。

新学期的第一堂课上，吴玲看见周密一脸的忧郁，像是有很重的心事。

后来吴玲发现他很少与别的同学来往，很少说笑，待人处世有点冷漠，每天总是紧绷着那张忧郁的脸，吴玲从来没有看见过他的笑容。

只有那一次，吴玲在课堂上讲了一个很可笑的故事，别的同学都笑得前仰后合，周密竟然也笑了，浅浅的，从脸上一掠而过，这是她第一次看到周密笑。

但是，吴玲总觉得那无声的笑容，不是甜蜜的，它掺杂着别的什么。

这个奇怪的男孩，心里到底隐藏着什么呢？

不久，吴玲发现周密还有一个不好的习惯，就是经常不按时交作业，而且有抄袭作业的情况。吴玲几次都想主动找周密谈一谈，但一直都没有遇到好的机会。而周密似乎也没有意识到自己的问题，依旧我行我素。

一天，吴玲特意在放学的时候和周密一起骑车回家。在路上，她向周密讲起了自己的大学时光。

"那真是一段值得人回忆的日子呀。"吴玲对周密说，她注意到周密在很用心听，就问他，"周密，你的理想是什么，能告诉老师吗？"

周密使劲地摇头，就是不愿意说话。

吴玲笑了笑，继续自己的话题，向周密讲了自己小时候和长大以后的理想。周密在一旁始终是个忠实的听众。

接下来的日子，吴玲每天都要换个话题讲给周密听，但始终留意自己不要留下说教的痕迹。慢慢地，吴玲发现，周密和她之间逐渐消除了隔阂。

终于有一天，周密不愿意再当吴玲的听众，他主动向吴玲讲了很多他以前的故事——他父母离异，母亲带着他从外省来到这里，并有了一个新家。可是他非常想念亲生父亲，一度曾想过放弃学业，回去找他。

吴玲仿佛看到了这个男孩一直藏在内心深处的泪水：是啊，一个13岁的男孩，除了需要母亲的慈爱，更渴望父亲的关怀和指导啊！可以想象，这个才13岁的孩子内心背负了多少酸涩，多少不情愿。他在妈妈的新家里过得很拘束，只想着离开。

看着满面泪容的周密，吴玲坦诚地告诉他："周密，你的年龄太小，不适合这样做。我还有一个更好的方法，希望你能采纳。"

听到这里，周密疑惑地望着吴玲。

"周密，从现在开始全心全意地努力学习，要风风光光地站在父亲面前；平时，你可以多交几个以诚相待的知心朋友，我也算一个；还有，你在家里要做一个乖孩子，听父母的话，主动跟他们聊天。老师相信，只要你用微笑面对生活，就一定能做个生活的强者。"

夕阳笼罩下，周密用力地点了点头……

此后，吴玲开始大力鼓励周密走出封闭的世界，并且试着在课堂上向周密提问，当众表扬他。开始，周密显然有点局促不安，不知所措。

后来，面对吴玲越来越多的提问和表扬，周密逐渐变得活跃起来，他的脸上也少了些许忧郁，有时还会羞涩地笑一笑。

是的，十几岁的少年拥有的不应该是忧郁，而应该是快乐。就像周密，虽然吴玲始终没有问他作业的情况，可是他却自动地、彻底地解决了这个问题。

每一个学生都是一本独一无二的书，只要我们用心去读，坦诚去读，一定会发现每一本书其实都是好书。

案例分析

吴玲那种无私、坦诚的品德，就像一束阳光，照亮了周密的心灵，使周密勇敢地走出了封闭的世界，告别了忧郁的自我。

坦诚还可以弥补情感的互缺，可以抚平对方的伤痛，也可以碰撞出思想的火花。

如果老师能像吴玲那样用自己的坦诚去开启学生闭锁的情感，让学生感受到老师的真情实意，学生们就会从感情上接近老师，以积极的心态与老师沟通。

苏格拉底曾经指出："教育的过程是一个不断展开对话的过程，教育者首先是一个对话者。"老师与学生的教育交往是一个双方互动的过程，要想学生向老师敞开心扉，老师必须先向学生表明自己的诚意。

1. 要有坦诚的态度

苏霍姆林斯基认为："学校内许许多多的冲突，其根源在于教师不善于与学生交往。"当学生遇到坎坷、碰到困难、遭到失败时，往往对人情世态最为敏感，最需要关怀和帮助。这就要求老师对学生存在的问题，必须保持坦诚的态度，语气温和亲近，行为诚恳真挚，使学生觉得老师是他们真诚的、可信赖的朋友和知己。

师生交流时，老师一定要在事实的基础上不断启发学生的思想，使其豁然开朗。切忌为了说明某一道理而瞎编事例，或者高谈阔论、哗众取宠、垄断话题，否则会给学生一种虚假、冷淡的感觉，沟通就很难再深入下去。

2. 与学生坦诚地交流内心感受和心得

英国文学家萧伯纳说过："你我是朋友，各拿一个苹果彼此交换，交换以后，仍然各有一个苹果；如果你有一种思想，我也有一种思想，相互交流，那么每人就有两种思想，甚至多于两种思想。"

老师只有坦诚地与学生进行交流，才能真正地融入学生心灵的世界，共享他们的喜怒哀乐，才能更准确地感受学生的思维节拍并去学着与学生和拍。

当然，老师必须学会把内心感受与道德行为连接起来，这样有助于学生在潜移默化中培养自己真实的人生体验和真实的思想感情，逐渐地形成正确的世界观和价值观。

3. 大胆展示真实的自我

一位老师接了一个新班。第一次上课点名时，点名簿上忽然出现了一个古怪的姓，他不知道这个字的读音。

但凭着多年的经验，他很快就应付了眼前的这个难题：他隔过这个学生的名字，继续往下念。

念完后，他不动声色地问道："刚才有没有没点到名的同学？如果有，请告诉老师添上。"

这位老师以为这个办法很灵验，因为以前上课往黑板上写字，如果偶尔遇到记不起来的字，他就这样问学生："这个字我们学过的，看谁能记得？"

这时候学生就会争先恐后地举手。

可是这次连问两遍，居然没人回答。

老师觉得很奇怪，难道这个学生今天没来？

他数了一下人数——那个没点到名的学生的确就在教室里。

他很尴尬，只好自我圆场："没点到名的同学请下课后到老师办公室来一趟。"

下课后，一个学生来到办公室，给老师交上一张纸条，上面写道："今天这种场面,我已经历过好几次了。也许我的姓很少见,可是您为什么不直接问我姓啥呢?"

其实,没有人是全能的,无论是大文豪,或是语言学家,抑或是圣人,都不可避免地会遇到此类尴尬的场面。

那么,我们为什么不能用最直接的方式来解决问题呢?

试想一下,如果我们遇到这类事情,能毫不犹豫地告诉学生:"哎呀!下一个同学的名字中有一个字老师也不认识,能不能请这名同学站起来告诉老师?老师在这里表示非常感谢!"

相信学生们绝不会因为你的无知而对你反感,相反,他们还会为你的坦诚而感动,会为你的坦诚而感到你的亲切和友好。这样的结果难道不正是我们所期待的吗?

中国的老师,对学生是不能说"不懂"的,不然有损师道尊严,这是十分错误的。真正有人格魅力的老师,是敢于在学生面前展示真实的自我的。它让学生感到自己的老师是个透明体,没有伪装,没有虚假,没有矫揉造作。

比如,老师可以在学生的歌会上亮出你五音不全的歌喉,可以在学生的诗会上用外地籍普通话朗诵你自己的诗歌,可以在学生的书法展上挂出"字体作品"等。在一定的场合把自己拙劣的一面毫无顾忌地展示给学生,有分寸地向学生承认自己不是一个完美无瑕的人。

在处理师生关系时,老师要十分注重把人心当做一项伟大的工程来"经营",用坦诚相待交换人心,用高尚人格臣服人心。

坦诚是沟通师生之间的桥梁,它是彰显灵魂的美德之花,更是人性的一种至高境界。一位优秀的老师,要凭借内心世界的坦诚与丰富,才能在教育的舞台上赢得更多的掌声。

名师沟通有效细节之平等对话

请学生坐下来再说话

> 对一个有优越才能的人来说，懂得平等待人，是最伟大的、最高尚的品质。
>
> ——〔英〕理查德·斯蒂尔

我们经常会看到这样的场面：老师端坐于椅子上，而学生则站立在其对面。且先不论他们的谈话内容，仅从其不同的姿势上看，就是老师凌驾于学生之上，并以"绝对"权威自居的印象。这极易造成学生情绪紧张、焦虑、缺乏自信心等。

师生间每次相遇，总是学生先向老师问好，从来不曾见着哪个老师率先向学生问好的。种种细节表明，虽然大多数老师嘴里喊着平等，但其潜意识中，师生间是不平等的。这种错误的态度，决定了师生交流上的不顺畅。

法国思想家卢梭曾经指出："人生来就是平等的、自由的。"其实，师生之间的关系应该是一种平等关系。虽然就学科知识、专业能力、认识水平来说，老师远在学生之上，但就人格而言，师生之间是天生平等的。

师生平等交流不仅意味着师生间在平等基础上的灵魂交融，还意味着对学生的尊重，它有助于相互信赖、相互理解。要想让师生间沟通无阻，我们就应该主动把自己的地位降下来，把学生的地位升上去，让学生坐下来谈话，师生之间平等地对话，产生心与心的沟通。

 **经典案例**

鲁迅以战士、作家和青年良师著称，也曾长期担任过中学和大学教师。

鲁迅在日本留学时，痛感学医只能医一人体肤之病，而要治中国之病、国人精神之病，就非得采取别的方法，即通过文艺启蒙来告诉国人，如何挺直脊梁做人。

一个春日融融的午后，当时还是中学老师的鲁迅刚踏进教室，就闻到一股刺鼻的杀虫剂药水的味道。

这是怎么回事？鲁迅还未开口，就接到了男生梁子的投诉："先生，陈立恩不仅用杀虫剂往我们身上乱喷，还对我们的制止置之不理。"

唉！又是这个陈立恩！鲁迅心里十分气恼。当他正思忖着该怎样处理这件事时，在一旁擦黑板的陈立恩早已"啪"的一声扔下黑板擦，怒气冲冲地拖出了梁子的书包，狠狠地往走廊上一摔。文具全遭了殃，撒了一地。

"陈立恩！"鲁迅喊道。

他转过身，瞥了鲁迅一眼，竟然若无其事地继续擦黑板。

鲁迅气得嘴唇发青。

其实在鲁迅接手该班之前就已经听说过陈立恩的种种"劣迹"：他成绩不好不说，还脾气暴躁，爱与同学打架、谩骂、欺负同学。对于老师的批评，轻则顶嘴，重则摔桌子夺门而出。

其他老师一提起他就摇头，并互相告诫："对这家伙要敬而远之。"

因为陈立恩这个烫手的山芋，鲁迅是如履薄冰：一方面利用班会课教育学生，同学之间要互相谦让，不要因为小事而斤斤计较；一方面密切地关注陈立恩的一举一动，对于他的小打小闹温言相劝，总担心他捅出什么娄子让自己收拾。

好在陈立恩还算有点争气，鲁迅来了一个月，还没闹出什么过分出格的事情让他难堪。可今天，这个马蜂窝到底还是炸开了。

当陈立恩回到了他的座位，发现鲁迅先生依然站在讲台上瞪着他，于是，便也挑衅地把书桌高高地搬起，又使劲地放下，"啪！"又一声巨响。

学生们的目光全落在鲁迅身上，都想看先生怎么处理这件事。真棘手啊！

鲁迅定了定神，压住怒气，轻声说道："陈立恩，下课后，到我的办公室，我要和你谈谈。"他又转过头对全班学生说，"我们先上课。大家要认真听，我这节课讲的内容很重要。"

　　课后，陈立恩跟在鲁迅屁股后边来到了办公室。鲁迅搬过一把椅子，叫陈立恩坐下。

　　这时，刚刚还一脸无所谓的陈立恩竟然红了脸："不用了，先生，我站着就行了。"

　　"来，陈立恩，你坐下。我不批评你，只是想和你谈谈心，聊聊天。你站着，我要和你说话时就得仰着头，不舒服。"

　　陈立恩只得坐了下来。

　　鲁迅开始沉默了，因为他确实还没想好该如何去与这个素来恶名在外的学生谈心。为了不至于被对方看出自己的尴尬，鲁迅起身给陈立恩倒了一杯水，并递了过去。

　　当陈立恩诚惶诚恐地接住水杯时，他的眼睛终于柔和了下来。

　　几分钟过去了，陈立恩主动开口了："先生，我知道我犯了错，我欺负了同学，对您不尊敬，您骂我吧。"

　　"嗯，好，知道错了就好。你和我说说，你下午为什么用杀虫剂喷同学，为什么脾气那么暴躁？如果是他们的错，我自然也会批评他们的。"鲁迅尽量温和地说道。

　　陈立恩不断地点着头，完全没有了课前的霸气与嚣张。

　　……

　　第二天，鲁迅意外地收到了一份保证书，是陈立恩写在周记里的。他这样写道：

　　"先生，我知道我有很多缺点：脾气不好，爱打架，上课也不认真听讲等。其实，我曾经并不是这样的。我原是一个很懂礼貌的人，可是，后来，我发现，我所做的所有尊敬先生们的事情，别的先生都没有同样地回馈于我。而且，我的所作所为还被以前的先生们视为应该的，这太不平等。

　　"从来没有一位先生让我坐下来说过话。每回都是他们坐着，甚至还跷着二郎腿，而我则要笔直地站在他们面前。我讨厌这种先生。

　　"鲁迅先生，对不起了。你是我见到的最好的老师。我请求你帮助我改正缺点。我很喜欢你所授的课，也很喜欢和你谈话。唯有在你这里，我才能找回失去的自尊……"

　　鲁迅拿着这份保证书，久久地不说话，最后，终于轻叹了一句"教育中没有尊重学生的意识，教育就成了害人的东西了"！

　　鲁迅无心中营造出来的平等、自由的交流氛围，为师生间的交流作了绝佳的铺垫。在这样的氛围中，沟通反而达到了最佳效果。

　　但正是这种"无心"之举，反映出了鲁迅潜意识中固有的师生平等意识，这才是鲁迅与陈立恩成功沟通的最根本原因。

 **案例分析**

　　鲁迅只不过给陈立恩搬了一把椅子，倒了一杯水，这两个很小的动作，这种无意或有意表现出来的宽容、理解和平等，让陈立恩谈出了他真正的动机，谈出了他真实的想法。

　　教育是心灵的艺术，师生交流的每一个细微的环节都应该充满对学生的理解和感染，应该体现出平等的现代意识。我们应从高居于学生之上转向于与学生平等共存，民主相处，通过师生平等对话实现与学生心灵沟通的零距离效果。

　　真正的平等，并不是那些震天响地大喊着的口号，而是表现在我们与学生交往的每一个细节当中。要真正地实现师生间的平等沟通，就需要我们在平时的教育和生活中处理好以下细节：

　　1. 学生向老师敬礼问好时，老师必须还礼问好

　　陶行知先生曾经说过："我们最注重师生接近，人格要互相感化，习惯要互相锻炼。"

　　在楼梯口、操场上、教室旁，几乎随时随地会见到学生向经过的老师敬礼致敬，说"老师好"。老师呢，点头致意者有之，视若无睹者有之，面无表情者有之，扬长而去者也有之，使学生内心大为受挫。

　　这些细节反映出，一些为人师者内心深处并不曾将自己与学生的人格放在平等的地位。长此以往，学生见着老师往往就不再敬礼和问好了，师生间交流和沟通的路子也就此阻死了。

　　学生向老师敬礼和问好，其实也是主动向老师作简短沟通的一种方式。

而老师们则必须有相应的回应方式，哪怕仅仅出于礼节！

因此，当学生向老师敬礼问好时，请老师也向学生深深地鞠一个躬，敬一个礼。

2. 用"请、帮忙、谢谢"等字眼

相对于老师而言，学生们同样拥有独立的人格，拥有自由的意志，拥有丰富敏锐的内心世界，拥有舒展生命，表达自己的空间。因此，在与学生沟通的过程中，老师不要以绝对真理的拥有者自居，不做"教唆者"，不当"留声唱片"，要多用"请、帮忙、谢谢"等字眼，使每一个学生都能感受到自主的尊严，感受到独特存在的价值。只有这样，师生关系才能亲密无间、自然亲和，沟通对话也才能在心灵的层面上进行。

3. 蹲下来和学生说话

对于小学或幼儿园的学生而言，他们的个头还比较低，我们的老师要改变过去那种居高临下、俯瞰学生的传统习惯，蹲下来，眼睛的视线保持平行之后，再和学生说话。

美国著名的教育家肖恩·劳伦，当他教学生读单词 pencil（铅笔）和 book（书）时，一手拿铅笔，一手拿一本书，逐个地教学生发音。每到一个学生面前，他都要先蹲下来，摸摸学生的头，然后才教其发音。如果学生读对了，他就把铅笔奖给学生。

"蹲下来和学生说话"，这不仅仅是一种单纯行为的表现，更是一种视学生为平等个体的教育观的直接体现。

4. 走下讲台，和学生做朋友

苏霍姆林斯基说得好："一个好教师意味着什么？首先意味着他是个热爱学生的人，感到跟学生交往是一种乐趣。他相信每一个学生都能成为一个好人，善于跟他们交朋友，关心学生的快乐和悲伤，了解学生的心灵，时刻都不忘自己也是个学生。"

因此，老师要变"一日为师，终身为父"为"一日为师，终身为友"，走到学生中间去，和学生建立一种朋友式关系，去亲身感受他们的喜怒哀乐。与学生平等地商讨问题，畅谈个人的喜怒哀乐，不盛气凌人，不强人所难。教师可以把自己作为生活中普通一员，与学生一同参加各种活动，实现共娱共乐。

每一次师生平等的对话活动都能产生一种推动力，都会使师生双方的心灵获得慰藉，思维产生飞跃，认识得到升华，人格走向完善。

平等对话是师生之间进行心灵沟通的美好开始。它就像一幕戏的引子，预示着剧情的发展和结局。

让我们请学生坐下来吧，这并不是一件难事。但是，假若你心中并没有装着"平等"二字的话，那么，你的交流就将变得虚伪，你的笑容就将变得苍白。

《名师工程》系列丛书

征 稿 启 事

　　《名师工程》系列丛书是西南师范大学出版社策划、组织出版的大型系列教育丛书。丛书以新课程下的新教学为背景，以促进施教者的教育能力为落脚点，以提高教育质量、提升教师水平为宗旨。

　　丛书首批推出的"名师讲述""教学提升""教学新突破""高中新课程""教师成长""大师讲坛""教育细节"等系列，共50余个品种，其余系列也将陆续出版。为了让广大教师有一个交流、借鉴的机会，同时也为了给广大教师提供更多、更好的图书，《名师工程》系列丛书编辑出版委员会特向全国教育工作者征集稿件。

　　稿件要求：

　　1.主题鲜明、新颖，有独创性。

　　2.主题以提升教育能力为主，也可适当外延。

　　3.主题要有一定规模、有典型案例支撑。

　　4.案例要贴近教育实际，操作性强。

　　5.文章、书稿结构清晰，语言精彩。

　　书稿作者在选题确定之后，请及时与我们做好沟通，具体事宜确定好之后再进行创作；也欢迎用已经完稿的稿件投稿。一线教师如希望参与图书案例的创作，可联系我社策划机构，由策划机构备案，在适合的图书中参与创作。

　　真诚欢迎各位教师踊跃投稿。

　　联系方式：

　　西南师范大学出版社高教分社

　　电话：023-68254356　　　E-mail：zcj@swu.cn

　　西南师范大学出版社高教分社北京策划部

　　电话：010-68403096

　　E-mail：guodejun1973@163.com

西南师范大学出版社
《名师工程》系列丛书目录

系列	序号	书　名	主编	定价
名师讲述系列	1	《施教先施爱 ——名师讲述班主任的核心教导力》	杨连山 魏永田	30.00
	2	《在欢乐中成长 ——名师讲述最具活力的课堂愉快教学》	王斌兴	30.00
	3	《让学生做自己的老师 ——名师讲述如何提升学生自主学习能力》	徐学福 房　慧	30.00
	4	《引领学生高效学习 ——名师讲述如何提高学生课堂学习效率》	刘世斌	30.00
	5	《教育从心灵开始 ——名师讲述最能感动学生的心灵教育》	张文质	30.00
教学提升系列	6	《方法总比问题多——名师转变棘手学生的施教艺术》	杨志军	30.00
	7	《用特色吸引学生——名师最受欢迎的特色教学艺术》	卞金祥	30.00
	8	《让学生爱上课堂——名师高效课堂的引导艺术》	邓　涛	30.00
	9	《拿什么打开思路——名师最吸引学生的课堂切入点》	马友文	30.00
	10	《没有记不牢的知识 ——名师最能提升学生记忆效果的秘诀》	谢定兰	30.00
	11	《让学生的思维活起来 ——名师最激发潜能的课堂提问艺术》	严永金	30.00
教学新突破系列	12	《把教学目标落实到位——名师优质课堂的效率管理》	冯增俊	30.00
	13	《拿什么调动学生——名师生态课堂的情绪管理》	胡　涛	30.00
	14	《零距离施教——名师和谐师生关系的构建艺术》	贺　斌	30.00
	15	《一个都不能落——名师提升学困生的针对教学》	侯一波	30.00
	16	《让学习变得更轻松 ——名师最能吸引学生的情境设计》	施建平	30.00
	17	《让知识变得更易学 ——名师改造难学知识的优化艺术》	周维强	30.00
通用识书	18	《好心态成就好学生——学生心理问题剖析与对症教育》	李韦遴	30.00
	19	《教育，诗意地栖居》	朱华忠	30.00
	20	《好班规打造好班级》	赵　凯	30.00

系列	序号	书　　　名	主编	定价
高中新课程系列	21	《高中新课程：教师角色转变细节》	缪水娟	30.00
	22	《高中新课程：班主任新兵法细节》	李国汉 杨连山	30.00
	23	《高中新课程：教学管理创新细节》	陈　文	30.00
	24	《高中新课程：更有效的评价细节》	李淑华	30.00
教师成长系列	25	《学学名师那些事》	孙志毅	30.00
	26	《每天学点教育心理学》	石国兴 白晋荣	30.00
	27	《给新教师的建议》	李镇西	30.00
	28	《教师心灵读本：成为有思想的教师》	肖　川	30.00
	29	《教师心灵读本：教师，做反思的实践者》	肖　川	30.00
大师讲坛系列	30	《大师谈教育心理》	肖　川	30.00
	31	《大师谈教育激励》	肖　川	30.00
	32	《大师谈教育沟通》	王斌兴 吴杰明	30.00
	33	《大师谈启蒙教育》	周　宏	30.00
	34	《大师谈教育管理》	樊　雁	30.00
	35	《大师谈儿童人格塑造》	齐　欣	30.00
	36	《大师谈儿童习惯培养》	唐西胜	30.00
	37	《大师谈儿童能力培养》	张启福	30.00
	38	《大师谈早恋与性教育》	闵乐夫	30.00
	39	《大师谈儿童情感教育》	张光林 张　静	30.00
教育细节系列	40	《名师最具渲染力的口才细节》	高万祥	30.00
	41	《名师最有效的沟通细节》	李　燕 徐　波	30.00
	42	《名师最有效的激励细节》	张　利 李　波	30.00
	43	《名师培养学生好习惯的高效细节》	李文娟 郭香萍	30.00
	44	《名师人格教育的经典细节》	齐　欣	30.00
	45	《名师营造课堂氛围的经典细节》	高　帆 李秀华	30.00
	46	《名师最有效的赏识教育细节》	李慧军	30.00
	47	《名师最有效的批评细节》	沈　旎	30.00